IMPERIALKRIEGFÜHRUNG IM 21. JAHRHUNDERT

Von Algier nach Bagdad.
Die kolonialen Ursprünge der COIN-Doktrin

Jéronimo L. S. Barbin

Imperialkriegführung im 21. Jahrhundert

Von Algier nach Bagdad.
Die kolonialen Ursprünge der COIN-Doktrin

Jéronimo L. S. Barbin

2015

Carola Hartmann Miles-Verlag

Umschlagabbildung:
Jean Martin als Colonel Mathieu im Film „The Battle of Algiers"
von Gillo Pontecorvo, 1966, © Casbah Entertainment.
Bildnutzung mit der freundlichen Erlaubnis von Cultfilms.co.uk

CIP-Kurztitelaufnahme der Deutschen Nationalbibliothek

Jéronimo L. S. Barbin: Imperialkriegführung im 21. Jahrhundert.
Von Algier nach Bagdad. Die kolonialen Ursprünge der COIN-
Doktrin, Berlin 2015

ISBN 978-3-945861-11-0

© Carola Hartmann Miles-Verlag,
(www.miles-verlag.jimdo.com;
email: miles-verlag@t-online.de)
Herstellung: Books on Demand GmbH, Norderstedt

Alle Rechte, insbesondere das Recht der Vervielfältigung und
Verbreitung sowie der Übersetzung, vorbehalten. Kein Teil des
Werkes darf in irgendeiner Form (durch Fotokopie, Mikrofilm oder
ein anderes Verfahren) ohne schriftliche Genehmigung des Verlages
reproduziert oder unter Verwendung elektronischer Systeme gespei-
chert, verarbeitet, vervielfältigt oder verbreitet werden.

Printed in Germany

In Gedenken an meinen „Grand-père"
Dr. Heinrich Leippe
(15. März 1917 – 22. Dezember 2011)

Inhaltsverzeichnis

	Abkürzungsverzeichnis	11
	Danksagung	13
	Vorwort	15
	Einführung	17

Teil I
Die französische Doktrin des revolutionären Krieges

	Einleitung	32
1	**Die Entstehung der DGR**	**34**
1.1.	Der Indochinakrieg bis 1949	36
1.2.	Mao und die Weltrevolution	39
1.3.	Der Indochinakrieg in der Blockkonfrontation	41
1.4.	Späte Ansätze der Innovation	42
1.5.	Die Politisierung der französischen Militärs	45
2.	**Die Doktrin des revolutionären Krieges**	**52**
2.1.	Weltanschauung	58
2.2.	Der Idealtypus des Aufstands	66
2.3.	Konterrevolutionäre Maßnahmen	75
2.4.	Zusammenfassung	95

3.	**Der Algerienkrieg**	**99**
3.1.	Vorgeschichte	101
3.2.	Der Algerienkrieg von 1954 bis 1955	115
3.3.	Der Algerienkrieg von 1956 bis 1958	122
3.4.	Der Algerienkrieg von 1958 bis 1962	133
3.5.	Transatlantischer Wissenstransfer	144

Teil II
Die US-amerikanische Counterinsurgency-Doktrin

	Einleitung	150
4.	**Die Entstehung der COIN-Doktrin**	**153**
4.1.	Die Zeit der Orientierungslosigkeit: der Irakkrieg bis 2005	155
4.2.	Die Wende von 2005	163
4.3.	Die Neuausrichtung der Irakstrategie des Weißen Hauses	170
4.4.	Die COIN-Community	176
5.	**Die COIN-Doktrin**	**182**
5.1.	Weltanschuung	182
5.2.	Idealtypus des Aufstands	187

5.3.	Konterrevolutionäre Maßnahmen	192
6.	**Vergleich der Doktrinen**	**208**
6.1.	Die Weltanschauungen	208
6.2.	Die Idealtypen des Aufstands	210
6.3.	Politische Lösung des Konflikts	212
6.4.	Aufgaben des Militärs	214
6.5.	Physische Kontrolle und Mobilisierung der Bevölkerung	216
6.6.	Einsatz der psychologischen Waffe	217
6.7.	Notwendige Anpassungen	219
7.	**Zwischenfazit: Das Wesen der Doktrinen**	**221**
	Fazit	223
	Literaturverzeichnis	228
	Anhang	251

Abkürzungsverzeichnis

3rd ACR	3rd Armored Cavalry Regiment
4th ID	4th Infantry Division
101st	101st Airborne Division
AEI	American Enterprise Institute
ALN	Armée de libération nationale
AQIM	Al-Qaida im Islamischen Maghreb
AUMA	Association des oulémas musulmans algériens
CALL	Center for Army Lessons Learned
CEAA	Centre d'études africaines et asiatiques
CEFEO	Corps expéditionnaire français en extrême-orient
CEGS	Centre d'entraînement à la guerre subversive
CHTP	Compagnies de haut-parleurs et de tracts
CIPCG	Centre d'instruction de la pacification et de la contre-guérilla
CMIDOME	Centre Militaire d'Information et de Documentation sur l'Outre-Mer et l'Étranger
CMISOM	Centre Militaire d'Information et de Spécialisation sur l'Outre-Mer
COIN	Counterinsurgency
CPA	Coalition Provisional Authority
DGR	Doctrine de la guerre révolutionnaire
DOP	Détachements opérationnels de protection
DPU	Dispositif de protection urbaine
ENA	Étoile nord-africaine
EVG	Europäische Verteidigungsgemeinschaft
FID	Foreign Internal Defense
FLN	Front de libération nationale
FOB	Forward Operating Base

GAD	Groupes d'autodéfense
GCMA	Groupement de commandos mixtes aéroportés
GMS	Groupes mobiles de sécurité
GWOT	Global War on Terror
IS	Islamischer Staat
MAAG	Military Assistance and Advisory Group
MNF-I	Multi-National Force-Iraq
MTLD	Mouvement pour le triomphe des libertés démocratiques
NSC	National Security Council
OAS	Organisation armée secrète
OPLAN	Operation Plan
OS	Organisation spéciale
PCA	Parti communiste algérien
PCF	Parti communiste français
PPA	Parti du peuple algérien
PRT	Provincial Reconstruction Teams
RDN	Revue de défense nationale
RMI	Revue militaire d'information
SAPIDNFA	Service d'action psychologique et d'information de la défense nationale et des forces armées
SAS	Sections administratives spécialisées
UDMA	Union démocratique du manifeste algérien

Danksagung

Dieses Buch basiert auf meiner gleichnamigen Abschlussarbeit, welche ich im Rahmen des Masterstudiengangs „Military Studies" der Universität Potsdam und des Zentrums für Militärgeschichte und Sozialwissenschaften der Bundeswehr (ZMSBw) im Jahr 2014 verfasst habe. Die Veröffentlichung dieser Arbeit gibt mir die Gelegenheit, mich bei jenen Personen zu bedanken, die mich bei der Entstehung des vorliegenden Buches unterstützt haben.

Mein Dank gilt zunächst Frau Carola Hartmann, Inhaberin und Verlegerin des Miles Verlags. Es gibt nur wenige Verlage, und wahrscheinlich noch wenigere Fachverlage, die es jungen Absolventen ermöglichen, ihre Masterarbeit zu veröffentlichen. Für diesen Dienst an der jungen Generation gilt ihr Dank und Achtung.

Für ihre Geduld und ihre Förderung möchte ich meinen Masterbetreuern Dr. Martin Rink und Dr. Gerhard Kümmel vom ZMSBw danken. Sehr geholfen haben mir insbesondere die zahlreichen fachlichen Hinweise und der fortwährende Enthusiasmus, den Herr Dr. Rink meiner Arbeit entgegenbrachte. Diese Unterstützung und das in mich gelegte Vertrauen waren von besonderer Bedeutung für mich.

Bedanken möchte ich mich zudem bei Lina Verschwele und Stephan Seifert für ihre Hinweise hinsichtlich sprachlicher und denklogischer Fehler. Sollten sich noch (Tipp)Fehler finden, so liegen diese allein in der Verantwortung des Autors.

Es heißt, „hinter jedem erfolgreichen Mann stehe eine starke Frau", und auch wenn mein Erfolg noch recht überschaubar ist, so wäre auch dieser ohne die Frau an meiner Seite nicht möglich gewesen. Ich danke Evgeniya Gataulina für ihre Geduld und ihr Verständnis, für ihre Unterstützung und ihre Hilfe. Sie trug mit ihren klärenden Kommentaren und klugen Überlegungen maßgeblich zur Qualität dieser Arbeit bei.

Nicht zuletzt möchte ich mich bei meiner Mutter und meinem Ziehvater bedanken – für die finanzielle Unterstützung, die mir das Privileg eines Studiums ermöglicht hat, aber weitaus mehr für die moralische Unterstützung über all die Studienjahre hinweg. Sie ermunterten mich stets, meinen eigenen Weg zu gehen, vertrauten dabei darauf, dass ich den Richtigen einschlagen würde und lebten mir gleichzeitig vor, wie sich Fleiß und Engagement mit Lebensfreude kombinieren lässt. Für diese Werte bin ich ihnen dankbar.

Berlin, im Frühling 2015.

Vorwort

Es erfüllt mich mit Freude, dass der vom Zentrum für Militärgeschichte und Sozialwissenschaften der Bundeswehr (ZMSBw) gemeinsam mit der Universität Potsdam angebotene Master-Studiengang „Military Studies" Früchte trägt und es unserem Absolventen Jéronimo Barbin gelungen ist, seine Masterarbeit in einem Fachverlag zu publizieren. Dieser Erfolg ist unter anderem auch Ausdruck der wissenschaftlichen Ausrichtung des Studienganges an der Schnittstelle von Geschichts-, Sozial- und Politikwissenschaften.

Zwei Militärdoktrinen zur Aufstandsbekämpfung werden auf ihre theoretischen und institutionellen Überschneidungen in dem Werk untersucht und miteinander verglichen. Zum einen die französische Doktrin des revolutionären Krieges (*Doctrine de la guerre révolutionnaire* – DGR), die während des algerischen Dekolonialisierungskrieges (1954-1962) erstmals Anwendung fand. Zum anderen die US-amerikanische Aufstandsbekämpfungs-Doktrin *Counterinsurgency* (COIN), welche im Irakkrieg (2003-2011) entstand und sich teilweise auf die Erfahrungen der Franzosen stützte.

Barbin legt durch diesen Vergleich auf schlüssige Weise die kaum untersuchte und im deutschen Sprachraum fast gänzlich unbekannte DGR anhand der Originalquellen offen und verdeutlicht ihren Einfluss auf die Kriegführung in Algerien. Darüber hinaus gelingt es ihm, die DGR und die COIN-Doktrin miteinander in Verbindung zu setzen, indem er die charakteristischen Elemente der DGR und die Merkmale der französischen Kriegführung im Algerienkrieg innerhalb der COIN-Doktrin identifiziert und offenlegt. Damit wird die COIN-Doktrin nicht etwa ein „neues" Konzept der militärischen Konfliktaustragung generell, sondern lediglich ein „neuartiges" Konzept der Aufstandsbekämpfung mit einem eindeutigen, wenn auch indirekten französischen Vorläufer.

Diese wissenschaftliche Arbeit überzeugt, da sie den Leser in die geschichtlichen und sicherheitspolitischen Kontexte eintauchen lässt, die zur Entstehungen dieser Doktrinen geführt haben. Auch militärische Doktrinen sind Produkte ihrer Zeit. Sie zeugen somit von der engen Verflechtung und der Wechselwirkung von Militär, Staat und Gesellschaft. Dem entsprechend kann das Militär niemals als ein außerhalb der Gesellschaft agierendes Subsystem verstanden werden. Es ist und bleibt Institut der staatlichen Gewaltanwendung, unabdingbarer Teil einer jeden Gesamtstrategie und wichtiger Teil der Gesellschaft.

Dem innovativen und kenntnisreichen Buch wünsche ich eine gute Aufnahme sowohl in Fachkreisen als auch in einer interessierten Öffentlichkeit.

Oberst Dr. Hans-Hubertus Mack
Kommandeur des Zentrums für Militärgeschichte und Sozialwissenschaften der Bundeswehr

Einführung

Zu Beginn des 21. Jahrhunderts ist der symmetrische, Große Krieg, zwischen zwei gleichartigen Gegnern, wie er im Ersten und Zweiten Weltkrieg stattgefunden hat, quasi verschwunden und mittlerweile sogar höchst unwahrscheinlich geworden. Die Verrechtlichung der internationalen Beziehungen, die globalisierten Handelsströme und die damit einhergehende Interdependenz der Staaten, machen territoriale Eroberungen – eigentlich, und diese Einschränkung muss im Lichte der Ukrainekrise gemacht werden – unattraktiv und in vielerlei Hinsicht kostspielig. Mit dem Ende des Kalten Krieges träumten die westlichen postheroischen Gesellschaften, in welchen Patriotismus, Opferbereitschaft und Heldenverehrung so gut wie verloren gegangen sind, von einer Friedensdividende, vom Ende von Krieg und Konfrontation, sogar vom Ende der Geschichte[1]. Diese Euphorie der 1990er Jahre ließ sich zunächst auch nicht durch Ereignisse wie den Golfkrieg von 1991 oder die verheerende Mission der USA in Somalia 1993 trüben. „Viele Beobachter interpretierten dies noch als Geburtswehen einer neuen, friedfertigen Weltordnung: Der Golfkrieg war ja offiziell zur Durchsetzung des Völkerrechts gegen einen Aggressor (Saddam Husseins Eroberung Kuwaits) geführt und die Somalia-Intervention zur Beseitigung einer humanitären Katastrophe unternommen worden"[2].

Die Kriege auf dem Balkan und im Kaukasus sowie die Bürgerkriege in Ruanda und Sierra Leone verdeutlichten aber schnell, dass im Kreißsaal der Geschichte keinesfalls ein friedlicheres Zeitalter das Licht der Welt erblickt hatte. Die endende Rivalität zwischen den westlichen Staaten und den Staaten des Warschauer Pakts hatte zahlreiche Klientelregime und Guerillabewegungen durch die abnehmende finanzielle Unterstützung der Blöcke geschwächt. Die

---

[1] Vgl. Francis Fukuyama, The End of History and the Last Man, New York 2002.
[2] Jochen Hippler: Krieg, Repression, Terrorismus. Politische Gewalt und Zivilisation in westlichen und muslimischen Gesellschaften, in: Jochen Hippler (Hrsg.), Krieg, Repression, Terrorismus. Politische Gewalt und Zivilisation in westlichen und muslimischen Gesellschaften, Stuttgart 2006, S. 12.

Verstoßenen entdeckten jedoch schnell die Vorzüge des globalisierten Handels und bereicherten sich an den zahlreichen Rohstoffen, die ihre Länder zu bieten hatten: Edelhölzer, Edelsteine, Antiquitäten, Elfenbein, Jade und nicht zuletzt Drogen. Zeitgleich leerten ehemalige Sowjetstaaten ihre Waffenlager, welche sich kostengünstig auf den Schwarzmärkten wiederfanden. „Ganze militärische Einheiten [waren] zu mieten, mit russischen Garnisonen auf der Suche nach einer Daseinsberechtigung im ehemaligen sowjetischen Raum und [...] einer Existenzgrundlage. Transportflugzeuge der abgeschafften sowjetischen Luftwaffe erschienen auf dem Luftcharter-Markt und einzelne Söldner zogen in die neuen Krisenregionen der 1990er Jahre"[3]. Schon bald tauchten in der einst so hoffnungsvollen neuen Welt Kriegsfürsten, parastaatliche Akteure und Söldner auf – Phänomene, welche man seit dem Ende des Dreißigjährigen Krieg vergessen glaubte. Das „Chamäleon" Krieg hatte seine Erscheinungsform geändert: „der klassische Staatenkrieg, der die Szenarien des Kalten Krieges noch weithin geprägt hat, scheint zu einem historischen Auslaufmodell geworden zu sein; die Staaten haben als die faktischen Monopolisten des Krieges abgedankt, und an ihre Stelle treten immer häufiger parastaatliche, teilweise sogar private Akteure [...], für die der Krieg zu einem dauerhaften Betätigungsfeld geworden ist"[4]. Mary Kaldor und Herfried Münkler prägten im Zuge dieser Entwicklung den Begriff des *Neuen Krieges*, welcher als Staatszerfallkrieg[5] insbesondere die Bruchstellen einstiger Imperien betraf: im Balkan, wo sich einst K.-u.-K.-Monarchie und Osmanisches Reich bekriegten; im Kaukasus, wo das Zarenreich und die Heilige Pforte um die Vorherrschaft kämpften; in Zentralasien, Einfallstor zur indischen Perle des britischen Empires; und nicht zuletzt in den ehemaligen südostasiatischen und schwarzafrikanischen Kolonialgebieten Europas. Prägendstes Merkmal dieser sogenannten *Neuen Kriege* ist

---

[3] John Mackinlay: Chapter 1. Global change and weak states, in: Adelphi Papers 42 (2002), S. 17.
[4] Herfried Münkler, Die neuen Kriege, Hamburg 2002, S. 7.
[5] Es handelt sich eben nicht um Staatsbildungskriege, welche man ausbluten lassen müsse, wie Edward Luttwak es einst forderte:
Siehe Edward Luttwak: Give War a Chance, in: Foreign Affairs (Juli/August 1999), S. 36-44; bzw. Münkler, Neue Kriege, S. 18.

ihr asymmetrischer Charakter, geschuldet durch die Ungleichartigkeit der aufgebotenen Kräfte[6].

Spätestens mit den Angriffen auf die Zwillingstürme des World Trade Centers am 11. September 2001 rückte diese asymmetrische Form des Krieges schließlich auch in das Bewusstsein jener Menschen, welche „von einem westlich-eurozentrischen Blickwinkel geprägt [...] ein bestimmtes Bild vom Krieg vor Augen [hatten]"[7]. Ein Bild, welches von den Eindrücken, Erzählungen, Denk- und Mahnmalen der Weltkriege und des Kalten Krieges, also des symmetrischen Krieges geprägt war, jenem europäischen Sonderweg, der den Staat zum Gewaltmonopolisten erhoben hatte. Auch die westlichen Streitkräften blieben dieser Kriegsform – trotz der Somalia-Intervention, den Jugoslawien-Kriege und obwohl der asymmetrische Krieg seit 1945 den Großteil aller weltweiten kriegerischen Auseinandersetzungen ausmacht[8] – treu und behielten weiterhin ihre Ausbildung, Ausrüstung und Trainingsszenarien bei, in welchen stets die Konfrontation von Blau gegen Rot geübt wurde.

Die Vernachlässigung des Studiums asymmetrischer Kriege wurde insbesondere den US-Truppen zum Verhängnis, als sie sich nach dem Sturz Saddam Husseins und der Einnahme Bagdads außer Stande sahen, das Land an Euphrat und Tigris zu befrieden. Die zunehmende Destabilisierung des Landes und die amateurhafte Nachkriegsverwaltung durch die USA führten zu Aufständen und machten den Irak innerhalb weniger Monate zum Hauptanziehungspunkt internationaler Djihadisten. War das Land im März 2003 noch lediglich ein Ziel US-imperialer Großmachtgelüste, musste Präsident

---

[6] Zum Begriff der Asymmetrie siehe:
Herfried Münkler, Der Wandel des Krieges. Von der Symmetrie zur Asymmetrie, Weilerwist 2014, S. 135 ff.
[7] Gerhard Kümmel: Chamäleon Krieg. Die Diversifizierung des Kriegsbildes und ihre Folgen für die Streitkräfte, in: Gerhard Kümmel / Sabine Collmer (Hrsg.), Asymmetrische Konflikte und Terrorismusbekämpfung. Prototypen zukünftiger Kriege?, Baden-Baden 2003, S. 31.
[8] Human Security Report Project, Human Security Report 2012. Sexual Violence, Education, and War: Beyond the Mainstream Narrative, Vancouver 2012, S. 155.

George W. Bush den Irak bereits sechs Monate später zur „zentralen Front"[9] im globalen Krieg der USA gegen den Terror erheben.

Es dauerte allerdings noch fast ein Jahr, bis man sich in Washington eingestand, es mit einem wahrhaftigen Aufstand in weiten Teilen des Landes zu tun zu haben, welcher das Potential habe, die ganze Region zu destabilisieren. Zu lange hatte man sich die Situation beschönigt und die sich stetig verschlechternde Sicherheitslage als die letzten Zuckungen der ehemaligen Gefolgsleute des gestürzten irakischen Diktators verstanden. Unter dem neuen Oberbefehlshaber General George W. Casey fand schließlich eine erste Anpassung an die asymmetrische Herausforderung und eine Neuorientierung der US-amerikanischen Kriegführung statt. Feindzentrierte Aufstandsbekämpfung *(enemy-centered counterinsurgency)* sollte die zahlreichen Guerillagruppen und Terroristennetzwerke in die Knie zwingen, während ihre Rückzugsgebiete und Hochburgen wie Falludscha dem Erdboden gleichgemacht wurden. Es blieb eine Herangehensweise ohne Erfolg: bis Ende 2005 stiegen die Opferzahlen auf über 16.000 zivile Todesopfer, ein Jahr später verdoppelte sich diese Zahl sogar auf knapp 30.000 Tote[10].

Inmitten dieser unübersichtlichen Sicherheitslage begannen Offiziere ihre Herangehensweise zu überdenken und innovierten. Kommandeure wie *Colonel* Herbert McMaster, *Colonel* Sean MacFarland oder vor ihnen *Major-General* David Petraeus stellten ihre Operationsführung in ihren Einsatzgebieten auf eine bevölkerungszentrierte Aufstandsbekämpfung *(population-centered counterinsurgency)* um und begründeten so eine informelle Militärdoktrin, welche nicht mehr die Aufständischen selbst, sondern die Bevölkerung ins Zentrum der militärischen Bemühungen stellte. Sie ließen sich bei ihrer neuen Herangehensweise von Lehren und Prinzipien vergangener

---

[9] George W. Bush: President Addresses the Nation, in: The White House. President George W. Bush (07.09.03), URL: http://georgewbush-whitehouse.archives.gov/news/releases/2003/09/20030907-1.html (Stand: 01.04.2015)

[10] Statista, Anzahl der dokumentierten zivilen Todesopfer im Irakkrieg von 2003 bis 2015, URL:
http://de.statista.com/statistik/daten/studie/163882/umfrage/dokumentierte-zivile-todesopfer-im-irakkrieg-seit-2003/ (Stand: 01.04.2015).

Aufstände und Aufstandsbekämpfungskampagnen leiten und begründeten so eine neue Strömung innerhalb der COIN-Denkschule[11], welche sich in den 1990er Jahren unter dem Eindruck des Zerfalls Jugoslawiens, der Sowjetunion sowie der Zunahme asymmetrischer Kriege und der Beendigung des Nordirlandkonflikts sowohl innerhalb als auch außerhalb der US-Streitkräfte neu gebildet hatte[12].

Zwei Hauptfiguren dieser *COIN-Community* – die US-amerikanische Anthropologin Montgomery McFate und der US-Offizier John Nagl – hatten einen maßgeblichen Anteil an der Debatte um die Neuorientierung der US-Strategie im Irak, welche die sicherheitspolitische *Community* in den USA ab 2005 polarisierte. Während McFate aufgrund ihrer Erfahrungen im Nordirlandkonflikt die Bedeutung von kulturellen und sozialen Faktoren in einem Aufstand hervorhob[13], unterstrich John Nagl – basierend auf seinen Analysen zur britischen Aufstandsbekämpfung in Malaya (1948-1962) – die Notwendigkeit zu innovieren und sich der Kriegführung des Gegners anzupassen[14]. Bei der Suche nach Lösungsansätzen für die Gegenwart wandten sich neben McFate und Nagl auch weitere Autoren militärischen Kampagnen der Vergangenheit zu und erhoben einige – u.a. die Erfahrungen der Briten in Malaya und Nordirland, der USA auf den Philippinen und in Vietnam sowie der Franzosen in Algerien – zu Klassikern der Aufstandsbekämpfung. Sie begründeten so eine neo-klassische COIN-Schule, vereint um die Grundannahme, dass Aufstände einem immer gleichen Muster folgen und es entsprechend auch zeit- und raumübergreifende Prinzipien zur Aufstandsbekämpfung gebe, welche, bei richtiger Umsetzung, eine erfolgreiche Aufstandsbekämpfung versprächen. Mit ih-

---

[11] COIN ist im Militärjargon ein Akronym des englischen Wortes *counterinsurgency* und bedeutet Aufstandsbekämpfung.
[12] Vgl. David M. Jones & M. L. R. Smith: Whose Hearts and Whose Minds? The Curious Case of Global Counter-Insurgency, in: Journal of Strategic Studies, Vol. 33, No. 1 (Februar 2010), S. 81-121.
[13] Vgl. Montgomery McFate: Anthropology and Counterinsurgency. The Strange Story of their Curious Relationship, in: Military Review (March-April 2005), S. 24-38.
[14] Vgl. John Nagl, Learning to Eat Soup with a Knife. Lessons from Malaya and Vietnam, Chicago 2005.

rem überschwänglichen taktischen Fokus steht diese Denkschule fest in der Tradition des Kleines Krieges des 19. Jahrhunderts, welche sich mehr der operativen Kriegführung als dem Wesen des Krieges verschrieben sieht. 2006 setzte sich diese Denkschule in der Debatte um die Neuorientierung der US-Strategie im Irak durch und schuf unter der Leitung von David Petraeus eine neue Militärdoktrin, welche die US-Soldaten – basierend auf den „Lehren" und „bewährten Praktiken" der Vergangenheit – auf die asymmetrischen Herausforderungen des 21. Jahrhunderts vorbereiten und ihr Handeln im Irakkrieg leiten sollte.

Bemerkenswert ist der massive Einfluss französischer Militärtheoretiker auf diese 2006 veröffentlichte Militärdoktrin mit dem Namen *FM 3-24 Counterinsurgency*. „Von den vielen Büchern, welche das Schreiben des Field Manual 3-24 beeinflusst haben, war vielleicht keines so wichtig wie David Galulas *Counterinsurgency Warfare: Theory and Practice*"[15], so Colonel John Nagl im Vorwort des Feldhandbuches. Darüber hinaus wird auch das theoretische Werk zur Aufstandsbekämpfung *La guerre moderne* von Roger Trinquier – wie Galula ebenfalls französischer Offizier und Veteran des Algerienkrieges – im Inhaltsverzeichnis des Feldhandbuches aufgeführt. Beide verteidigen zur Aufstandsbekämpfung eine harte Bevölkerungskontrolle und den Einsatz außergewöhnlicher, repressiver Methoden, von standrechtlichen Erschießungen[16] bis hin zur Folter[17].

Es sind diese Literaturhinweise zur französischen Theorie der Aufstandsbekämpfung und zum Algerienkrieg[18], welche eine Brücke zur einstigen französischen Aufstandsbekämpfung der *École française* schlagen – jene französische Denkschule der Aufstandsbekämpfung, welche mit dem Indochinakrieg innerhalb der französi-

---

[15] US Army/ Marine Corps, The U.S. Army/Marine Corps Counterinsurgency Field Manual. US Army Field Manual No. 3-24, Marine Corps Warfighting Publication No. 3-33.5, Chicago 2007, (Nagl, Vorwort zu US Army 2007: XIX)
[16] David Galula, Pacification in Algeria. 1956-158, Santa Monica 2006, S. 268.
[17] Vgl. Roger Trinquier, La guerre moderne, Paris 2008, S. 18.
[18] FM 3-24 verweist außerdem auf das Buch *A Savage War of Peace* des Historikers Alistair Horne, den Roman *The Centurions* des französischen Schriftstellers Jean Lartéguy sowie auf den Film *The Battle of Algiers* von Gillo Pontecorvo: US Army, FM 3-24, S. 391-392.

schen Streitkräfte entstand und im Algerienkrieg ihre Doktrin des revolutionären Krieges umsetzte. Diese „französische Kunst des Krieges" wurde in den US-Streitkräften durch Filme, Erfahrungsberichte, wissenschaftliche Abhandlungen, Romane und nicht zuletzt persönliche Beziehungen regelrecht popularisiert. Neben den Neuveröffentlichungen von historischen Werken zu den französischen Dekolonialisierungskriegen und zahlreicher „Klassiker" der Aufstandsbekämpfung, fanden außerdem Filmvorführungen des Films *La Bataille d'Alger* im Pentagon und zur Einsatzvorbereitung statt[19]. David Petraeus – treibende Kraft hinter der Neufassung der US-amerikanischen Militärdoktrin und Oberbefehlshaber der internationalen Koalitionstruppen im Irak von 2007 bis 2008 – und sein Zögling Stanley McChrystal – Kommandeur der Spezialkräfte im Irak und späterer Oberbefehlshaber der internationalen Schutztruppe ISAF in Afghanistan – waren darüber hinaus begeisterte Leser der Heldenromane des französischen Kriegsschriftstellers Jean Lartéguy[20]. Petraeus fand die glorifizierten Beschreibungen der Kampagnen französischer Fallschirmjäger in Indochina und Algerien so überzeugend, dass er sich persönlich für eine Neuveröffentlichung der Romane einsetzte[21]. Petraeus' und McChrystals Begeisterung für

---

[19] Beatrice Heuser: The Cultural Revolution in Counter-Insurgency, in: Journal of Strategic Studies, Vol. 30, No. 1 (Februar 2007), S. 153-154; Laurence Debril: La bataille d'Alger. Leçon d'histoire, in: L'Express (10.05.2004), URL: http://www.lexpress.fr/actualite/monde/lecon-d-histoire-article-paru-dans-l-express-du-10-05-2004_460660.html
(Stand: 01.04.2015).
In seinem Artikel *Twenty-Eight Articles: Fundamentals of Company-Level Counterinsurgency* empfiehlt David Kilcullen – ein weiterer Autor des Fieldmanuals 3-24 – den Film ebenfalls zur Einsatzvorbereitung:
David Kilcullen: Twenty-Eight Articles. Fundamentals of Company-level Counterinsurgency, in: Military Review (Mai-Juni 2006), S. 103.
[20] Pierre Assouline: Jean Lartéguy, maître à penser de l'armée américaine, in: Le Monde des Livres (04.03.2011), S. 8; Robert D. Kaplan: Man Versus Afghanistan, in: The Atlantic (09.03.2010), URL: http://www.theatlantic.com/magazine/archive/2010/04/man-versus-afghanistan/307983/ (Stand: 01.04.2015).
[21] Sophia Raday: David Petraeus Wants This French Novel Back in Print, in: Slate (27.01.2011), URL:

die französische Kriegführung ging sogar über die Schriften Galulas, Trinquiers und Lartéguys hinaus. Während Petraeus einen jahrelangen Kontakt mit Marcel Bigeard pflegte[22] – eine der Hauptfiguren der brutalen Aufstandsbekämpfung in Algerien und Namensgeber der *Crevettes Bigeard*[23] –, war McChrystal ein aufmerksamer Leser der Schriften des französischen Kolonialoffiziers Hubert Lyautey[24].

In Anbetracht dieser nachgewiesenen Filiation zur französischen asymmetrischen Kriegführung – Kriegführung welche über Jahrhunderte in Kolonialkriegen gereift ist und ihren Zenit mit der *Doctrine de la guerre révolutionnaire* erreichte – stellt sich die Frage, wie

---

http://www.slate.com/articles/arts/culturebox/2011/01/david_petraeus_wants_this_french_novel_back_in_print.html (Stand: 01.04.2015).

[22] Vgl. Fred Kaplan, The Insurgents. David Petraeus and the Plot to Change the American Way of War, New York 2013, S. 15-16; Paula Broadwell / Vernon Loeb, All In. The Education of General David Petraeus, London 2012, S. 64; David Cloud & Greg Jaffe, The Fourth Star. Four Generals and the Epic Struggle for the Future of the United States Army, New York 2009, S. 36-37.

David Petraeus äußert sich selbst umfassend zu seiner Beziehung zu Marcel Bigeard in einem Bonus Video zum Dokumentarfilm „Indicatif Bruno – Bigeard dans l'oeil des médias". Einzusehen unter:

http://france3-regions.francetvinfo.fr/lorraine/2014/05/22/les-bonus-videos-du-documentaire-indicatif-bruno-bigeard-dans-l-oeil-des-medias-482959.html (Stand: 01.04.2015).

[23] Während der Schlacht von Algier wurden unter dem Befehl Bigeards tausende Menschen – die sogenannte „Garnelen" – von der französischen Armee in Betoneimer gesteckt und anschließend aus Hubschraubern ins Mittelmeer geworfen. Das Verfahren war Teil der systematisierten Repression und sollte von der Folter zu schwer gezeichnete Gefangene vergessen machen und diente der Terrorisierung der Bevölkerung. Nach der Übersiedlung französischer Instruktoren nach Südamerika wurde dieses Verfahren schließlich von den dortigen Militärdiktaturen im Rahmen der Operation Condor in den 1970er und 1980er Jahren übernommen und erweitert.

Vgl. Robin, Escadrons de la mort, S. 105-108; 351-353.

[24] Renaud Girard: McChrystal, l'anti-Rumsfeld, in: Le Figaro (04.12.2009), URL: http://www.lefigaro.fr/actualites/2009/12/04/01001-20091204ARTFIG00011-mcchrystal-le-lyautey-americain-.php (Stand: 01.04.2015); Renaud Girard: McChrystal. Comment nous allons gagner en Afghanistan, in: Le Figaro (29.09.2009), URL:
http://www.lefigaro.fr/international/2009/09/29/01003-20090929ARTFIG00017-mcchrystal-comment-nous-allons-gagner-en-afghanistan-.php (Stand: 01.04.2015).

viel französische Aufstandsbekämpfung in der US-amerikanischen COIN-Doktrin steckt. Die Fragestellung, welche diese Arbeit leitet, lautet dementsprechend:

Welche theoretischen und institutionellen Überschneidungen können zwischen der französischen Doktrin des revolutionären Krieges, welche im Algerienkrieg Anwendung fand, und der US-amerikanischen COIN-Doktrin ausgemacht werden?

Wie aus der Fragestellung bereits hervorgeht, handelt es sich bei dieser Arbeit um eine diachronische, fallorientierte Vergleichsanalyse. Sie hat den Anspruch, zwei Militärdoktrinen zur Aufstandsbekämpfung von zwei unterschiedlichen Streitkräften mit unterschiedlichen militärischen Traditionen zu vergleichen. Es handelt sich einerseits um die Doktrin des revolutionären Krieges der französischen Armee, welche im Indochinakrieg entstand und die Aufstandsbekämpfung im Algerienkrieg (1954-1962) leitete, und die COIN-Doktrin der US-Streitkräfte welche mit dem Irakkrieg (2003-2011) entstand und dort ab 2007 zur Anwendung kam.

Die Doktrin des revolutionären Krieges ist ebenso wie die französischen Ursprünge der COIN-Doktrin – abgesehen von den Schriften David Galulas – im deutschen Sprachraum so gut wie nicht bekannt. Selbst im französischen Sprachraum wird – trotz der bahnbrechenden Ausarbeitung von Marie-Monique Robin zur *École française de contre-insurrection*[25] – die Existenz dieser Doktrin bezweifelt, wenn nicht sogar verneint[26]. Ein wesentlicher Teil dieser Arbeit wird deshalb zunächst darin bestehen, die Existenz dieser Doktrin offenzulegen und ihren Einfluss auf die Kriegführung in Algerien zu veranschaulichen. Erst dann werden im zweiten Teil die Vorstellung der COIN-Doktrin und der Vergleich mit der DGR möglich sein.

Der Vergleich wird hauptsächlich auf der inhaltlich-theoretischen Ebene stattfinden und sein Hauptaugenmerk auf die Überschneidungen zwischen den Doktrinen legen. Gleichzeitig soll

---

[25] Marie-Monique Robin, Escadrons de la mort, l'école française, Paris 2008
[26] Bspw. Etienne de Durand, Francs-tireurs et Centurions. Les ambiguités de l'héritage contre-insurrectionnel français, Paris 2011, URL: http://www.ifri.org/sites/default/files/atoms/files/fs29dedurand.pdf (Stand: 01.04.2015).

mit der Erzählung und Analyse des Algerienkrieges – welcher von der COIN-Doktrin zu einem Klassiker der Aufstandsbekämpfung erhoben wurde – dargelegt werden, dass die Überschneidungen zwischen der US-amerikanischen Doktrin und der französischen Kriegführung der 1950er Jahre nicht nur theoretischer, sondern auch praktischer Natur sind. Es wird daher auch ausführlich auf den Algerienkrieg eingegangen, um schließlich die in diesem Krieg geschaffenen Institutionen zur Aufstandsbekämpfung mit der COIN-Doktrin in Relation zu stellen. Institutionen werden hier im politisch-soziologischen Sinne verstanden: einerseits als „stabile, auf Dauer angelegte [Einrichtung] zur Regelung, Herstellung oder Durchführung bestimmter Zwecke", andererseits als „soziale Verhaltensweisen"[27].

Für den diachronischen Vergleich dieser zwei scheinbar alles trennenden Fallstudien – bis auf den verfolgten Zweck der Aufstandsbekämpfung – werde ich mich der Methode der *structured focus comparison* nach George und Bennett[28] bedienen. Sie ermöglicht einen strukturierten Vergleich von Fallstudien, ohne gleichzeitig die Einzigartigkeit der betrachteten Fälle und ihrer jeweiligen historischen Kontext negieren zu müssen. Die Methode ist deswegen strukturiert, weil mit ihr „Fragen [formuliert werden], welche das Forschungsziel widerspiegeln und weil diese Fragen jedem Fall gestellt werden [...], wodurch ein systematischer Vergleich und die Kumulation der Ergebnisse für die Fälle ermöglicht wird. Die Methode ist [außerdem] fokussiert, weil sie nur bestimmte Aspekte der historischen Fälle untersucht"[29]. Somit ermöglicht der strukturiert-fokussierende Vergleich, Fallstudien mittels ausgewählter Kriterien und anhand eines strukturierten Fragenkatalogs – welcher in tabellarischer Form als Anhang in seiner Gesamtheit am Ende des Buches zu finden sein wird – miteinander zu vergleichen, ohne sie gleichzusetzen.

---

[27] Klaus Schubert / Martina Klein, Das Politiklexikon. Begriffe, Fakten, Zusammenhänge, Bonn 2011, S. 147.
[28] Alexander L. George & Andrew Bennett, Case Study and Theory Development in the Social Sciences, Cambridge 2005, S. 65-124; bzw. Detlef Jahn, Einführung in die vergleichende Politikwissenschaft, Wiesbaden 2006, S. 337-354.
[29] Alexander L. George & Andrew Bennett, Case Study and Theory Development in the Social Sciences, Cambridge 2005, S. 67.

Der Vergleich – der „Königsweg der Politikwissenschaften"[30] – wird seinen Fokus auf jene fünf Elemente der DGR richten, welche für die Doktrin charakteristisch sind und im ersten Teil des Buches herausgearbeitet wurden, nämlich:
- Die Wahrnehmung des Feindes (sie wird hauptsächlich in der durch die Weltanschauung der Doktrin sowie in der Modellierung des idealtypischen Aufstands vermittelt);
- Die zivil-militärischen Beziehungen (das Verschwimmen der Grenzen zwischen zivilen und militärischen Aufgabenbereichen, und die Infragestellung des Primats der Politik war eine der Hauptmerkmale der DGR und des Algerienkriegs);
- Die Bevölkerungskontrolle (der exzessive Fokus auf die Mobilisierung und Kontrolle der Bevölkerung machte die Algerier zum Gravitationszentrum, um nicht zu sagen zum Hauptschlachtfeld des revolutionären Krieges und trug so maßgeblich zur immensen Anzahl ziviler Tote während des Algerienkrieges bei);
- Die psychologische Kriegführung (propagandistische Mittel wurden in Algerien eingesetzt, um nicht nur die Körper sondern auch die Seelen der Menschen zu erobern – gewissermaßen die französischen Version der US-amerikanischen „*Hearts-and-Minds*"-Kampagne des 21. Jahrhunderts);
- Sowie die notwendigen Anpassungen, welche von den Autoren der DGR für die Durchführung der Maßnahmen zur Aufstandsbekämpfung gefordert werden.

Dem Forschungsgegenstand entsprechend – Doktrinen zur Aufstandsbekämpfung – wird in dieser Arbeit bewusst die Perspektive der Aufstandsbekämpfer eingenommen, Franzosen wie US-Amerikaner. Es ist hierbei völlig unerheblich, ob die Weltanschauung der Aufstandsbekämpfer oder ihr modellierter Idealtypus des

---

[30] Wolfgang Muno: Fallstudien und die vergleichende Methode, in: Susanne Pickel, Gert Pickel, Hans-Joachim Lauth, Detlef Jahn (Hrsg.), Methoden der vergleichenden Politik- und Sozialwissenschaft. Neue Entwicklungen und Anwendungen, Wiesbaden 2009, S. 113.

Aufstands den Tatsachen entsprechen, denn – um es mit den Soziologen Dorothy und William Thomas zu sagen – „*if men define situations as real, they are real in their consequences*"[31].

Dieses Buch ist in zwei Teile gegliedert. Teil 1 bezieht sich auf die Entstehungsgeschichte und das Wesen der französischen Doktrin sowie ihre Anwendung im Algerienkrieg, während Teil 2 sich auf die COIN-Doktrin und den konkreten Vergleich zwischen den beiden Doktrinen konzentriert. Kapitel eins und vier stellen die Entstehungsgeschichten der jeweiligen Doktrinen vor und sollen verdeutlichen, dass die zwei Fallstudien – trotz ihrer zahlreichen doktrinellen Überschneidungen – in zwei völlig unterschiedlichen historischen Kontexten entstanden sind. Während die DGR mit dem Indochinakrieg im Kontext der Dekolonialisierung entstand und tief in die beginnende Rivalität zwischen Ost und West in der Mitte des 20. Jahrhunderts verwurzelt war, war die COIN-Doktrin durch das Desaster der USA im Irakkrieg vollkommen anderen zentrifugalen Kräften ausgesetzt. Die eigentliche Analyse der Doktrinen wird in den Kapiteln zwei und fünf vorgenommen. Die Leitfragen, welche ich für die Analyse der Doktrin benutzt habe, finden sich in der tabellarischen Übersicht des Vergleichs im Anhang wieder. In Kapitel drei des ersten Teils wird schließlich die konkrete Umsetzung der DGR während des Algerienkrieges vorgestellt, während in Kapitel sechs des zweiten Teils der eigentliche Vergleich zwischen den beiden Doktrinen anhand der fünf oben genannten Kategorien stattfinden wird.

Es wird darauf hingewiesen, dass aufgrund der Vielzahl an fremdsprachigen Zitaten diese nach der stattgefundenen Übersetzung ins Deutsche nicht erneut in der Originalsprache als Fußnote aufgeführt werden. Die Übersetzungen der zitierten Textstellen aus dem Feldhandbuch FM 3-24 orientieren sich an der deutschen Ausgabe des Feldhandbuches FM 3-24, welche von der Führungsakademie der Bundeswehr für Studienzwecke vorgenommen wurde. Da es sich bei dieser Ausgabe jedoch nicht um eine zitierfähige, weil

---

[31] William I. Thomas & Dorothy S. Thomas, The Child in America. Behavior Problems and Programs, New York 1928, S. 571-572.

nicht frei zugängliche Version handelt, verweisen die Fußnoten auf das englischsprachige Original.

Fremdsprachige Wörter oder ausländische Dienstgrade werden im Haupttext kursiv wiedergegeben.

Teil I

Die französische Doktrin des revolutionären Krieges

Einleitung

Der algerische Unabhängigkeitskrieg war einer der blutigsten und verlustreichsten Dekolonialisierungskriege des 20. Jahrhundert. Er kostete zwischen 1954 und 1962 knapp 30 000 französischen Soldaten und über 140 000 Kämpfern der algerischen nationalen Befreiungsfront FLN das Leben[32]. Wie in so vielen asymmetrischen Kriegen war es jedoch insbesondere die Zivilbevölkerung, welche als Spielball der Kontrahenten und als neuentdecktes Gravitationszentrum militärischer Operationen das größte Leid in diesem Konflikt ertragen musste. Schätzungen gehen von 200 000 bis 500 000 umgekommenen Zivilisten aus, welche Opfer von Repressalien der FLN oder der Franzosen wurden, als „Verräter" an der algerischen nationalen Sache ihr Leben ließen oder in den französischen Folterkammern zu Tode verhört wurden. Darüber hinaus ließ die französische Armee über 8 000 Dörfer und eine Million Hektar Wald niederbrennen und entriss so mehr als zwei Millionen Algerier ihres Landes (bei einer Gesamtbevölkerung von 8 Millionen mehr als jeden vierten), welche sich anschließend größtenteils in sogenannte *camps de regroupement* – ein Euphemismus für Konzentrationslager – wiederfanden[33]. Der Algerienkrieg ließ keinen Algerier unberührt.

Mitverantwortlich für diesen achtjährigen Gewaltexzess an der Bevölkerung war eine radikale Wende in der asymmetrischen Kriegführung, welche einige Jahrzehnte zuvor während des chinesischen Bürgerkriegs stattgefunden und nach dem Indochinakrieg schließlich auch in Algerien Einzug gefunden hatte. War der asymmetrische Krieg des 19. Jahrhunderts in seiner Form des sogenannten Kleinen Krieges hauptsächlich ein komplementäres Hilfsmittel des Großen Krieges, ohne eigenes strategisches Gewicht und stets reaktionär, wurde er ab den 1930er Jahren unter der Führung Mao Zedongs zu einem kommunistisch-revolutionären Krieg mit einer

---

[32] Yves Bénot, La décolonisation de l'Afrique française (1943-1962), in: Marc Ferro (Hrsg.), Le livre noir du colonialisme. XVIe-XXIe siècle: de l'extermination à la repentance, Paris 2003, S. 741.
[33] *Ibid.*

eigenständigen Strategie. Diese neue Kriegführung, „welche gegen die Nachschublinien und kleinere Einheiten des Gegners gerichtet ist, war (und ist) nur möglich unter der Voraussetzung, dass sie von einer breiten Unterstützung der Bevölkerung getragen wird, die damit freilich zu einem unmittelbaren Bestandteil der Kriegführung wurde"[34].

Die französische Doktrin des revolutionären Krieges entstand als Reaktion auf diesen Paradigmenwechsel, mit dem die französische Armee erstmals im Indochinakrieg in Berührung kam. Die Doktrin war die französische Antwort auf die kommunistische Weltrevolution, von der Frankreich sein Mutterland und besonders seine Überseegebiete betroffen sah, und ist dabei paradoxerweise tief in der kommunistischen Theorie verankert. Sie entstand zu einer Zeit, als in Unkenntnis der europäischen Politiker mit Hilfe eines Milliarden-Programms der USA in zahlreichen europäischen Ländern geheime Waffenlager angelegt und Soldaten für eine Geheimarmee namens Gladio angeworben wurden, welche im Falle eines sowjetischen Angriffs Guerillaoperationen gegen die Rote Armee durchführen sollte[35]. Für Frankreich hatte dieser Kampf gegen den expansionistischen Kommunismus in seinen Kolonien jedoch bereits begonnen, einen Kampf den die „freie Welt" auf keinen Fall verlieren durfte.

Im ersten Kapitel dieses Buches wird zunächst auf die Entstehungsgeschichte der DGR und auf ihre Verbindung mit dem Indochinakrieg eingegangen, bevor die Doktrin im zweiten Kapitel ausführlich analysiert wird. Das dritte Kapitel dieses ersten Teils wird auf die Anwendung der Doktrin während des Algerienkriegs eingehen.

---

[34] Herfried Münkler, Der Wandel des Krieges. Von der Symmetrie zur Asymmetrie, Weilerwist 2014, S. 160-161.
[35] Vgl. Daniele Ganser, NATO-Geheimarmeen in Europa. Inszenierter Terror und verdeckte Kriegsführung, Zürich 2008.

1 Die Entstehung der DGR

Als General Leclerc mit seiner 9. koloniale Infanteriedivision im Oktober 1945 in Saigon landete, war das Land bis vor kurzem noch ein strategischer Posten der Japaner in ihrem Kampf gegen China gewesen. 1940 hatte Frankreich im Zuge der Niederlage gegen Hitler-Deutschland nicht nur die Souveränität über seine Metropole verloren, sondern auch die Macht über Kolonien wie Indochina. Noch im gleichen Jahr besetzte Japan in seinem Expansionsdrang das ostasiatische Land militärisch, ließ die neuen Verbündeten das Land allerdings weiterhin administrieren. Ein Jahr später gründeten vietnamesische Kommunisten die Liga für die Unabhängigkeit Vietnams (*Viet Nam Doc Lap Dong Minh Hoi* – kurz Vietminh genannt), welche mit Waffengewalt und gestützt vom Bauerntum die Japaner vertreiben und die Unabhängigkeit Vietnams erreichen wollte. Durch ihren Kampf gegen die Japaner gewann die Vietminh für die Alliierten und insbesondere die USA an Bedeutung. „Die Amerikaner brauchten nachrichtendienstliche Informationen, um die Japaner im Südchinesischen Meer und in Birma besser bekämpfen und die Mannschaften der über Indochina abgeschossenen amerikanischen Flugzeuge retten zu können"[36]. So unterstützten die USA die aus zunächst lediglich 200 Guerillakämpfern bestehende Gruppe mit „Tausende[n] moderne[n] Waffen und Tonnen von Versorgungsgütern und bildeten die Guerillakämpfer an diesen Waffen aus"[37]. Im März 1945 wurde das Zweckbündnis zwischen Frankreich und Japan unter dem Druck der Ereignisse in Europa aufgelöst. „Binnen Stunden lösten [die Japaner] die französische Verwaltung auf, entwaffneten die französischen Truppen, demütigten und schlugen Franzosen auf der Straße und vergewaltigten ihre Frauen. Diese Aktionen zerstörte das Bild von den Franzosen als einer Herrenrasse […] gründlich"[38]. In dieser Zeit der Ungewissheit und des administrativen Vakuums dehnte die Vietminh ihren Herrschaftsanspruch auf ganz

---

[36] William R. Polk, Aufstand. Widerstand gegen Fremdherrschaft: Vom Amerikanischen Unabhängigkeitskrieg bis zum Irak, Bonn 2009, S. 216.
[37] *Ibid*, S. 217
[38] *Ibid*, S. 218.

Indochina aus und gründete – nach der Kapitulation der Japaner und dem Erhalt der Machtinsignien durch den vietnamesischen Kaiser Bao Dai im August 1945 – die Demokratische Republik Vietnam. Bereits eine Woche später landeten am 9. September chinesische und britische Truppen in Nordvietnam, um gemäß der Vereinbarungen der Konferenzen von Jalta und Potsdam die japanischen Truppen zu entwaffnen und die französische Verwaltung wieder aufzubauen.

Mit der Entsendung französischer Panzerdivision unter dem Befehl von General Leclerc wollte die französische Regierung – welche in Potsdam nicht eingeladen war – Fakten schaffen, um ihren Platz in der Welt und insbesondere ihre Kolonie wieder einzufordern. Schnell machte sich General Leclerc daran, die großen Bevölkerungszentren zu besetzen und die Sicherheit im Land wiederherzustellen, um die Grundlage für einen Wiederaufschwung der Wirtschaft zu ermöglichen. Am 6. März 1946 einigte man sich sogar mit dem Anführer der Vietminh Ho Chi Minh, eine Eingliederung der Demokratischen Republik Vietnams als freien – jedoch nicht unabhängigen – Staat innerhalb der indochinesischen Föderation der Französischen Union[39] vorzunehmen. Als Gegenleistung für den erlangten Status durften französische Truppen die Chinesen ablösen und für fünf Jahre im Land bleiben[40].

---

[39] Mit der Verfassung der IV. Republik vom 27. Oktober 1946 wurde das französische Kolonialreich zur *Union française* nach dem Vorbild des britischen Commonwealth. In dieser Union wurden die ehemaligen Kolonien zu *Départements* und *Territoires d'outre-mer*.

[40] Ho wollte um jeden Preis eine längere Präsenz chinesischer Truppen vermeiden und nahm dafür sogar billigend eine Besatzung des Landes durch französische Truppen in Kauf. Ho befürchtete, dass China – Vietnams Erbfeind – sein Land wie ein „soziales schwarzes Loch" (William R. Polk) verschlucken würde. Dies vermittelte er auch seinen Mitstreitern:

„You fools! Don't you realize what it means if the Chinese stay? Don't you remember your history? The last time the Chinese came, they stayed for thousand years! The French are foreigners. They are weak. Colonialism is dying out. Nothing will be able to withstand world pressure for independence. They may stay for a while, but they will have to go because the white man is finished in Asia. But if the Chinese stay now, they will never leave. As for me, I prefer to smell French shit for five years rather than Chinese shit for the rest of my life",

Der geschlossene Frieden blieb jedoch fragil und zerbrach gemäß den Erwartungen beider Seiten noch im gleichen Jahr. Ein Vorfall im Hafen von Haiphong und andere Scharmützel waren Vorboten des Unvermeidlichen. Mit dem Angriff der Vietminh auf französische Garnisonen im Norden des Landes am 19. Dezember 1946 war der Frieden schließlich definitiv gebrochen und der Indochinakrieg begann. „In Paris wie in Saigon scheinen Militärs und Zivilisten damit einverstanden, Waffengewalt einzusetzen, bevor eventuelle Verhandlungen wiederaufgenommen werden"[41]. Diese konnten jedoch nicht mehr mit der Vietminh geführt werden, die in den Augen Frankreichs durch den Bruch der Vereinbarungen ihre politische Legitimität verloren hatte. Um gleichzeitig dem vietnamesischen Nationalismus Rechnung zu tragen, wurde als neuer Partner der Staat Vietnam mit Saigon als Hauptstadt gegründet und Bao Dai, der ehemalige Kaiser Vietnams, zum Staats- und Regierungschef ernannt.

1.1. Der Indochinakrieg bis 1949

Die Soldaten des französischen Expeditionskorps (*Corps Expéditionnaire Français en Extrême-Orient* - CEFEO) stellten sich auf einen kurzen Krieg ein, doch gelang es ihnen trotz ihrer militärischen Überlegenheit nicht, ihre Herrschaft dauerhaft über das Land zu installieren und die Vietminh in ihren bergigen Rückzugsorten zu fassen. Ab 1947 konzentrierte sich das CEFEO zunächst auf die Sicherung der Bevölkerungszentren und bekämpfte dort die städtischen Milizen, die hauptsächlich aus unerfahrenen Kämpfern bestanden. Die vietnamesischen Milizionäre hatten den Befehl, Hanoi so lange wie möglich zu halten, um den Truppen Ho Chi Minhs und seines

---

National Archives, United States – Vietnam Relations. 1945-1967, Vietnam and the US. 1940-1950, Band 1, Washington 1971, S. 170. URL: http://media.nara.gov/research/pentagon-papers/Pentagon-Papers-Part-I.pdf (Stand: 01.04.2015).
[41] Ivan Cadeau (Hrsg.): Les enseignements de la guerre d'Indochine (1945-1954). Rapport du général Ély, tome 1, Paris 2011 (Cadeau, Vorwort zu Cadeau 2011: XVII).

obersten Befehlshabers Vo Nguyen Giap genug Zeit zum Rückzug in das bergige Umland zu verschaffen. Von dort aus wurden die Guerilla-Aktionen der Vietminh organisiert und durchgeführt: durch Zerstörung der Verkehrswege, Angriffe auf Militärposten sowie Hinterhalte auf Patrouillen der Franzosen. Der Feind war überall und doch nirgends zu sichten oder zu fassen. „Dieser Krieg hatte nichts zu tun mit jenem den wir in Europa geführt hatten. [...] Der Zweite Weltkrieg war ein linearer Krieg, mit einer Front gen welcher wir fortschritten, um den feindlichen Linien gegenüberzutreten und diese zurückzustoßen. So hatten wir Alençon befreit, schließlich Paris. In Indochina hingegen gab es keine Front, es handelte sich um einen Flächenkrieg, mit Gegnern die folglich überall sind, hinter Ihnen, vor Ihnen, neben Ihnen. Wir waren in ständiger Alarmbereitschaft"[42], so General Jean Compagnon, der ab Oktober 1945 mit der 2. Französischen Panzerdivision an der Wiedereroberung Indochinas beteiligt war.

Diese militärische Konfrontation wurde von einer politischen gedoppelt, die durch den Vietminh mit Hilfe einer hierarchisierten Strukturierung und Organisation der Bevölkerung sowie einer aggressiven Propaganda geführt wurde. Frankreich stellte ihr die *Pacification* gegenüber, ein militär-politisches Konzept aus den Anfängen der Kolonialzeit, welches „die Errichtung der Ordnung und der Sicherheit in jener Region [zum Ziel hat], in der die französische Autorität von rebellischen oder aufständischen Gruppen in Frage gestellt wird"[43]. Bei der *Pacification* hat das Militär die Aufgabe, die Aufständischen zu bekämpfen, die Zivilbevölkerung zu schützen sowie ihre wirtschaftlichen und sanitären Lebensbedingungen zu verbessern, um die Bevölkerung schließlich für sich zu gewinnen.

In der Praxis wurde die militärische Konfrontation somit einerseits statisch und anderseits in der Bewegung geführt. Zum einen wurde das Land von Türmen und Posten gesät, um den Schutz der Bevölkerung und der Infrastruktur des Landes zu gewährleisten. Gleichzeitig führten die Franzosen auch militärische Operationen

---

[42] Robin, Escadrons de la mort, S. 21.
[43] Cadeau (Hrsg.): Les enseignements de la guerre d'Indochine, (Cadeau, Vorwort zu Cadeau 2011: XVIII).

durch, um der Rebellen habhaft zu werden. Diese Operationen verliefen immer nach gleichen Muster: nach Erhalt nachrichtendienstlicher Informationen – durch Entschlüsselung von Dokumenten, Abhören von Funksprüchen oder durch Späher – wurden Manöver und Offensiven durchgeführt, um den Gegner zu einer Schlacht zu drängen. Doch die Vietminh stellte sich dem Gegner so gut wie nie. „Die von den Amerikanern aufgerüstete französische Armee bewegte sich durch das Land wie ein Paddel durchs Wasser: Sie räumte jeden Widerstand aus dem Weg, aber wenn sie weiterzog, strömte das Wasser an seine alte Stelle zurück"[44]. Zudem war das französische Expeditionskorps für den Dschungelkrieg in Indochina schlicht falsch ausgerüstet. Die von der Metropole entsandten gepanzerten und motorisierten Verbände waren bei ihrem Vorrücken in das Landesinnere auf Brücken und Straßen angewiesen, fanden diese jedoch meist zerstört vor, was sie am Weiterkommen hinderte[45]. Die Zeit der großen Materialschlachten schien zu Ende, nur war dies in den Köpfen der französischen Militärführung, die weiterhin stark von ihren Kampferfahrungen im Zweiten Weltkrieg geprägt war, noch nicht angekommen.

Nach drei Jahren Krieg gab es zwar weder Verlierer noch Gewinner, doch die Zeit spielte für die Vietminh, welche die Unterwanderung des gesamten Landes immer weiter ausdehnen konnte. Ende 1949 kam es beim nördlichen Nachbarn Vietnams schließlich zu einer fundamentalen Veränderung im internationalen Staatensystem, die einen massiven Einfluss auf den weiteren Verlauf des Indochinakonflikts hatte: der Sieg der chinesischen Kommunisten über Chiang Kai-shek im chinesischen Bürgerkrieg (1927-1948) und die Ausrufung der Volksrepublik China.

---

[44] Polk: Aufstand, S. 221.
[45] Im November 1945 verstärkte die Marschgruppe der 2. Panzerdivision die 9. koloniale Infanteriedivision; im Februar 1946 kam noch die 3. koloniale Infanteriedivision hinzu.
Vgl. Cadeau (Hrsg.), Les enseignements de la guerre d'Indochine, (Cadeau, Vorwort zu Cadeau 2011: XV).

1.2. Mao und die Weltrevolution

Die kommunistische Weltrevolution hatte sich seit der russischen Oktoberrevolution von 1917 wie ein Lauffeuer in alle Himmelsrichtungen ausgebreitet und ließ auch China nicht unberührt. Während auf Kuba Tabakarbeiter Räte gründeten und in Deutschland Karl Liebknecht die freie sozialistische Republik Deutschland ausrief, waren in China revolutionäre Studentenbewegungen entstanden. Aus einer solchen ging ein gewisser Mao Zedong hervor, der ab 1924 eine bewaffnete Revolution gegen die Nationale Volkspartei Chinas (Kuomintang) Chiang Kai-sheks anführte. Mao gehörte somit der zweiten Welle der sozialen Weltrevolution an, die im Gegensatz zur ersten die Massen nicht durch eine Auflehnung gegen den Krieg mobilisierte, sondern die Revolution durch „das kriegerische Unternehmen selbst [...] an die Macht brachte"[46].

Wenig beachtet vom Rest der Welt hatte „sich damals in Südchina zum ersten Mal der Zusammenstoß nicht einfach zwischen zwei Kriegsgegnern sondern zwischen zwei Arten Krieg ab[gespielt], den man seither in Jugoslawien, Indonesien und Indochina, auf Zypern, Kuba und in Algerien erlebt hat"[47]. Der zwanzigjährige chinesische Bürgerkrieg wurde zum Vorbild für viele bewaffnete Revolutionen nach dem Zweiten Weltkrieg, weil Mao es verstanden hatte, das revolutionäre Potenzial des chinesischen Bauerntums (nicht immer ganz freiwillig) zu wecken und es für seine Zwecke zu instrumentalisieren. Er etablierte somit in seinem Kampf gegen die Kuomintang Chiang Kai-sheks das Bauerntum als revolutionäre Klasse, stand damit jedoch im eindeutigen Widerspruch zur klassischen marxistischen Theorie[48]. Mit dieser originellen Kriegführung als

---

[46] Eric Hobsbawm: Das Zeitalter der Extreme. Weltgeschichte des 20. Jahrhunderts, München 2009, S. 109.
[47] Mao Tse-tung, Theorie des Guerillakrieges. Oder Strategie der Dritten Welt, Hamburg 1966, (Sebastian Haffner, Einleitender Essay zu Mao Tse-tung 1966: S. 15).
[48] Für Karl Marx war das Bauerntum nach der Massenwahl für Louis-Napoleon Bonaparte unwiederbringlich reaktionär. Die „Bauerninsurrektion" vom 10. Dezember 1848 war für Marx das Symbol der unverkennbaren Physiognomie einer

Vorbild verwandelten sich die anti-kolonialen Aufstände der Vorweltkriegszeit „in einen modernen, ideologisch kohärenten und taktisch erfolgreichen Volkskrieg"[49].

Die mao'sche Form des Krieges unterschied sich fundamental vom Krieg europäischer Prägung, indem es die chinesische Tradition des Kleinkriegs aufgriff. „Der Kleine Krieg [war] seit Beginn reflektierter Aufzeichnungen zur Kriegführung, allen voran Sunzis ‚Kriegskunst', geradezu institutionalisiert und fand über die mündliche Erzähltradition bis an die Peripherie Verbreitung"[50]. Erzählungen wie die „Die Räuber vom Liang-Schan-Moor" – einer der vier Klassiker der chinesischen Literatur und Maos Lieblingslektüre – sowie die immer wiederkehrenden blutigen Aufstände und Rebellionen in der chinesischen Geschichte zeugen von dieser Tradition. Allein im 19. Jahrhundert kamen während der Taiping-Revolution (1850-1864) und des Nian-Aufstands (1853-1868) mehr als 20 Millionen Chinesen ums Leben[51]. Maos revolutionäre Kriegführung – im doppelten Sinne des Wortes, weil revolutionär in seiner Form als auch in seinen Zielen – führte diese chinesische Tradition des Kleinkrieges fort, stützte sich aber neben der marxistischen Lehre auch eindeutig auf das clausewitz'sche Denken zur Guerillakriegführung und trug so wesentlich zur Weiterentwicklung des Denkens zur Kleinkriegsführung bei[52].

Entsprechend ihrer eigenen bewaffneten Machterlangung und in ihrem Glauben an die Weltrevolution unterstützte die kommunistische Partei Chinas nach der Gründung der Volksrepublik

---

Klasse, die für die Weltrevolution nicht zu gebrauchen sei und „innerhalb der Zivilisation die Barbarei vertritt".
Vgl. Karl Marx/Friedrich Engels: Die Klassenkämpfe in Frankreich 1848-1850. Werke Band 7, Berlin/DDR 1960, S. 44.
[49] Douglas Porch: Counterinsurgency. Exposing the Myths of the New Way of War, Cambridge 2013, S. 156.
[50] Ylva Monschein: Das Terrain als Waffe. Wirkung und Wahrnehmung von Guerillastrategien in der chinesischen Provinz Shandong (1937-1949), in: Asymmetrische Konflikte im Spiegel der Zeit, Berlin 2008, S. 266.
[51] Encyclopaedia Britannica: Taiping Rebellion (10.01.2014), URL: http://www.britannica.com/EBchecked/topic/580815/Taiping-Rebellion (Stand: 01.04.2015).
[52] Vgl. Beatrice Heuser: Clausewitz lesen, München 2010, S. 168-180.

1949 bewaffnete Aufstände in Ostasien. Ein Nutznießer dieser Unterstützung wurde kurz nach der Ausrufung der Volksrepublik China die Vietminh in ihrem Unabhängigkeitskrieg gegen Frankreich. Auch in diesem Krieg sollte – nach dem Wunsch Pekings – die revolutionäre Kriegführung Maos zur „standardisierten Vorgehensweise" werden, wie bei anderen „nationalen Befreiungskämpfen in allen anderen kolonialen und halbkolonialen Ländern"[53] auch.

1.3. Der Indochinakrieg in der Blockkonfrontation

Nach einem Besuch Ho Chi Minhs im Januar 1950 in Peking und Moskau entsandte China noch im gleichen Jahr Militärberater, Waffen, Munition und Ausrüstung an die Vietminh. Einige Truppenteile, wie die 308. Division, das 209. Regiment oder das 174. Regiment, wurden gar in China selbst ausgerüstet und trainiert[54]. Die chinesische Unterstützung erhöhte den militärischen Druck auf die französischen Truppen immens und veränderte den Indochinakrieg zugleich grundlegend. Unter dem Eindruck der Machterlangung der Kommunisten in China und mit Beginn des Koreakrieges 1950 begannen nun auch die USA sich massiv in den Indochinakrieg einzuschalten und weiteten so den ursprünglich lokal begrenzten Kolonialkonflikt zu einem weiteren Schauplatz in der weltweiten Blockkonfrontation aus. US-Präsident Harry S Truman[55] erhob im September

---

[53] So Liu Shaoqi, damaliger chinesischer stellvertretender Vorsitzender des Weltbundes der Gewerkschaften und des Volksregierungsrates, in seiner Eröffnungsrede zur Gewerkschaftskonferenz der asiatischen und australasiatischen Länder im November 1949.
Yang Kuisong: Mao Zedong and the Indochina Wars, in: Priscilla Roberts (Hrsg.), Behind the Bamboo Curtain. China, Vietnam, and the World beyond Asia, Chicago 2006, S. 57.
[54] Yang Kuisong: Mao Zedong and the Indochina Wars, in: Behind the Bamboo Curtain. China, Vietnam, and the World beyond Asia, Priscilla Roberts (Hrsg.), Chicago 2006, S. 58.
[55] Bei dem „S" in Harry S Truman handelt es sich nicht um eine Abkürzung, sondern um ein Initial, weshalb es auch ohne nachfolgenden Punkt geschrieben werden kann.

1950 mit dem National Security Council Memorandum 64 (NSC-64) Indochina zu einem Ort von strategischer Bedeutung in Südostasien: würde Indochina dem kommunistischem Block anheimfallen, könnte dies erhebliche Konsequenzen auf den Rest der Region haben[56]. Um dies zu verhindern gründeten die USA eine *Military Assistance and Advisory Group* (MAAG), um ihre militärische und finanzielle Unterstützung im Kampf gegen den Kommunismus in Indochina zu verwalten[57]. Im Rahmen dieser Unterstützung verluden zwischen 1950 und 1954 insgesamt 400 Transportschiffe benötigtes Material und notwendige Waffen, mit dem Ziel, die französischen Truppen – die zum Teil noch mit Ausrüstung aus der Vorkriegszeit kämpften – zu modernisieren. Sogar die französische Kriegskasse profitierte von den Überweisungen der USA: 1954 machte die finanzielle Hilfe der Vereinigten Staaten gar 80% aller Kriegsausgaben Frankreichs in Indochina aus[58].

1.4. Späte Ansätze der Innovation

Mit der Hilfe Chinas begann die Vietminh, verstärkt reguläre Truppenteile zu konstituieren, behielt ihre irreguläre Vorgehensweise

---

Siehe: Harry S. Truman Library & Museum: Use of the Period after the „S" in Harry S. Truman's Name, URL:
https://www.trumanlibrary.org/speriod.htm (Stand: 01.04.2015).

[56] Die ähnlich klingende Domino-Theorie wurde erst von Trumans Nachfolger, Dwight D. Eisenhower, am 7. April 1954 in einer Pressekonferenz mit Verweis auf Indochina formuliert: „Finally, you have broader considerations that might follow what you would call the "falling domino" principle. You have a row of dominoes set up, you knock over the first one, and what will happen to the last one is the certainty that it will go over very quickly. So you could have a beginning of a disintegration that would have the most profound influences",
Vgl. The American Presidency Project: Dwight D. Eisenhower. The President's News Conference (7.04.1954), URL:
http://www.presidency.ucsb.edu/ws/index.php?pid=10202 (Stand: 01.04.2015).

[57] Vgl. Arthur T. Frame: Military Assistance and Advisory Group Vietnam, in: The Encyclopedia of the Vietnam War. A Political, Social, and Military History, Spencer C. Tucker (Hrsg.), H-P, Bd. 2, California 2011, S. 744-746.

[58] Vgl. Cadeau (Hrsg.), Les enseignements de la guerre d'Indochine, (Cadeau, Vorwort zu Cadeau 2011: X-XI).

jedoch gleichzeitig bei. Zum einen akzeptierte Giap die offene Feldschlacht gemäß den mao'schen Prinzipien nur, wenn die Truppenstärke denen der Franzosen haushoch überlegen war. Zum anderen behielt er in einer Art „Groß-Guerilla" seine bisherige Taktik, durch Einkreisungsmanöver Angriffe aus dem Hinterhalt zu führen, mithilfe von Divisionen bei[59]. Beispielhaft für dieses Vorgehen war die Schlacht um die *Route Coloniale 4* im Oktober 1950, in welcher sieben Bataillone des französischen Expeditionskorps von 30 Bataillonen der Vietminh aufgerieben wurden. Es kam zu weiteren großen Schlachten: in Vinh Yen (Januar 1951), Hoa Binh (Dezember 1951), Na San (Dezember 1953) und schließlich Dien Bien Phu (März-Mai 1954). Die französischen Truppen konnten zwar einige davon für sich entscheiden, doch blieben die Erfolge ohne anschließende Kontrolle der gewonnenen Gebiete kurzlebig. Zu spät passten sich die französischen Militärs dem asymmetrischen Krieg an. Zu spät innovierte Frankreich, um die Auseinandersetzung in Feindesgebiet zu tragen und jenen Kampf zu führen, der bei weitem wichtiger war als die Zerstörung des Feindes: die Eroberung der Bevölkerung. Die Franzosen zogen es immer wieder vor, eine Entscheidung über einer offenen Feldschlacht zu erzwingen, den einzigen Krieg, „den sie führen konnten"[60].

Im Dezember 1950 begann die französische Armee unter dem Kommando von General Jean Joseph Marie Gabriel de Lattre de Tassigny erste Veränderungen in ihrer Kriegführung durch den Aufbau eigener Guerillakräfte und die Psychologisierung der französischen Kriegsführung. Um die Vietminh in ihrem Einflussgebiet zu destabilisieren, gründete De Lattre im April 1951 die *Groupement de commandos mixtes aéroportés* (GCMA), ein aus einheimischen Minderheiten und französischen Fallschirmjägern bestehendes Luftlandekommando, welches den Krieg in feindliches Gebiet tragen und sein militärisches, politisches und wirtschaftliches Potential angreifen sollte. Ihr Einsatz wurde zwar als Erfolg bezeichnet, doch gelang es der GCMA nicht, das Kräfteverhältnis dauerhaft zu verändern.

---

[59] Vgl. André Beaufre: Die Revolutionierung des Kriegsbildes. Neue Formen der Gewaltanwendung, Stuttgart 1973, S. 177.
[60] Roger Trinquier: La guerre moderne, S. 3.

Darüber hinaus wurden unter De Lattre die zivilen und militärischen Informationsdienste – den *Service Français d'Information* und den *Service Presse-Information* – unter die Aufsicht des Oberbefehlshabers der französischen Truppen in Indochina gestellt, ebenso wie alle weiteren Propaganda- und Zensur-Aktivitäten. Dies waren erste Bausteine für den 1952 gegründeten Propagandadienst und die 1953 entstandene Abteilung für psychologische Kriegsführung – das berüchtigte Fünfte Büro, welches schließlich, neu gegründet, im Algerienkrieg seine ganze Kraft entfalten sollte. In Indochina hatte das Büro einerseits die Aufgabe, die „Moral des Feindes und seinen Kampfwillen" zu unterminieren, andererseits sollte es auch „die Moral der befreundeten Truppen verteidigen, unterstützen und stärken"[61]. Die damit einhergehende verstärkte Finanzierung für die psychologische Kriegsführung ermöglichte die Anschaffung von Megaphonen, Lautsprecherwagen, Kinoprojektoren und Vervielfältigungsapparaten für Flugblätter[62]. Neben dem Drucken von Broschüren, Zeitungen und Zeitschriften sowie der Produktion von Radiosendungen oder dem Vorführen von Filmen und Theaterstücken sollte das Fünfte Büro auch dem Mangel an qualifizierten Personal für die psychologische Kriegsführung begegnen. Mitarbeiter hielten Seminare und Vorträge an ausgewählten Hochschulen und einzelne Offiziere wurden nach Fort Bragg an die *Psychological Warfare School* in die USA geschickt.

Sowohl die GCMA als auch die Fünften Büros konnten vereinzelnd Erfolge verbuchen, doch blieb der Erfolg bei der Bekämpfung und Manipulation feindlicher Kräfte bzw. bei der Mobilisierung der Bevölkerung insgesamt betrachtet aus. Dies war sicherlich auch der späten Aufnahme dieser Art von Operationen geschuldet, welche erst im Herbst 1953 bzw. Anfang 1954 im größeren Maßstab durchgeführt wurden.

---

[61] Marie-Catherine Villatoux & Paul Villatoux: La guerre psychologique en Indochine (1945-1955), in: Revue historique des Armées Nr. 213 (1998), S. 113.
[62] Wurden 1952 lediglich 50 Millionen Francs in die psychologischen Kriegführung investiert, waren es 1953 bereits 200 Millionen und 1954 gar 354 Millionen. Vgl. Villatoux: Guerre psychologique en Indochine, S. 113.

Trotz dieser Maßnahmen und der Unterstützung der USA gelang es Frankreich letzten Endes nicht, eine entscheidende Wende im Indochinakrieg herbeizuführen. Der 1946 ausgebrochene Unabhängigkeitskampf, welcher zunächst als rein französische Angelegenheit in einer ferner Kolonie begann, hatte sich mit der Einmischung der Sowjetunion, Chinas und der USA zu einem heißen Krieg im Kalten Krieg gewandelt, bei dem Frankreich – kriegsmüde und vom Debakel von Dien Bien Phu erschüttert – schließlich mit dem Genfer Friedensabkommen vom 21. Juli 1954[63] seine erste Kolonie verlor. Der Abzug aller französischen Truppen aus Nordvietnam markierte zwar einerseits das Ende der 1858 begonnenen französischen Herrschaft über Indochina. Andererseits war jedoch er auch der Beginn einer intensiven Auseinandersetzung innerhalb der französischen Streitkräfte mit den Lehren und der Rolle der Streitkräfte in dieser neuen Art des Krieges.

1.5. Die Politisierung der französischen Militärs

„Angehörige der französischen Kolonialtruppen grübelten über die Niederlage in Indochina von Mai 1954 und kamen zu dem Schluss, dass sie verloren hatten, weil konventionelle Truppen es nicht verstanden, einen Aufstandsbekämpfungskrieg zu kämpfen und weil sie von der französischen Regierung und der Bevölkerung im ‚Reisparadies' vergessen wurden"[64]. Dieser Groll traf insbesondere Paris und verstärkte sich mit den außenpolitischen Krisen, mit denen Frankreich konfrontiert war. Er durchzog alle Ränge der Militärhierarchie und äußerte sich sowohl in internen Berichten als auch in öffentlichen Stellungnahmen hochrangiger Militärs. Eine erste Konfrontation zwischen der Armee und der Politik begann mit dem von Gene-

---

[63] Anders als in der historischen Literatur zu finden wurde das Genfer Abkommen nicht am 20. Juli sondern erst am 21. Juli früh morgens unterschrieben.
Vgl. Pierre Viansson-Ponté: 20 juillet 1954. Comment l'Indochine a signé les accords de paix (20.07.2010), URL:
http://www.lexpress.fr/actualite/monde/asie/20-juillet-1954-comment-l-indochine-a-signe-les-accords-de-paix_906751.html (Stand: 01.04.2015).
[64] Porch, Counterinsurgency, S. 167.

ral Paul Romuald Ély – Oberbefehlshaber der französischen Truppen und französischer Generalkommissar Indochinas in Personalunion von April 1954 bis März 1955 – in Auftrag gegebenen Bericht über die Lehren des Indochinakriegs, welcher aufgrund seiner politischen Brisanz nur zum Teil veröffentlicht wurde. Der erste der drei Bände wurde wegen seines politisch-militärischen Charakters und seiner harschen Kritik an den strategischen Entscheidungen nie veröffentlicht, geschweige denn vervielfältigt. Bis heute ist kein Exemplar dieses Bandes in den Archiven der französischen Armee zu finden[65].

Doch das Aufbäumen der Militärs fand mit dieser verhinderten Veröffentlichung kein Ende, ganz im Gegenteil. Nur einige Monate nach der Übergabe des *Rapport Ély* erschienen die Memoiren von General Henri Navarre, welcher als einstiger Oberbefehlshaber der französischen Truppen in Indochina von Mai 1953 bis Juni 1954 von der Hauptstadtpresse zum Hauptverantwortlichen der Niederlage von Dien Bien Phu ausgemacht wurde. Sein Buch *Agonie de l'Indochine* war eine Anklageschrift und wurde von Politikern aller Couleur entsprechend pikiert aufgenommen. Navarre stilisierte sich hiermit zum Wortführer aller politikverdrossenen Indochinaveteranen, die sich von den verschiedensten Regierungen der IV. Republik, aber auch von der Presse und ihren Mitbürgern verlassen und verraten, wenn nicht sogar hinterrücks erdolcht fühlten. Sie stimmten mit Navarre ein, als dieser schrieb, dass „die wahren Gründe der Niederlage Indochinas politisch sind. [...] Von Anfang bis Ende haben unsere Führer nie gewusst was sie wollten oder, wenn sie es wussten, es nie behaupten können. Das Rumgedruckse, die Fehler, die Feigheiten welche in acht Jahren angesammelt wurden [...] sind die Früchte des Regimes. Sie gehen von der Natur selbst des französischen politischen Systems aus"[66]. Sicher ist, dass die Instabilität der Institutionen der IV. Republik zu keinem Zeitpunkt zu einer kohärenten Politik in Indochina führen konnte, eine Republik, die sich von ihren Anfängen 1946 bis zu ihrem Ende 1958 im ständigen in-

---

[65] Vgl. Cadeau (Hrsg.): Les enseignements de la guerre d'Indochine (Cadeau, Vorwort zu Cadeau 2011: XXXVII).
[66] Henri Navarre, Agonie de l'Indochine 1953-1954, Paris 1956, S. 319-321.

neren wie äußeren Konfliktzustand befand. In der zwölfjährigen Existenz der IV. Republik führten insgesamt 25 verschiedene Regierungen die Geschicke des Landes, Regierungen welche im besten Fall 16 Monate, im schlechtesten zwei Tage hielten, wenn überhaupt eine Regierung gebildet werden konnte[67].

Doch die Niederlage in Indochina und das allgemeine Gefühl des Verrates allein können die Aufgabe des einst traditionell apolitischen Selbstverständnisses des französischen Militärs nicht vollends erklären, welches Léon Duguit, französischer Jurist für öffentliches Recht, wie folgt zusammenfasste: „Die Streitkraft muss ein passives Instrument in den Händen der Regierung sein. Diese kann ihre Mission nur erfüllen, wenn ihr eine Streitkraft zur Verfügung steht; aber über die Streitkräfte verfügen heißt es nutzen zu können wie eine materielle, unbewusste Kraft. Dies schließt für die Befehlshaber der Streitkraft die Möglichkeit aus, unter einem beliebigen Vorwand den Befehlen der Regierung nicht nachzukommen... [...] Idealerweise wäre die Streitkraft eine unbewusste Maschine, welche die Regierung durch das Betätigen eines elektrischen Knopfes in Bewegung setzen könnte"[68]. Diese apolitische Haltung wurde im Zweiten Weltkrieg tief erschüttert, als ab Juni 1940 zwei, kurzfristig sogar drei französische Regierungen das exklusive Privileg der politischen Legitimität für sich beanspruchten. Mit dem Londoner *Appel du 18 Juin* rief General de Gaulle zum Widerstand gegen Nazideutschland auf und zwang so die französischen Soldaten, erstmals eigenständig politisch zu denken und zu handeln. Für sie galt es nun, sich für oder gegen die Vichy-Regierung *Maréchal* Petains zu stellen, zu kollaborieren oder sich dem Widerstand anzuschließen. Ein französischer Offizier brachte es folgendermaßen auf den Punkt: „Ich habe an dem Tag aufgehört an die Tugend des Gehorsams zu glauben, als ich im November 1942 auf einem marokkanischen Platz innerhalb von 10 Minuten zwei sich widersprechende Befehle bekam: einen von meinem Kommandeur, der mir befahl, mich mit

---

[67] Vgl. Jean-Jacques Chevallier, Histoire des institutions et des régimes politiques de la France de 1789 à nos jours, Paris 1972, S. 573-682.
[68] Zitiert nach Raoul Girardet: Problèmes idéologiques et moraux, in: Raoul Girardet (Hrsg.), La crise militaire française 1945-1962. Aspects sociologiques et idéologiques, Paris 1964, S. 157.

meinem Zug den amerikanischen Landungstruppen anzuschließen, den anderen von meinem Oberst, welcher mir den Widerstand bis zum Äußersten befahl"[69]. Auch die Rechtsprechungen der *Tribunaux de Libération*, welche nach der Befreiung Frankreichs den internen Säuberungen einen legalen Charakter gaben, stellten das Gebot des absoluten Gehorsams in Frage, indem sie Kollaborateure verurteilten, die den Befehlen des Vichy-Regimes Folge geleistet hatten. Die Anhänger der *Organisation Armée Secrète* beriefen sich nach ihrem Putschversuch von 1961 u.a. auf dieses Erbe der *Résistance*[70].

Nach dem Genfer Abkommen waren die Militärs bis hinauf zu den höchsten Würdenträgern abermals gewillt, politische Entscheidungen zu treffen. Konkret wurde dies, als sich Generale weigerten, Entscheidungen hinsichtlich der Europäischen Verteidigungsgemeinschaft (EVG) und der Verlegung französischer Truppen mitzutragen. In der heißesten Phase der Debatte um die EVG nahmen *Maréchal* Juin, damaliger Kommandeur der NATO-Truppen in Zentraleuropa, und General de Gaulle öffentlich Stellung gegen das Projekt und desavouierten somit ihre Regierung[71]. Zwei Jahre später traten die Generale Augustin Guillaume und André Zeller – Chef des Generalstabs der französischen Streitkräfte bzw. Chef des Generalstabs des Heeres – zurück, um ihren Unmut gegen die Umstrukturierung der NATO-Truppen und der Streitkräfte in Algerien

---

[69] *Ibid*, S. 160.
[70] *Ibid*, S. 161.
[71] Vgl. Jacques Fauvet: Le maréchal Juin est convoqué par M. Joseph Laniel, in: Le Monde (30.03.1954), URL:
http://www.lemonde.fr/archives/article/1954/03/30/le-marechal-juin-est-convoque-par-m-joseph-laniel_2018190_1819218.html?xtmc=marechal_juin_c_e_d_communaute&xtcr=2 3 (Stand: 01.04.2015);
Raymond Barrillon: Le traité de C.E.D. porte gravement atteinte à notre souveraineté et à notre indépendance affirme le général de Gaulle, in: Le Monde (09.04.1954), URL:
http://www.lemonde.fr/archives/article/1954/04/09/le-traite-de-c-e-d-porte-gravement-atteinte-a-notre-souverainete-et-a-notre-independance-affirme-le-general-de-gaulle_2013533_1819218.html?xtmc=marechal_juin_c_e_d_communaute&xtcr=1 3 (Stand: 01.04.2015).

zum Ausdruck zu bringen⁷². Noch im gleichen Jahr kam es in Algerien sogar zum ersten versuchten Handstreich durch General Jacques Faure gegen die Zivilregierung von Generalgouverneur Robert Lacoste, welche durch eine Militärregierung unter General Raoul Salan ersetzt werden sollte. Der konspirative Plan scheitert und Faure wurde zu 30 Tagen Festungshaft verurteilt⁷³.

Der Rundumschlag traf schließlich auch die militärische Institution selbst, die schon bald mit den politischen Strukturen gleichgesetzt und ebenfalls als ineffizient und behäbig galt. Besonders bei jenen jungen Offizieren, die im Indochinakrieg Initiative zeigen und Verantwortung übernehmen konnten, gab es ein regelrechtes Verlangen nach Erneuerung. „Sie [stellten] nicht nur die Machtverhältnisse, das Regime und seine Institutionen in Frage; sondern auch die Schwerfälligkeit, das Erstarren des militärischen Apparats, seine mangelnde Anpassung an die Notwendigkeiten des Kampfes, seine oftmals schlechte Operationsführung, seinen Konformismus und seine Routine"⁷⁴. Vom *mal jaune* Indochinas befallen, jene schmerzhafte Nostalgie an Frankreichs einstige „Perle des *Empire*"⁷⁵ im Fernen Osten, wollten sie die Überbleibsel des Empire um jeden Preis verteidigen. In ihren Augen konnte dies nur durch eine radikale Reform der französischen Streitkräfte gelingen. Die „alte [...], ineffiziente, [...] unnütze und schädliche Armee [...], dieser Organismus ohne Seele, [...] schwer und [...] unbeweglich, [...] verfettet, [...]

---

⁷² Jean Planchais: La réorganisation du haut commandement faciliterait la refonte de notre dispositif militaire, in: Le Monde (02.03.1956), URL: http://www.lemonde.fr/archives/article/1956/03/02/la-reorganisation-du-haut-commandement-faciliterait-la-refonte-de-notre-dispositif-militaire_2238956_1819218.html?xtmc=andre_zeller&xtcr=8 (Stand: 01.04.2015).
⁷³ Vgl. Der Spiegel: Ein abendfüllendes Programm, in: Der Spiegel (6. Februar 1957), S. 30-31; Alistair Horne: A Savage War of Peace. Algeria 1954-1962, New York 2006, S. 180-181.
⁷⁴ Raoul Girardet: Problèmes moraux et idéologiques, in: Raoul Girardet (Hrsg.), La crise militaire française 1945-1962. Aspects sociologiques et idéologiques, Paris 1964, S. 165-166.
⁷⁵ Philippe Héduy: Histoire de l'Indochine. La perle de l'Empire 1624-1954, Paris 1998.

desillusioniert und abgenutzt"[76], sollte durch eine neue, junge Armee ersetzt werden. Auch altgediente Militärs wie General Lionel-Max Chassin, von 1951 bis 1953 Kommandeur der französischen Luftwaffe in Indochina, oder *Colonel* Jean Boucher de Crèvecoeur, erster Kommandeur des 1950 gegründeten Zentrums für afrikanische und asiatische Studien der Kolonialtruppen in Paris (*Centre d'études africaines et asiatiques*, CEAA[77]), stimmten diesen Ansichten und den Forderungen nach Erneuerungen zu. Sie forderten mehr Mut zu Veränderungen und sahen die Notwendigkeit von taktischen wie technologischen Innovationen. Frankreich müsse lernen, „wie man ein ganzes Volk in einen aktiven Krieg einbindet"[78] und sich zu diesem Zweck eine psychologische Waffe aneignen, so Crèvecoeur in einem Vortrag an der *École Supérieure de Guerre* im April 1952. Chassin dagegen zog aus seinen Analysen zur Kriegführung Maos im chinesischen Bürgerkrieg sogar den Schluss, dass die *grande muette*[79] eine neue, ideologische Rolle spielen müsse, wenn es nicht eines gewaltsamen Todes sterben wolle[80]. Denn „selbst in diesem Zeitalter des Materialismus' und der Mechanisierung, ist es immer noch der Geist der befehlige, ist es die Moral, welche die Schlachten gewinne. [...] Alles beruht auf der Erziehung, [...] in der Konditionierung der Menschen", so Chassin[81].

„Diese junge Armee möchte hart, unverfroren, kompromisslos sein. Sie unterhält den Kult der Anstrengung, des Charakters und der Effizienz. Sie definiert sich als resolut innovativ, sie zögerte

---

[76] Zitiert nach Girardet: La crise militaire, S. 166-167.

[77] Das CEAA bereitete ab 1950 Offiziere auf ihren Auslandseinsatz in Indochina, später in Algerien vor. 1955 wird es in *Centre Militaire d'Information et de Spécialisation sur l'Outre-Mer* (CMISOM), 1965 in *Centre Militaire d'Information et de Documentation sur l'Outre-Mer et l'Étranger* (CMIDOME) umbenannt. Es besteht heute weiterhin unter diesem Namen und befindet sich in Versailles.

[78] Zitiert nach: Francois Géré, La guerre psychologique, Paris 1997, S. 113.

[79] Das passive Wahlrecht wurde dem Militär erst am 17. August 1945 zuerkannt – ein Jahr nach den Frauen – weswegen es im Volksmund den Beinamen „die große Stumme" hatte.

[80] Lionel-Max Chassin: Du rôle idéologique de l'armée, in: RMI (Oktober 1954), S. 13-19.

[81] Lionel-Max Chassin: La conquête de la Chine par Mao Tsé Tong, in: RMI (Februar-März 1951).

nicht, viele Gewohnheiten, Bräuche und Traditionen in Frage zu stellen. Sie zögert ebenso wenig sich von allgemeinen Prinzipien des Gehorsams und des Respekts der hierarchischen Strukturen zu distanzieren"[82]. Die jungen Offiziere suchen nach neuen Vorbildern, nach neuen Anführern, welche die Charaktereigenschaften dieser jungen Armee nach außen tragen, Offiziere die sich im Felde bewiesen und nicht hinter einem Schreibtisch Karriere gemacht haben. Sie finden diese Vorbilder in jenen Fallschirmjägern, die sich in Indochina als Teil der GCMA bewiesen und mit die einzigen Erfolge erzielten. So wurden einzelne Fallschirmjäger wie Pierre Paul Jeanpierre, Marcel Bigeard, aber auch Roger Trinquier und Jacques Massu mit dem beginnenden Algerienkrieg zu lebenden Legenden und durch Romane und Erzählungen sogar über die militärischen Kreise hinaus bekannt[83]. Es sind schließlich diese jungen Indochinaveteranen und jene, die sich ihren Ideen verbunden fühlen, welche zur treibenden Kraft der Erneuerung der französischen Militärdoktrin wurden.

---

[82] Girardet: La crise militaire, S. 166.
[83] Beispielsweise Jean Lartéguy: Les Centurions, Paris 1960.

2. Die Doktrin des revolutionären Krieges

Die Niederlage im Indochinakrieg war für Frankreich nach der Schmach von 1940 ein weiteres Trauma, welches es zu verarbeiten galt. Der Wunsch, durch eine Rückeroberung einstiger Kolonialgebiete den Zweiten Weltkrieg vergessen und sich erneut als Weltmacht präsentieren zu können, erfüllte sich nicht. Frankreich verlor mit der Unterzeichnung des Genfer Abkommens nicht nur seine bevölkerungsreichste und wirtschaftlich wertvollste Kolonie, in welcher 42.000 Europäer über 22 Millionen Einwohner herrschten. Es gelang darüber hinaus auch erstmals einem kolonisierten Volk, die französische Armee zu besiegen, und dies, obwohl es sowohl technologisch als auch hinsichtlich der (regulären) Truppenstärke der französischen Armee weitaus unterlegen war[84]. Die Militärs befürchteten, dass diese Niederlage weitere Unabhängigkeitsbewegungen in anderen Kolonien und Protektoraten darin bestärken könnte, für ihre eigenen Bestrebungen einen ähnlichen Weg zu gehen. Diese Vorahnung schien sich zu verwirklichen, als sich Frankreich noch im Jahr des Genfer Abkommens erneut einem gewalttätigen Aufstand ausgesetzt sah – dieses Mal in Algerien, ein Teil des französischen Mutterlands. Nur handelte es sich dieses Mal nicht um die für Algerien typischen und traditionell wiederkehrenden Aufstände vereinzelnder Stämme. Dieses Mal breitete sich der Aufstand innerhalb kürzester Zeit wie ein Flächenbrand über weite Teile der ehemaligen Kolonie aus. Und erneut – als habe der Krieg in Indochina nie stattgefunden – fand die französische Regierung in den ersten Kriegsmonaten nicht die richtigen Mittel, um sich gegen terroristische Aktivitäten und Guerilabanden zur Wehr zu setzen.

Eine kleine Gruppe Indochinaveteranen wollte dieses scheinbare Vorrücken des kommunistischen Einflussbereichs und eine weitere Aufspaltung der *Union Française* – einst ein Kolonialreich, in welchem jeder zwanzigste Erdbewohner unter französischer

---

[84] Zum Zeitpunkt des Friedensschlusses befanden sich in Indochina noch mehr als eine halbe Million Soldaten unter dem Kommando der Franzosen.

Herrschaft stand, von La Guyana in Südamerika über große Teile Afrikas bis Französisch-Polynesien im Pazifik – um jeden Preis verhindern.

Insbesondere ein Verlust Algeriens wäre für Frankreich aus zwei Gründen besonders dramatisch. Zum einen war das Land die Verbindung der Metropole zu ihren Kolonien in Schwarzafrika (u.a. Mauretanien, Senegal, Französisch-Sudan, Niger, Obervolta, die Elfenbeinküste) und Stützpunkt strategischer Luftwaffenverbände und ab 1960 ein nukleares Testgebiet. Zum anderen hatte insbesondere der Zweite Weltkrieg dem Westen und den Franzosen ganz besonders die Bedeutung Nordafrikas vor Augen geführt, als von Tunis aus die Operation Husky begann und Frankreichs Kolonie somit die Rückeroberung Südeuropas ermöglichte.

Unter dem Eindruck der Ereignis in Algerien galt es deshalb, schnellstmöglich die richtigen Lehren aus dem chinesischen Bürgerkrieg und dem Indochinakrieg zu ziehen – in den Augen der Reformer zwei Prototypen des asymmetrischen Krieges kommunistischer Art, den sogenannten revolutionären Krieg bzw. *guerre révolutionnaire* –, um effektive Gegenmaßnahme zu erarbeiten. Sie gewannen umso mehr Einfluss auf die Debatte um die Neuausrichtung der französischen Streitkräfte, als sie diese durch Vorträge und Beiträge in Fachzeitschriften, aber auch durch einflussreiche Positionen in der Militärhierarchie zunächst forcierten, somit frühzeitig prägten und schließlich monopolisierten. Mit ihrer neuen Theorie des subversiven Krieges marxistisch-leninistischer Prägung bildeten diese *warrior-scholars*[85] ab Mitte der 1950er Jahre schließlich eine wahrhaftige Denkschule innerhalb der französischen Streitkräfte, dessen Mitglieder sich gegenseitig beeinflussten, rezipierten und welche implizit sowie explizit Konzepte der jeweilige anderen übernahmen.

---

[85] Andrew Mumford und Bruno Reis definieren den Begriff *warrior-scholar* wie folgt: „ […] soldiers who have bridged the academic-military divide by influencing doctrinal and intellectual debates about irregular warfare".
Andrew Mumford/ Bruno C. Reis: The Theory and Practice of Irregular Warfare, in: Andrew Mumford/ Bruno C. Reis (Hrsg.), The Theory and Practice of Irregular Warfare. Warrior-scholarship in counter-insurgency, London, New York 2014, S. I.

Die Denkschule – die sogenannte *École française de contre-insurrection* – bestand wie eine Zwiebel aus mehreren Schichten. Der harte Kern der Haupttheoretiker der Denkschule wurde von ihrem geistigen Gründervater Charles Lacheroy, seinen jungen Nacheiferern Jacques Hogard und André Souyris sowie den Offizieren Maurice Prestat und Pierre Saint-Macary, welche unter dem Pseudonym Ximénès veröffentlichten, gebildet[86]. Zu diesem innersten Kreis können außerdem Lionel-Max Chassin, welcher mit seinem Buch über die Eroberung Chinas durch Mao Zedong frühzeitig auf diese neue Art der Kriegführung aufmerksam machte[87], und Georges Bonnet[88] gezählt werden, ebenso wie Jean Némo, wobei letzterer eine eher soziologische Analyse von Aufständen bevorzugte und sich dadurch inhaltlich von der *École française* etwas unterschied[89]. Die genannten Autoren gehörten zu den prominentesten Vertretern der Denkschule und trugen maßgeblich zur Theoretisierung und zum Bekanntwerden der DGR bei. Ab 1955 fand schließlich eine wahrhaftige „intellektuelle Emulation ohnegleichen innerhalb der Streitkräfte"[90] statt, welche kaum Platz für andere militärtheoretischen Debatten und Reflektionen übrig ließ. „Die anderen politisch-strategischen Probleme der Zeit, in Europa, gingen durch den algerischen Avatar des revolutionären Krieges vollkommen unter"[91].

---

[86] Vgl. Robin, Escadrons de la mort, S. 38-44; Charles Lacheroy, De Saint-Cyr à l'Action psychologique. Mémoires d'un siècle, Panazol 2003 (Villatoux, Vorwort zu Lacheroy 2003: 7); Peter Paret, French Revolutionary Warfare from Indochina to Algeria. The Analysis of a Political and Military Doctrine, London 1964, S. 7.

[87] Vgl. Lionel-Max Chassin, La conquête de la Chine par Mao Tsé-Toung (1945-1949), Paris 1952.

[88] Georges Bonnet veröffentlichte zwar keine Artikel zum revolutionären Krieges, steuerte mit seinem Buch *Les guerres insurrectionnelles et révolutionnaires* aber zur theoretischen Entwicklung der Doktrin des revolutionären Krieges bei.
Vgl. Georges Bonnet, Les guerre insurrectionnelles et révolutionnaires, Paris 1958.

[89] Vgl. Jean Némo: La guerre dans le milieu social, in: RDN (Mai 1946), S. 605-628; Jean Némo: La guerre dans la foule, in: RDN (Juin 1956), S. 721-734; Marie-Catherine Villatoux: Hogard et Némo. Deux théoriciens de la guerre révolutionnaire, in: Revue historique des Armées Nr. 232 (2003), S. 20-28.

[90] Marie-Catherine Villatoux: Hogard et Némo, S. 20

[91] Lucien Poirier: Le chantier stratégique. Entretien avec Gérard Chaliand, Paris 1997, S. 233.

Die zweite Schicht bestand aus den „Mitläufern", welche versuchten, die etablierte Theorie anhand von Fallbeispielen weiter zu begründen, ohne jedoch die Theorie selbst maßgeblich mit- oder weiterzuentwickeln. Dies trifft sowohl auf Lucien Poirier[92] zu, als auch auf Grégoire Alexinsky[93] oder Herrn de Pourichkevitch[94].

Zur dritten und äußersten Schicht dieser Denkschule können jene Personen gezählt werden, welche sich der Theorie des revolutionäre Krieges und der mit ihr verbundenen Doktrin des revolutionären Krieges bedienten, um ihre politischen Agenda und ihre militärpolitischen Handlungen zu rechtfertigen. Dies ist, unter anderen, sowohl der Fall des Verteidigungsministers Maurice Bourgès-Manoury, des Generalgouverneurs Robert Lacoste, als auch der Generale Jacques Allard und Raoul Salan. Sie trugen maßgeblich dazu bei, dass die Doktrin des revolutionären Krieges das Handeln der französischen Streitkräfte in Algerien leitete und zunehmend „den theoretischen Rahmen für Frankreichs Bemühungen [bildete], Algerien zu halten und zunehmend die gesamte Verteidigungspolitik [prägte]"[95].

Die Doktrin war kein gedrucktes Kompendium – anders als beispielsweise die Aufstandsbekämpfungsdoktrin FM 3-24 von 2006 der US-Streitkräfte –, sondern behielt bis zuletzt den Charakter einer informellen Doktrin bei[96]. Sie entstand hauptsächlich durch Vorträge und Beiträge in Fachzeitschriften, insbesondere der *Revue de Défense Nationale* (RDN) und der *Revue Militaire d'Information* (RMI). Die RMI stilisierte sich dabei zum Leitmedium der doktrinellen Umgestaltung und zum Sprachrohr dieser französischen Schule der Aufstandsbe-

---

[92] Lucien Poirier: Un instrument de guerre révolutionnaire. Le FLN, in: RMI N° 289 (Dezember 1957), S. 7-34.
[93] Bspw. Grégoire Alexinsky: Genèse de la doctrine soviétique de la Guerre Révolutionnaire, in: RMI N° 303 (März 1959), S. 7-20
[94] Bspw. Commandant de Pourichkevitch: Ingérences soviétiques et stratégie globale, in: RMI N° 309 (Oktober 1959), S. 49-61, [Vorname nicht bekannt].
[95] Paret: French Revolutionary Warfare, S. 5.
[96] Keith B. Bickel definiert eine informelle Doktrin als „informal processes and structures for the […] sharing […] of knowledge and skills".
Keith B. Bickel, Mars Learning. The Marine Corps' Development of Small War Doctrine, 1915-1940, Colorado 2001, S. 4.

kämpfung, nicht zuletzt wegen ihres offiziellen Charakters – sie wurde bis zu ihrer Einstellung 1964 vom Verteidigungsministerium herausgegeben. Diese herausgehobene Stellung unter den Fachzeitschriften verdankt die RMI nicht zuletzt Charles Lacheroy, welcher die Zeitschrift mit seiner Berufung ins Verteidigungsministerium und seiner Ernennung zum Leiter des *Service d'action psychologique et d'information de la Défense Nationale et des forces armées* (SAPIDNFA) im Mai 1956[97] zum „Schlüsselelement der Reflexion des Offizierskaders"[98] erhob. Lacheroy war es schließlich auch, der im Februar 1957 die Herausgabe eines Sonderheftes der RMI zur revolutionären Kriegführung mit einer Auflage von 52.000 Exemplaren veranlasste. In der Einleitung rief er alle militärischen Führungskräfte dazu auf, durch Beiträge in der RMI „an der Ausarbeitung einer Kampfdoktrin mitzuwirken"[99], um die doktrinelle Lücke innerhalb der Streitkräfte zu füllen. Es mangelte den französischen Streitkräften zu Anfang des Algerienkrieges nämlich an einer echten, streitkräfteübergreifenden und bevölkerungszentrierten Doktrin zur Aufstandsbekämpfung[100]. Asymmetrische Konflikte waren bisher fast ausschließlich in den Kolonien aufgetreten und gehörten dementsprechend eher zum Aufgabenbereich der Kolonialtruppen, die ihre Erfahrungen jedoch nie im Rahmen einer Doktrin formalisierten. Im Algerienkrieg machten die Kolonialtruppen und die Berufssoldaten nur

---

[97] Vgl. Anne-Catherine Schmidt-Trimborn: Introduction, in: Anne-Catherine Schmidt-Trimborn (Hrsg.), Charles Lacheroy. Discours et conférences, Metz 2012, S. 24.

[98] Charles Lacheroy: Guerre révolutionnaire et arme psychologique (2. Juli 1957), in: Anne-Catherine Schmidt-Trimborn (Hrsg.), Charles Lacheroy. Discours et conférences, Metz 2012, S. 197.

[99] Charles Lacheroy: Avertissement, in: RMI (Februar-März 1957), S. 7.

[100] Die zahlreichen Erfahrungen aus den Kolonialkriegen wurden nie formalisiert und wurden meist wie zwischen den großen „Befriedern" Gallieni und seinem Schüler Lyautey intern und informell weitergegeben. Hervorzuheben sind allerdings die zahlreichen Handbücher und Doktrinen für kleine Einheiten, für die psychologische Kriegsführung sowie den Einsatz von Helikoptern und die Luftnahunterstützung, welche ab 1956 vom französischen Generalsstab und der *École de Guerre* herausgegeben wurden. Neben der *Instruction provisoire sur l'emploi de l'arme psychologique* (TTA 117) sind ebenfalls die Handbücher *Opérations de contre-guérilla dans le cadre du maintien de l'ordre en AFN* (TTA 123) und *Emploi d'unités hélicoportées en maintien de l'ordre en AFN* (TTA 152) zu nennen.

eine Minderheit im französischen Kontingent aus. Zur Deckung des Personalbedürfnisses wurden vor allem unerfahrene französische Wehrdienstleistende eingezogene, welche keine Erfahrungen mit den Erfordernissen der Aufstandsbekämpfung hatten[101].

Trotz dieses informellen Charakters war die Doktrin kein loses Stückwerk. Sie blieb in sich kohärent und baute auf einer gewissen Weltanschauung und Interpretation der internationalen Ereignisse auf, welche von allen Anhänger der Doktrin geteilt wurde. Der Kern der Doktrin wird vom Idealtypus des kommunistisch-revolutionären Aufstandes – dem sogenannten revolutionären Krieg – und den konterrevolutionären Maßnahmen gebildet. Einzelne Teile der Doktrin werden sich später auch in offiziellen Dokumenten der französischen Streitkräfte wiederfinden, wie bspw. die Konzepte zur psychologischen Kriegführung[102] oder der Idealtypus des revolutionären Krieges von Lacheroy[103]. Die französischen Militärs waren der Überzeugung, dass sie den revolutionären Krieg, in Algerien und anderswo, nur gewinnen konnten, wenn sie ihre Vorgehensweise der „Schule des Gegners"[104] anpassen würden. Diese bestehe aus einem Zusammenspiel von asymmetrischer und psychologischer Kriegführung und nehme durch die psychologische und physiologische Massenmobilisierung der Bevölkerung einen totalen Charakter an[105]. Im

---

[101] Vgl. Porch, Counterinsurgency, S. 179.
[102] Im Juli 1957 veröffentlichte der französische Generalsstab das Dokument Instruction provisoire sur l'emploi de l'arme psychologique (TTA 117), welcher größtenteils unter der Leitung von Jacques Hogard entstand.
Zum Einfluss Hogards auf das Dokument siehe:
Mériadec Raffray, Contre-insurrection. La doctrine Hogard, Paris 2013, URL: www.cdef.terre.defense.gouv.fr/content/download/4873/67521/file/20130617_doctrine_hogard.pdf (Stand: 01.04.2015).
[103] Das Szenario-type von Lacheroy fand sich in im *Manuel de l'officier de renseignement* wieder, welches von Colonel Bigeard verfasst wurde und u.a. auch Foltertechniken beinhaltete.
Vgl. Robin, Escadrons de la mort, S. 43.
[104] Jacques Hogard: Guerre révolutionnaire ou révolution dans l'art de la guerre, S. 1498.
[105] *Colonel* Gabriel Bonnet erstellt folgende Gleichung, um die revolutionäre Kriegführung zu definieren: Partisanenkriegführung + psychologische Kriegführung = revolutionäre Kriegführung

Umkehrschluss ergab sich für die Franzosen, dass auch sie sich Mittel und Konzepte aneignen mussten, nicht nur zur irregulären und psychologischen Kriegführung, sondern auch zur totalen Kriegsführung: „die Lösung ist weder politisch noch militärisch, sie ist total"[106]. Um Gleiches mit Gleichem zu vergelten entstand die Doktrin des revolutionären Krieges, laut welcher die Militärs nicht nur militärische sondern auch psychologische, politische, wirtschaftliche und soziale Maßnahmen ergreifen müssen.

Im Folgenden wird die Doktrin im Detail erläutert: erstens die Weltanschauung der Doktrin, welche ihr ideologisches Fundament bildet; zweitens die idealtypische Konzeption eines kommunistisch-revolutionären Aufstands; und drittens die konterrevolutionären Maßnahmen, welche auf dem idealtypischen Aufstand bauen.

2.1. Weltanschauung

Grundlage dieser Doktrin ist eine bestimmte Interpretation der Weltereignisse, die von allen Vertretern der französischen Schule geteilt wird. Für die französischen Militärs, insbesondere jene, die im Fernen Osten gekämpft hatten, waren der Indochinakrieg und der Koreakrieg der Auftakt des Kräftemessens zwischen Okzident und Orient, zwischen freier Welt und dem international agierenden und expandierenden Kommunismus. Für einige von ihnen – insbesondere General Lionel-Max Chassin, zwischen 1951 und 1953 Kommandeur der französischen Luftwaffe in Indochina – war Frankreich sogar Teil einer Konfrontation zwischen der „weißen Zivilisation" bzw. den „Staaten weißer Rasse" und der „gelben Gefahr"[107]. Diese Konfrontation geschehe durch Stellvertreterkriege, so Chassin, weil der beiderseitige Besitz atomarer Fähigkeiten jede direkte Konfrontation zwischen den Blöcken unmöglich gemacht habe. Daraus ergebe sich das Paradoxon, dass, auch „wenn die Atombombe das

---

Gabriel Bonnet, Les guerres insurrectionnelles et révolutionnaires de l'antiquité à nos jours, Paris 1958, S. 60.
[106] Némo, La guerre dans le milieu social, in: RDN Mai 1956, S. 621.
[107] Lionel-Max Chassin: Reflexions stratégiques sur la guerre d'Indochine, in: RDN (Dezember 1956), S. 509

Risiko eines Weltkrieges reduziert, sie das Risiko eines begrenzten Dschungelkriegs erhöht"[108]. Chassin formuliert somit bereits 1956 jene fundamentale Antinomie des nuklearen Zeitalters, welche Raymond Aron zwanzig Jahre später in seinem zweibändigen Opus *Den Krieg denken* theorisiert[109]. Sie wird später von Stanley Hoffmann wie folgt wiedergegeben: „Je mehr die Abschreckung auf globaler Ebene spielt, je mehr die Stabilität auf der oberen Ebene existiert, desto weniger wird diese auf den unteren Ebene herrschen; je weniger die Großen versucht sein werden, die äußerste Waffe einzusetzen, desto freier werden sie sich fühlen, die klassischen Waffen zu nutzen"[110].

Chassins These wird von einem Beitrag über Marschall Nikolai Bulganin in der Enzyklopädie *„Les Maréchaux soviétiques vous parlent"*[111] gestützt, ein Nachschlagewerk über 17 sowjetische Marschälle aus dem Jahre 1950, geschrieben von einem gewissen Cyrille Kalinov, der als angeblicher übergelaufener ehemaliger Offizier des Generalstabs der russischen Armee jedem Zweifel erhaben schien[112]. In der Aprilausgabe von 1956 der RDN gibt *Capitaine* Guy Weber das Kapitel über Marschall Nikolai Bulganin wieder, welcher als Ministerpräsident der Sowjetunion „die Weichen der russischen Politik stellt"[113]. Demnach habe Bulganin 1945 eine Abschlussarbeit unter dem Titel „Die Probleme von Krieg und Frieden zur Zeit des Ultra-Imperialismus" an der russischen Generalstabsakademie im Beisein von Stalin verteidigt, eine Arbeit welche, laut Weber, die Blaupause

---

[108] Lionel-Max Chassin: Reflexions stratégiques sur la guerre d'Indochine, in: RDN (Dezember 1956), S. 513.
[109] Raymond Aron, Penser la guerre, Clausewitz. L'âge planétaire Tome 2, Paris 2009, S. 149.
[110] Stanley Hoffmann: Raymond Aron et la théorie des relations internationales, in: Politique étrangère n° 4 (2006), S.729.
[111] Cyrille D. Kalinov, Les Maréchaux soviétiques vous parlent, Paris 1950.
[112] Laurent Henninger, welcher die Neuauflage des Buches 2013 herausgab, bezweifelt, dass es diesen Cyrille Kalinov jemals gegeben habe und hält das Buch für eine Fälschung eines damals in Frankreich im Exil lebenden sowjetischen Diplomaten namens Grigorij Besedovskij.
Vgl. Laurent Henninger, Les Maréchaux soviétiques parlent, Paris 2013; bzw. Aleksandr Lavrov: Laurent Henninger (présentation de), Les Maréchaux soviétiques parlent, in: Cahiers du monde russe 53/4 (2012), URL: http://monderusse.revues.org/7874 (Stand: 01.04.2015)
[113] Guy Weber: La thèse de Boulganine, in: RDN (April 1956), S. 474.

für das sowjetische Handeln in der Welt liefere. Bulganin habe seine Arbeit mit folgendem Satz begonnen: „'Der totale Krieg oder der politisch-militärische Krieg ist die einzig denkbare Kriegsform zu unserer Zeit des Ultra-Imperialismus'"[114], also eine Kriegsform, die nach Lenin nicht nur militärisch, sondern auch diplomatisch, psychologisch und wirtschaftlich ausgefochten werde, so Weber. Laut Bulganin müsse dieser Krieg, „'der – einmal begonnen – keine Friedensmöglichkeit finden könne'"[115], von einer doppelten Propaganda begleitet werden: einem konstruktiven Aspekt, um den Zusammenhalt im eigenen Lager zu stärken, und einem destruktiven Aspekt, um die Moral des Gegners zu untergraben. An diesem Krieg würden sich aus ökonomischen und emanzipatorischen Gesichtspunkten auch kolonialisierte Länder in naher Zukunft beteiligen, so die Auszüge der Abschlussarbeit. Weber schließt aus dieser Arbeit, dass der Bürgerkrieg in den nordafrikanischen Staaten – welche ohne die „Wohltaten des Kolonialismus'" laut Weber immer noch „trostlos und ungebildet"[116] wären – von Moskau orchestriert werde, um sich die logistischen Basen Westeuropas einzuverleiben.

Diese Meinung vertritt auch André Souyris, welcher in seinem Beitrag in der Sonderausgabe der RMI von 1957 zum Revolutionären Krieg auf die konstanten der sowjetische Außenpolitik seit 1917 aufmerksam macht. „Seit Lenin ist es die Außenpolitik der Sowjetunion [...], Befreiungsbewegungen zu unterstützen, auch wenn diese Bewegungen von überzeugten Nationalisten geführt werden"[117]. Er verweist auf das leninistische Konzept der nationalrevolutionären Bewegungen, welches Lenin u.a. in seinen Thesen zur „Sozialistischen Revolution und [dem] Selbstbestimmungsrecht der Nationen" im Februar 1916 definiert hatte. Demnach haben Sozialisten in Halbkolonien und Kolonien „nicht nur die bedingungslose und sofortige Befreiung der Kolonien zu fordern [...] sondern sie müssen auch revolutionäre Elemente in den bürgerlich-demokratischen nationalen Befreiungsbewegungen in diesen Län-

---

[114] *Ibid*, S. 475.
[115] *Ibid*, S. 477.
[116] *Ibid*, S. 470.
[117] André Souyris: Les conditions de la parade et de la riposte à la guerre révolutionnaire, in: RMI (Februar-März 1957), S. 96.

dern entschieden unterstützen und ihrer Auflehnung, ihren Aufständen, respektive ihrem revolutionären Kriege gegen die sie unterjochenden imperialistischen Staaten beistehen"[118]. Entsprechend könne ein revolutionärer Krieg zunächst auch von bürgerlichen Elementen im Namen des Kommunismus' durchgeführt werden. Souyris und seine Weggefährten fürchteten demzufolge eine erlangte Unabhängigkeit nicht nur, weil sie den kolonisierenden Staat militärisch und wirtschaftlich schwächen würde. Sie fürchteten vor allem eine anschließende Kommunisierung und Satellisierung des Landes.

Glaubt man dem „Memorandum von Mao Zedong über das neue Programm zur Weltrevolution", welches von General Chassin im Mai 1956 in der RDN vorgestellt wurde, schien genau dies der geheime Plan der Sowjetunion und Chinas gewesen zu sein. In diesem Memorandum, auf 1952 datiert und am 29. April 1954 durch US-Senator William F. Knowland an den US-Kongress weitergegeben[119], sah Mao die Vollendung der Weltrevolution für 1973 vor. Dafür müsse der Weltkrieg jedoch vorläufig vermieden werden, „wegen der höheren industriellen Produktionsrate und der umfangreicheren Versorgung an Atomwaffen der kapitalistischen Ländern, dem unvollständigen Zustand der atomaren Verteidigung der Industrieregionen und der Erdölanlagen in der Sowjetunion, und der Unreife der landwirtschaftlichen und industriellen Entwicklungen Chinas"[120]. Es müssten daher zunächst andere, indirekte Wege zur Erreichung des Endziels genommen werden, beispielsweise Revolutionen, Infiltrationen, Einschüchterungen, um Untätigkeit und Unterwerfung zu erlangen. Diese Methode werde besonders in Asien

---

[118] Wladimir Iljitsch Lenin: Die sozialistische Revolution und das Selbstbestimmungsrecht der Nationen. Thesen (Januar-Februar 1916), URL: https://www.marxists.org/deutsch/archiv/lenin/1916/01/nationen.html (Stand: 01.04.2015).
[119] Die New York Times berichtete 1954 von der Übergabe des Dokuments durch Senator Knowland an den Kongress.
Siehe: New York Times: 1954. World Report by 1973. In our pages: 100, 75 and 50 years ago, in: The New York Times Archives (02.06.2004), URL: http://www.nytimes.com/2004/06/02/news/02iht-old2_ed3_.html (Stand: 01.04.2015).
[120] Lionel-Max Chassin: Vers un encerclement de l'Occident, in: RDN (Mai 1956), S. 533.

ihre Früchte tragen, so Mao in dem Memorandum[121]. Nachdem Indochina von ausländischen Truppen befreit sei, könne der „Prozess der Befreiung" durch eine starke Propaganda, Infiltrationen, sowie der Bildung progressiver Kräfte innerhalb und außerhalb der reaktionären Regime beschleunigt werden. Sobald Indochina befreit sei, würden Burma, Thailand, Indonesien und Malaysia bis spätestens 1960 einstürzen. Ab 1960 werde die chinesische militärische, wirtschaftliche und industrielle Macht so bedeutend sein, dass bereits die alleinige Zurschaustellung der sowjetischen und chinesischen Kräfte ausreiche, um Japan zur Kapitulation zu bewegen. Mit einer friedlichen Eroberung Indiens wird bis 1965 auch die Frage der Philippinen und der arabischen Länder gelöst sein. Dies habe zur Folge, dass „eine Welle von Revolutionen über den ganzen afrikanischen Kontinent fegen werde und die Imperialisten und Kolonialisten schnell ins Meer geworfen werden. [...] Wenn Asien und Afrika einmal von den kapitalistischen Ländern Europas getrennt sind, wird ein totaler wirtschaftlicher Zusammenbruch in Westeuropa eintreten. Die Kapitulation wird darauf ganz selbstverständlich folgen"[122].

Laut Chassin werde dieser Plan auf Anweisung von Michail Chruschtschow bereits durch Mikhail A. Suslov, Leiter des Internationalen Büros und Mitglied des Parteipräsidiums der russischen kommunistischen Partei, in die Tat umgesetzt. So habe Suslov Ausbildungsstätten in den tschechischen Städten Dejvice und Stara Boleslav für Agitatoren aus Afrika gegründet. „Dort werden sie einer rigorosen Disziplin unterworfen und von russischen und tschechischen Ausbildern an die Hand genommen, die ihnen den orthodoxen Marxismus-Leninismus und die ganze Theorie der revolutionären Agitation einschärfen"[123]. Darüber hinaus schicke Suslov tschechische Forscher nach Afrika, um unter dem Deckmantel wissenschaftlicher Expeditionen nachrichtendienstliche Netzwerke zu schaffen und Spione anzuwerben. Das Ziel sei, revolutionäre Bewegungen durch Spezialisten der Guerillakriegsführung auszulösen und

---

[121] *Ibid*
[122] *Ibid*, S. 536.
[123] *Ibid*, S. 541.

zu unterstützen, „heute in Marokko oder in Algerien, morgen in Kamerun oder Belgisch-Kongo"[124].

Auch Charles Lacheroy, geistiger Vater und Begründer der französischen Schule der Aufstandsbekämpfung, war der Überzeugung, dass die indirekte Vorgehensweise von der Sowjetunion und dem kommunistischen Block im Allgemeinen bevorzugte werde. In seinem vielbeachteten Vortrag im *Auditorium Maximum* der Pariser Sorbonne stellte Lacheroy am 2. Juli 1957 vor 2.000 Offizieren – unter ihnen Maurice Challe, damaliger Chef des Generalstabs – ein fiktives Gespräch zwischen Bulganin und Chruschtschow vor, in dem sich beide über neue Wege der Konfliktaustragung unter dem Eindruck der neuen NATO-Strategie der Massiven Vergeltung unterhalten[125]. In diesem Gespräch schließt Bulganin ein direktes Vorgehen gegen den Westen kategorisch aus. „Wir wissen einen Krieg zu führen, der immer unterhalb eines offenen Krieges, unterhalb der Atombombe liegen wird. Wir werden die Strippen ziehen: wir wissen wie man das macht. Wir werden es über Stellvertreterkriege machen"[126], so Bulganin zu Chruschtschow in Lacheroys Fiktion.

Jacques Hogard unterschied in seinen Schriften gar den globalen Revolutionären Krieg von den lokalen revolutionären Kriegen. Ersterer sei der Krieg der kommunistischen Revolution zur Eroberung der Welt, ein Krieg in welchem „der Kampf kontinuierlich und universell ist"[127]. Dieser totale Revolutionäre Krieg erfahre lokale Anpassungen – in sogenannten revolutionären Kriegen – welche sich je nach Regionen und Anforderungen unterscheide. In einigen Teilen der Welt – Russland, China und ihre Satellitenstaaten – seien revolutionäre Kriege bereits erfolgreich gewesen und würden nunmehr befreite Zonen bzw. Basen für den universellen Revolutionären Krieg mit der Roten Armee als reguläre Armee bilden. Dieser

---

[124] *Ibid*, S. 543.
[125] Die NATO-Nuklearstrategie der Massiven Vergeltung wurde am 23. Mai 1957 im Strategischen Konzept 14/2 festgelegt und sah bei einem – nuklearen wie auch konventionellen – Angriff der Sowjetunion aufgrund ihrer konventionellen Überlegenheit eine massive atomare Vergeltung vor.
[126] Lacheroy: Guerre révolutionnaire et arme psychologique, S. 175.
[127] Jacques Hogard: Guerre révolutionnaire ou révolution dans l'art de la guerre, in: RDN (Dezember 1956), S. 1498.

Krieg befinde sich durch die Bildung kommunistischer Parteien in zahlreichen Ländern in seiner ersten lokalen Phase, unter anderem in Frankreich. Insbesondere die französische kommunistische Partei (PCF) wurde von Hogard als Vorhut weiterer revolutionärer Kräfte auf französischem Boden verstanden. Vor diesem Hintergrund und in Anbetracht politischer Entscheidungen der PCF zwischen 1939 und 1941 sowie der gewalttätigen Massenstreiks von 1947 und 1948 erschienen Hogard die Ergebnisse der Parlamentswahlen von 1945, 1946, und 1956, in welchen die PCF immer stärkste Kraft war, als eine konkrete Bedrohung.

Diese Interpretation der Ereignisse, insbesondere der Ereignisse in Algerien, wurde nicht nur einmütig innerhalb der *École française*, sondern auch von zahlreichen politischen und militärischen Entscheidungsträgern Frankreichs geteilt. Nach den Bombenexplosionen der damals noch unbekannten algerischen Befreiungsfront FLN in Algier in der Nacht vom 31. Oktober auf den 1. November 1954 waren die Schuldigen schnell ausgemacht. Während Léon Muscatelli, Senator Algiers, die algerische nationalistische Partei MTLD[128] und die algerische kommunistische Partei PCA für das Attentat verantwortlich machte, vermutete Roger Léonard, damaliger Generalgouverneur Algeriens, ausländische Kräfte am Werk. Diese „Agitation weist keinen spezifisch algerischen Charakter auf [...]. Um die Ursprünge eines solches Komplotts zu kennen, reicht es, die frenetischen Appelle einiger ausländischer Radiosender zu hören"[129], so Léonard, der damit auf jene Radiosender verwies, welche von Kairo und Budapest ausgestrahlt wurden. Ministerpräsident Pierre Mendès France ging sogar noch einen Schritt weiter und macht explizit die ägyptische Regierung für den Anschlag verantwortlich. „Die Zeit ist gekommen, für die ägyptische Regierung, seine Verantwortlichkeiten abzuwägen. Seinerseits wird die französische Regierung nicht zögern, sollte sich die unentschuldbare Aktion

---

[128] Die Bewegung für den Triumpf der demokratischen Freiheiten (*Mouvement pour le triomphe des libertés démocratiques* – MTLD) wurde 1946 gegründet und war die Nachfolgeorganisation der PPA.
[129] Zitiert nach: Maria Romo: Le gouvernement Mendès France et le maintien de l'ordre en Algérie en novembre 1954, in: Jean-Charles Jauffret & Maurice Vaisse (Hrsg.), Militaires et guérilla dans la guerre d'Algérie, Paris 2001, S. 431.

gegen uns fortsetzen, die Maßnahmen zu ergreifen, welche sie für nützlich und wirksam erachtet"[130], eine Drohung, welche zwei Jahre später mit dem Angriff französischer und britischer Streitkräfte auf Ägypten in die Tat umgesetzt wurde.

Mit Fortschreiten des Algerienkrieges und der zunehmenden Isolierung Frankreichs auf der internationalen Bühne, gab das Narrativ, wonach die FLN von Moskau aus gesteuert werde und Frankreich mit seinem Kampf gegen die Unabhängigkeitskämpfer eigentlich die Speerspitze des Kampfes der Freien Welt gegen den subversiv agierenden internationalen Kommunismus' bilde, den politischen Eliten eine politische, ideologische und moralische Rechtfertigung und dem Algerienkrieg eine andere Gestalt als die eines Dekolonialisierungskrieges. Entsprechend unterstrich Robert Lacoste im Juni 1956, zu dieser Zeit Ministerresident in Algerien, in einer allgemeinen Richtlinie für Offiziere und Unteroffiziere, dass die Ereignisse in Algerien „nur ein Aspekt eines gigantischen globalen Konflikts [seien]". Frankreich leiste in Algerien „einen Kampf, welcher der des Okzidents sei, der einer Zivilisation gegen die Anarchie, der Demokratie gegen die Diktatur [...]. Wir verteidigen nicht nur die Rechte, welche Frankreich in Algerien erwarb, sondern auch das Recht der Menschen auf Selbstbestimmung [...]. Wir kämpfen für die Freiheit"[131]. Noch deutlicher formulierte es General Jean-Jules-Alexis Calliès, zwischen 1954 und 1957 Generalinspekteur der französischen Streitkräfte in Nordafrika, bei einem Vortrag im Rahmen der „Woche der Armée" im südfranzösischen Toulouse im Juli 1956. „Der eigentliche Akteur [...] ist Moskau", denn die Sowjetunion verfolge einen perfiden, mehrphasigen Plan, um „die freien Länder Europas zu überwältigen, um anschließend Amerika niederzustrecken", so Calliès[132]. Während der Unabhängigkeitskampf der griechisch-zyprotischen EOKA die Zerstörung der europäischen Verteidigung im Nahen Osten zum Zweck gehabt habe, ziele der Angriff auf Nordafrika auf das Herzstück der europäischen Verteidi-

---

[130] Zitiert nach: *Ibid*.
[131] Robert Lacoste: Directive Générale destinée aux Officiers et Sous-Officiers des Armées de Terre, de Mer et de l'Air stationnés en Algérie, in: RMI n° 273 (25.06.1956), S. 13-14.
[132] Général d'armée Calliès: Le problème algérien, in: RMI (August 1956), S. 36-37.

gung und den Grundpfeiler der französischen Macht, denn eine europäische Verteidigung sei ohne die Beherrschung des Mittelmeers nicht möglich. Für Calliès war Nordafrika „die Unterstützungslinie und der Sammelpunkt der europäischen Streitkräfte, die Haltelinie und die unabdingbare Basis für den Gegenangriff, um Europa im Fall eines anfänglichen Misserfolgs zurückzuerobern". Im Umkehrschluss sei die Verdrängung Frankreichs aus Nordafrika die „Voraussetzung für die Eroberung Europas"[133] und deshalb unbedingt zu verhindern.

Eine der deutlichsten Äußerungen zu diesem Thema kam von General Jacques Allard – damaliger Kommandeur der französischen Truppen in Algerien – welcher am 15. November 1957 beim Supreme Headquarters Allied Powers Europe der NATO einen Vortrag zur „algerischen Angelegenheit" hielt[134]. Auch für ihn sei der Algerienkrieg nur „eine Etappe dieses Kampfes"[135], welchen die freie Welt seit 12 Jahren gegen den Kommunismus führe. Nach der Satellisierung zahlreicher europäischer Staaten, der Kommunisierung Chinas, dem Rauswurf des Westens aus Asien sowie der politischen und wirtschaftlichen Durchdringung des Mittleren Ostens, vollführe der kommunistische Block unter Führung Moskaus weiterhin die Einkreisung Europas. Dabei gehe Russland nicht direkt vor, um keinen totalen, thermonuklearen Krieg zu riskieren, sondern bevorzuge hierfür „das Einkreisungsmanöver durch Stellvertreterkriege"[136]. Für die Vollendung dieser Einkreisung fehle ihr nur noch die Eroberung Algeriens. „Die hintere Verteidigungslinie, die letzte, verläuft durch Algerien", so Allard in seinem Vortrag[137].

2.2. Der Idealtypus des Aufstands

Laut den Anhängern der *Doctrine de la guerre révolutionnaire* verläuft dieser asymmetrisch subversive Krieg kommunistischer Prägung,

---

[133] *Ibid*, S. 38.
[134] Jacques Allard: Vérités sur l'affaire algérienne, in: RDN (Januar 1958), S. 5-41.
[135] *Ibid*, S. 7.
[136] *Ibid*, S. 10.
[137] *Ibid*, S. 11.

welcher nun auch Algerien erreicht habe, immer nach gleichem Muster. Es gelte daher, dieses Muster richtig zu verstehen und zu analysieren, um anschließend konterrevolutionäre Maßnahmen implementieren zu können.

Als erster formulierte *Colonel* Charles Lacheroy anhand seiner Erfahrungen und Beobachtungen in Indochina[138] – aufbauend auf seinen Vortrag über die parallellaufenden Hierarchien in Bien Hoa[139] – ein Modell mit allgemeingültigem Anspruch über den Verlauf eines Aufstands in einem revolutionären Krieg und schuf damit den intellektuellen Sprung hin zu einer allgemein gültigen Theorie des revolutionären Krieges. Diesen Idealtypus des Revolutionären Krieges trägt er erstmals im Herbst 1955 am *Centre militaire d'information et de spécialisation pour l'Outre-mer* unter dem Titel „*Scénario type de guerre révolutionnaire*" vor[140]. Laut Lacheroy würden der „spezifische Charakter und die Gesetze eines solchen [revolutionären] Krieges"[141] aus fünf Phasen bestehen, die er folgendermaßen beschreibt:

In einem ersten Schritt, der sogenannten „Werbungsphase", gelte es, durch Bombenattentate und gezielte Tötungen ein Klima der Unsicherheit zu schaffen und aufrecht zu erhalten. In dieser ersten Phase sei es von entscheidender Bedeutung, dass die Medien prominent über die Ereignisse berichten, um die lokale, nationale,

---

[138] Während seines Einsatzes als Sektorkommandeur in Bien Hoa gelang es einem der Untergebenen Lacheroys – dem *Lieutenant* Imbert, einem Offizier des 2. Büros, welches für die Nachrichtenbeschaffung zuständig ist –, einen Politkommissar der Vietminh gefangen zu nehmen. Man fand in seiner Tasche ein Buch mit den theoretischen Schriften Maos zum Volkskrieg. Lacheroy ließ es übersetzen und nutzte anschließend Maos Theorie des Volkskrieges als Grundlage für die Entwicklung seiner konterrevolutionären Maßnahmen.
Vgl. Marie-Catherine & Paul Villatoux: Aux origines de la guerre révolutionnaire. Le Colonel Lacheroy parle, in: Revue historique des armées n° 268 (2012), S. 45-53; Robin, Escadrons de la mort, S. 38.
[139] Charles Lacheroy: Une arme du Viet Minh. Les hiérarchies parallèles (November 1952), in: Anne-Catherine Schmidt-Trimborn (Hrsg.), Charles Lacheroy. Discours et conférences, Metz 2012, S. 45-70.
[140] Charles Lacheroy: Scénario type de guerre révolutionnaire (4. Trimester 1955), in: Anne-Catherine Schmidt-Trimborn (Hrsg.), Charles Lacheroy. Discours et conférences, Metz 2012, S. 163-170.
[141] *Ibid*, S. 164.

wenn möglich gar weltweite Öffentlichkeit mit den Geschehnissen zu konfrontieren. Erst wenn dieses öffentliche Bewusstsein entstanden sei, könne zur zweiten Phasen übergegangen werden.

In der folgenden Phasen gehe es laut Lacheroy um die Komplizenschaft des Schweigens. In der Masse der Bevölkerung würden einige Persönlichkeiten ausgewählt, welche für ihre Loyalität gegenüber der rechtmäßigen Regierung bekannt seien, und ermordet. „Jedes Attentat wird unverzüglich von der Propaganda ausgenutzt in der Form von: ‚Das ist das Los der Verräter'"[142]. Die Behörden würden zunehmend nervöser und würden bei ihren Polizeiaktionen womöglich Fehler begehen, die mitunter Kollateralschäden zur Folge haben könnten. Ist die Bevölkerung wegen der Attentate der Aufständischen als auch durch die Aktionen des Staates erst einmal so terrorisiert, dass sie nicht mehr mit den Behörden zusammenarbeitet, hätten die Aufständischen auch diese zweite Phase, den Kampf um die Komplizenschaft des Schweigens der Bevölkerung gewonnen. Diese Komplizenschaft gelte es für die Aufständischen im Verlaufe des Konflikts durch vereinzelte Attentate aufrecht zu erhalten.

In der dritten Phase würden sich schließlich militärische und politische Aktionen aufspalten. Durch die erreichte passive Kollaboration der Bevölkerung könnten einzelne aktive und bewaffnete Elemente der Aufständischen nun offener auftreten und anfangen zu „arbeiten", das heißt zur Guerillakriegführung übergehen. Auf der politischen Ebene würden einzelne aktive aufständische Zellen in die nunmehr amorphe Masse der Bevölkerung eingeführt, parallellaufende Hierarchien aufgebaut und die einst passive Komplizenschaft durch kompromittierende Aktionen in eine aktive verwandelt. Das System der parallellaufenden Hierarchien erläuterte Lacheroy erstmals im November 1952 in seinem Vortrag „*Une arme du Viet Minh. Les hierarchies parallèles*"[143] vor der Kaderschule im indochinesischen Bien Hoa. Diese vietnamesischen Strukturen gelten für ihn als eine Kopie der totalen chinesischen politisch-militärischen Organisation der Bevölkerung und ermöglichen die Unterwerfung „jedes

---

[142] *Ibid*, S.167.
[143] Lacheroy: Une arme du Viet Minh, S. 45-70

Menschen, von seiner Geburt bis zum Tod"[144]. Die Strukturen verlaufen parallel, weil sie aus einer doppelten, sich überschneidenden Hierarchie – territorial und sozio-professionell – bestehen würden, durch welche die Bevölkerung auf verschiedenen Ebenen von Politkommissaren, Militärs und Parteikadern der Vietminh kontrolliert werden würden. Diese parallellaufenden Hierarchien seien ein „Zwangssystem machiavellistischer Perfektion"[145] und würden durch Terror, Bedrohung und Bestrafung eine passive oder bei Bedarf auch eine aktive Komplizenschaft der Betroffenen erzwingen, so Lacheroy. In einem Flächenkrieg wie in Indochina, in welchem es weder Front noch eine klare Freund/Feind-Unterscheidung gebe, ermögliche diese Organisation der Bevölkerung eine Auswertung des Einflusses des Gegners auf das ganze Land und durch die erzwungene Komplizenschaft der Bevölkerung sogar die Durchführung von Angriffen im Einflussbereich des Kontrahenten.

Die vierte und vorletzte Phase sei eine Übergangsphase hin zur Regularisierung der Truppen. Zunächst werde der Einfluss auf die Bevölkerung durch erstarkte und vermehrte aufständische aktive Zellen noch intensiver. Dies wirke sich positiv auf die Rekrutierung von Kämpfern aus und lasse die Zahl der Guerillaeinheiten wachsen. Andere Einheiten würden sogar bereits semi-regulär konstituiert.

Wahrhaftige reguläre Truppen würden dann schließlich in der letzten der fünf Phasen erscheinen, welche sich den semi-regulären Truppenteile und Guerillaeinheiten anschließen, diese aber nicht ersetzen werden. In dieser Phase der Regularisierung und Legalisierung erscheine eine zentralisierte Kommandostruktur und ein ausgedehntes Gebiet werde als Unterstützungsbasis für die regulären Truppen beansprucht. Hier müsse die Kontrolle der Bevölkerung am stärksten sein, denn man gehe vom semi-regulären Kämpfer, welcher „zum Leben seinen Acker bebaut während er zeitweise Soldat ist, zum [regulären Kämpfer] über, welchen man ernähren, einkleiden, unterbringen, bezahlen [muss]. Es muss also irgendwo eine

---

[144] *Ibid*, S. 58.
[145] Charles Lacheroy: La campagne d'Indochine ou une leçon de guerre révolutionnaire (Juli 1954), in: Anne-Catherine Schmidt-Trimborn (Hrsg.), Charles Lacheroy. Discours et conférences, Metz 2012, S. 80.

gewisse Unterstützung der Bevölkerung geben, eine logistische Unterstützung dieser bewaffneten, permanenten Elemente. Man muss also diese Unterstützung der Bevölkerung im Griff haben und ihrer sicher sein, also bereits kontrolliert und den Techniken der parallellaufenden Hierarchien unterworfen sein"[146]. Die parallellaufenden Hierarchien würden bis zum endgültigen Sieg bestehen bleiben und allmählich die legalen Behörden ersetzen, bis diese schließlich ganz aufgelöst seien.

Dieses Szenario, wie es Lacheroy beschrieb, erfuhr regen Zuspruch innerhalb der französischen militärischen Institution, insbesondere bei seinen Schülern und Kollegen am CEAA, welches er ab 1953 leitete. Mit dieser Position konnte Lacheroy erfolgreich „über [die jungen Offiziere] die Führungsstäbe und die militärische Lehre dazu bringen, sich mit den neuen Problemen, die sich stellten, auseinanderzusetzen und Lösungen zu finden."[147].

Das Szenario wurde von einigen Vertreter der *École française* übernommen und erweitert bzw. in veränderter Form wiedergegeben. Dies ist beispielsweise der Fall von Jacques Hogard – ab 1953 ebenfalls Vortragender am CEAA –, welcher maßgeblich zur Weiterentwicklung und Verbreitung der Theorie der *guerre révolutionnaire* beitrug und zu einem der kreativsten Köpfe der *École française* wurde. Wie Lacheroy war auch Hogard ein Indochina-Veteran und konnte als *Capitaine* bei der Bevölkerungskontrolle in Kambodscha zusammen mit André Souyris Erfolge verzeichnen[148]. Auch Hogard war davon überzeugt, dass „der Feind letztlich immer der gleiche ist"[149] und die Kriegsführung der Vietminh in Indochina zur Verallgemeinerung tauge. Hogard identifizierte wie Lacheroy fünf Phasen im revolutionären Krieg, in denen die revolutionären Aufständischen eine politisch-militärische Organisation der Bevölkerung durchsetzten und zur Guerillakriegführung übergehen, um schließlich „die Macht gewaltsam an sich zu reißen und eine totalitäre Diktatur

---

[146] Lacheroy: Guerre révolutionnaire et arme psychologique, S. 192-193.
[147] Lacheroy: Saint-Cyr, S. 67.
[148] Vgl. Robin: Escadrons de la mort, S. 53.
[149] Jacques Hogard: Guerre révolutionnaire et Pacification, in: RMI (Januar 1957), S. 7.

durchzusetzen sowie eine moralische, politische, wirtschaftliche und soziale Regression"[150]. Hogards fünf Phasen unterscheiden sich nur geringfügig von jenen Lacheroys: während bei Lacheroy der Aufbau von aktiven revolutionären Zellen und parallellaufenden Hierarchien – die „Basiswaffe"[151] laut Hogard – erst in der dritten Phase erfolgen, sieht Hogard diese Schritte bereits in den ersten beiden Phasen vor. Auch geschieht die Schaffung eines für den Aufstand förderlichen Klimas innerhalb des zu erobernden Landes weniger durch Mord und Totschlag, sondern vielmehr durch die Verbreitung ideologischen Gedankenguts mithilfe propagandistischer Mittel sowie durch Massenmobilisierungen wie Streiks und Demonstrationen. Beide Theoretiker sehen allerdings die dritte Phase als den entscheidenden Übergang zur militärischen Konfrontation, in welcher die Guerillakriegführung beginnt. Auch die Regularisierung der Kriegführung beginnt bei beiden in der vierten Phase, wobei sie – wie auch die Schaffung befreiter Zonen, bzw. Stützpunkte oder Basen – bei Hogard noch vor der fünften bereits abgeschlossen ist. Spätestens wenn die fünfte Phase erreicht und die Generaloffensive gestartet ist, die Aufständischen also die legalen Behörden komplett unterwandert bzw. durch die parallellaufenden Hierarchien komplett ersetzt haben, so sind sich beide einig, ist der Kampf verloren. „Die Erfahrung hat gezeigt, dass es selten nötig ist, bis zum Ende dieser fünf Phasen zu gehen, und dass, in den meisten Fällen, der Gegner [die legale Regierung], manipuliert und unterwandert, demoralisiert und desorientiert, vor der fünften Phase aufgibt, vor der vierten Phasen, und aus Schwäche und Verblendung einer Verhandlung einwilligt, was einer Kapitulation gleichkommt"[152].

Wie Lacheroy sah auch Hogard im Revolutionären Krieg einen fundamentalen Unterschied zum klassischen Staatenkrieg. Es gehe nämlich nicht um „die Eroberung militärischer oder geographischer Ziele, sondern um die [Eroberung] der Bevölkerung"[153]. Diese werde zum Dreh- und Angelpunkt, zum Gravitationszentrum des Konflikts, denn sie „repräsentiert zugleich das Umfeld, in welchem

---

[150] *Ibid.*
[151] *Ibid*, S. 8.
[152] *Ibid*, S. 11.
[153] *Ibid*, S.13.

sich der Kampf abspielt, das Ziel der beiden Kontrahenten und eines der wichtigsten Aktionsmittel"[154]. Für beide Seiten ist die Bevölkerung Informationsgeber, Nahrungsmittelversorger, Rekrutenpool und Legitimitätsgeber. Die Bevölkerung wird somit zum essentiellen Machtfaktor.

Auch André Souyris – ehemaliger Indochinaveteran und Kampfgefährte von Jacques Hogard in Kambodscha – übernahm dieses Szenario für seine konterrevolutionären Überlegungen, unterteilt es jedoch nicht in fünf sondern in zwei übergeordnete Phasen[155]. Souyris definiert eine prä-insurrektionelle Phase, welche den ersten zwei Phasen von Lacheroy und Hogard entspricht, und eine insurrektionelle Phase, welche den letzten drei Phasen gleichkommt. In der ersten Phase „versuchen die Revolutionäre vor allem, die Bevölkerung von den legalen und traditionellen Autoritäten zu trennen und schrittweise die Kontrolle zu übernehmen. Die Gewalt, außer soziale Unrast in seinen legalen Formen, ist nahezu ausgeschlossen. Aber die parallellaufenden Hierarchien installieren sich und die Propaganda bricht aus"[156]. Parteien und andere Gruppierungen werden entweder durch revolutionäre Zellen unterwandert oder von Aufständischen selbst gegründet, wobei die Propaganda revolutionäre Ideen verbreiten und eine revolutionäre Einstellung innerhalb der Bevölkerung herstellen solle. Wie bei Hogard wird bei Souyris die insurektionelle, also gewalttätige zweite Phase des Aufstands erst eingeläutet, wenn eine effektive Kontrolle über die Bevölkerung etabliert wurde. Diese Kontrolle ermögliche schließlich auch eine aktivere Einbindung der Bevölkerung innerhalb des nunmehr offen auftretenden Aufstands[157]. Auch Souyris wandte ein, dass es für die Aufständischen nicht immer unbedingt notwendig sei, bis zur Generaloffensive durchzuhalten. Bestes Beispiel hierfür sei der nach den mao'schen Prinzipien geführte Unabhängigkeitskampf Tunesiens von der Neo-Destur-Partei, welche ohne Generaloffensive auskam,

---

[154] Jacques Hogard: Tactique et stratégie dans la guerre révolutionnaire, in: RMI (Juni 1958), S. 23.
[155] Vgl. André Souyris: Les conditions de la parade et de la riposte à la guerre révolutionnaire, in: RMI (Februar-März 1957), S. 93-111.
[156] Souyris: Les conditions de la parade, S. 99.
[157] *Ibid.*

da „die Aufnahme von Verhandlungen und das Übereinkommen, welches die interne Autonomie Tunesiens anerkannte, diese [Generaloffensive] unnötig gemacht hatte"[158].

Die Offiziere Maurice Prestat und Pierre Saint-Macary wiederum, welche unter dem Pseudonyme Ximenes ihre Beiträge veröffentlichen, bezogen sich in ihrem Essay über den revolutionären Krieg[159] zwar explizit auf die Unterteilung in Phasen von Lacheroy, Hogard und Souyris, erstellten jedoch gänzlich neue idealtypische Kategorien. Ihrer Meinung nach gelinge es dieser Sezierung in Phasen nämlich „nicht mehr [...], die Kontinuität und den Rhythmus der revolutionären Konflikte zu fassen und auszudrücken"[160]. Zum Verständnis des revolutionären Krieges unterteilten sie den revolutionären Krieg deshalb in Verfahren bzw. Techniken und Prozesse. Die von den Revolutionären eingesetzten Verfahren werden von Prestat und Saint-Macary als Techniken der schöpferischen Zerstörung verstanden, welcher den Regierungsapparat bei gleichzeitigem Aufbau eines eigenen Regierungssystems zersetzt. Demnach bestehen die destruktiven Techniken aus der Dislokation des alten gesellschaftlichen Körpers (durch selektiven Terrorismus), ergänzt und verstärkt durch Techniken der Einschüchterung (systematischer Terrorismus, Sabotage und Guerillakriegführung), fortgesetzt durch die Demoralisierung des politisch-militärischen Machtapparats des Gegners und die Intoxikation der Neutralen sowie die schlichte Eliminierung der Unbeugsamen. Die schöpferischen bzw. konstruktiven Techniken bestehen zunächst aus der Auswahl und Ausbildung aktiver Elemente (Führungskräfte, Propagandisten, Spezialisten des menschlichen Umfelds und einfache Freiwillige), der Unterwanderung des Umfelds und organisierter Gruppen sowie dem Einsatz psychologischer Waffen zur Sensibilisierung und Konvertierung der Massen nach dem Vorbild der Pawlow'schen Reflexologie und der Massenpsychologie Sergei Tschachotins. Wahrhaftig konstruktiv wird der revolutionäre Prozess schließlich durch den Aufbau der parallellaufenden Hierar-

---

[158] André Souyris: La révolution tunisienne, in: RMI (Februar-März 1957), S. 74.
[159] Ximenes: Essai sur la Guerre révolutionnaire, in: RMI (Februar-März 1957), S. 11-22.
[160] Ximenes: Essai sur la Guerre révolutionnaire, S.15.

chien¹⁶¹ und die Errichtung von Stützpunkten und befreiter Zonen, welche von einer revolutionären Regierung kontrolliert werden.

Die revolutionären Prozesse wiederum sind laut den Autoren Prestat und Saint-Macary Prozesse zur Kristallisierung, Organisierung und Militarisierung¹⁶² und sind mit den Verfahrenstechniken der Revolution – logischerweise – eng verflochten. Der Kristallisierung-Prozess habe zum Ziel, den Willen der Bevölkerung „an die gemeinsamen Motive des Kampfes zu binden […] durch ein Doppelspiel aus Angriff der Moral des Gegners und psychologischer Beeinflussung der Massen"¹⁶³.

Während unter Organisierung die „Errichtung und das Betreiben der parallellaufenden Hierarchien" verstanden wird, besteht der Prozess der Militarisierung aus der „gleichzeitigen Schaffung und Umsetzung eines militärischen Apparats, […] der im Zuge seiner Schaffung nach und nach eingesetzt wird"¹⁶⁴, zunächst als

---

[161] Die Autoren verweisen hier explizit auf die Konferenz „La campagne d'Indochine ou une leçon de guerre révolutionnaire" von Lacheroy im Juli 1954 am CEAA, welche teilweise auch von der Zeitung *Le Monde* veröffentlicht wurde.
Vgl. Le Monde, La stratégie révolutionnaire du Vietminh I, in: Le Monde (03.08.1954), URL:
http://www.lemonde.fr/archives/article/1954/08/03/la-strategie-revolutionnaire-du-vietminh_2025471_1819218.html?xtmc=strategie&xtcr=4
(Stand: 01.04.2015); Le Monde, La stratégie révolutionnaire du Vietminh II, in: Le Monde (04.08.1954), URL:
http://www.lemonde.fr/archives/article/1954/08/04/la-strategie-revolutionnaire-du-vietminh_2025568_1819218.html?xtmc=strategie&xtcr=2
(Stand: 01.04.2015).
[162] Kristallisierung, Organisierung und Militarisierung wurden den Begriffen Kristallisation, Organisation und Militarisation (welchen es als solchen im Deutschen gar nicht gibt) vorgezogen, auch wenn letztere den französischen Begriffen *cristallisation, organisation* und *militarisation* auf den ersten Blick eher entsprechen zu scheinen. Da Wörter mit dem Suffix –ation „stärker das Ergebnis einer Handlung bezeichnen, […] die Parallelbildung auf –ierung mehr das Geschehen oder die Handlung betont" und dem tieferen Sinn der französischen Begriffe nicht entsprechen, wurde das erste Begriffstrio zu Lasten des letzteren berücksichtigt.
Bibliographisches Institut GmbH: -ation/-ierung (2013), URL:
http://www.duden.de/rechtschreibung/_ation_ierung
(Stand: 01.04.2015).
[163] Ximenes: Essai sur la Guerre révolutionnaire, S.16.
[164] *Ibid.*

kleine Aktionsteams und lokale Banden, schließlich als Selbstverteidigungsmilizen, Guerillaeinheiten und Interventionseinheiten.

2.3. Konterrevolutionäre Maßnahmen

Diese Idealtypen des revolutionären Krieges bilden die Blaupause für die theoretischen konterrevolutionären Maßnahmen, welche von den Haupttheoretikern des revolutionären Krieges Charles Lacheroy, Jacques Hogard und André Souyris erdacht wurden. Im Folgenden werden die konterrevolutionären Konzepte dieser drei *warrior-scholars* stellvertretend für die *École française* dargestellt, die sich im Kern nur geringfügig voneinander unterscheiden. Alle drei sind davon überzeugt, dass der Feind in Algerien die gleichen Methoden einsetzt wie in Indochina, Marokko oder Tunesien, und dass klassische militärische Vorgehensweisen gegen diese Methoden der revolutionären Kriegführung kommunistischer Prägung nicht zum Erfolg führen können. Um einen zukünftigen Krieg dieser Art erfolgreich beenden zu können, bedarf es für Lacheroy, Hogard und Souyris einer gänzlich neuen, integrierten Kriegführung, in welcher die Streitkräfte nicht nur militärische, sondern auch politische, soziale, wirtschaftliche, kulturelle, diplomatische, letztlich totale Mittel einsetzen müssen.

Die politischen Entscheidungsträger stehen hier außen vor und nehmen – bis auf die Formulierung ressortübergreifender Konzepte wie beispielsweise der Strategie zur psychologischen Kriegführung – eine reine Statistenrolle ein. Die Politik wird von allen drei Autoren kritisch beäugt und oftmals eher als Teil des Problems denn als Teil der Lösung verstanden.

Die Streitkräfte hingegen sollen – in Zusammenarbeit mit anderen Ressorts – den konterrevolutionären Krieg leiten und führen. Sie sollen sowohl die Kontrolle der Fläche und den „Schutz" der Bevölkerung gewährleisten wie auch den Einsatz der psychologischen Waffe verantworten und mutieren so zu einer selbstbestimmten konterrevolutionären Allzweckwaffe. In den Augen der konterrevolutionären Theoretiker soll die Armee nach kommunistischem Vorbild Aufgaben der staatsbürgerlichen Erziehung übernehmen, ein Medium der Propaganda werden sowie ein Mittel der inneren und äußeren Gewaltanwendung – selbst in der Metropole[165]. Hierfür fordern Lacheroy, Hogard und Souyris einen tiefgreifenden Wandel der zivil-militärischen Beziehungen und stellen sogar den Primat der Politik in Frage.

Politische Lösung des Konflikts

Eine politische Lösung des revolutionären Konflikts betrachtet Lacheroy nicht im Geringsten, denn er versteht das politische System als Teil des Problems und nicht als Teil der Lösung. So fordert er von den politischen Entscheidungsträgern, vermeintliche Hindernisse für die Aufstandsbekämpfung wie den *Code Napoléon* – Name des französischen Strafgesetzbuch zwischen 1810 und 1994 – oder den legalen Friedenszustand zu reformieren bzw. zu beseitigen, um totalitäre Maßnahmen nach kommunistischen Vorbild durchführen zu können. „Man führt keinen revolutionären Krieg mit einer in Divisionen aufgestellten Armee, man führt keinen revolutionären Krieg mit einer Friedensverwaltung, man führt keinen revolutionären Krieg mit dem *Code Napoléon*", so Lacheroy während seines Vortrags an der Pariser Sorbonne im Juli 1957[166]. Lacheroy äußerte sich zudem mehrfach kritisch gegenüber dem demokratischen System, welches er für verweichlicht, käuflich, mittelmäßig und lethargisch hält, insbesondere im Vergleich zur populistisch-politisch-militärischen Diktatur der Revolutionäre, welche „relativ rein, immer hart und, wenn es sein muss, brutal"[167] sei. Der legale Friedenszustand einer Demokratie erlaube dagegen Halbherzigkeit, böswillige Neutralität und alle möglichen Formen des Verrats, während die politisch-militärische Zwangsjacke der Rebellen der Bevölkerung nur die Wahl zwischen Ergebenheit und absolutem Gehorsam lasse[168].

Wie Lacheroy schließt auch Hogard von vornherein eine rein politische Lösung des Konfliktes aus, bspw. durch Verhandlungen.

---

[165] Zur Rolle der Armee im kommunistischen System:
Jean Némo: La guerre dans le milieu social, in: RDN (Mai 1956), S. 615-618.
[166] Lacheroy: Guerre révolutionnaire et arme psychologique, S. 200.
[167] Lacheroy: La campagne d'Indochine, S. 81.
[168] *Ibid*, S. 80.

Politische, wirtschaftliche oder soziale Reformen seien im konterrevolutionären Krieg zwar nützlich, doch dürfe man den Grund für den revolutionären Krieg und die eingesetzten Mittel – also die Ausbeutung innerer Widersprüche einer Gesellschaft zum Zwecke der Mobilisierung – nicht verwechseln. „Es ist beispielsweise falsch zu behaupten, dass die algerische Rebellion aus einer generellen Unzufriedenheit der muslimischen Massen geboren ist, wegen eines unzureichend entwickelten politischen, wirtschaftlichen und sozialen Zustands"[169]. Eine Lösung des Konflikts durch Verhandlungen könne man auch deshalb ausschließen, weil Revolutionäre an einer Teilung der Macht nach Verhandlungen nicht interessiert seien und diese auch entschieden ablehnen würden[170].

Auch für André Souyris bieten sich zur Lösung eines revolutionären Krieges marxistisch-leninistischer Prägung politische Schritte nur bedingt an. Er erkennt zwar das Vorhandensein von inneren gesellschaftlichen Widersprüchen, doch würde eine politische Auflösung dieser Widersprüche allein nicht einen revolutionären Konflikt verhindern bzw. lösen, da sie nicht ausschlaggebend für die Entstehung der Rebellion seien, sondern lediglich ein nützliches Mittel der revolutionären Organisation zur Massenmobilisierung. Reformen könnten außerdem von den Rebellen nicht akzeptiert werden „denn sie würden die begünstigenden Faktoren beseitigen, auf welche sich ihre Propaganda stützt"[171]. Zudem traut Souyris dem „demokratischen Regime" nicht zu, effektiv Widerstand zu leisten, wenn der revolutionäre Prozess in seine gewalttätige Phase übergeht. „In der Tat verwirrt die Präsenz von – bewussten oder unbewussten – Sympathisanten innerhalb des Staatsapparats und in der Masse die öffentliche Meinung und hält diese in einem ständigen instabilen Gleichgewicht. Sie bleibt der wahre Richter der Regierungsentscheidungen"[172]. Auch das internationale System in Gestalt der Vereinten Nationen beeinträchtige die Ergreifung notwendiger konterrevolutionärer Maßnahmen. „Jedes Mal wenn von dieser Tribüne oder in den Fluren dieser Organisation die Standpunkte dargelegt werden

---

[169] Hogard: Guerre révolutionnaire et Pacification, S. 14.
[170] *Ibid.*
[171] Souyris: Les conditions de la parade, S. 97.
[172] *Ibid*, S. 93.

[...] provoziert die subversive Organisation, um Aufmerksamkeit zu schaffen und seine Macht zu rechtfertigen, einen Anstieg an Morden und Sabotagen. Man fragt sich, ob man jemals die Zahl der Menschenleben kennen werde, die bei jeder Sitzung der Generalversammlung der Vereinten Nationen auf dem Altar des revolutionären Krieges geopfert wurden"[173].

Aufgaben des Militärs

Charles Lacheroy ist – wie weitere Anhänger der *École française* – der Überzeugung, dass Streitkräfte in einem revolutionären Krieg nicht nur militärische Maßnahmen ergreifen müssen, sondern auch Maßnahmen „in wirtschaftlichen, sozialen, kulturellen, administrativen, und weiteren Bereichen"[174]. Aufgrund seines Misstrauens gegenüber anderen Institutionen sollen diese Gegenmaßnahmen in Lacheroys Augen alleine von den Streitkräften durchgeführt werden. Dies bedeute für die Streitkräfte, dass sie Aufgaben übernehmen müssen, die über ihre traditionellen hinausgehen. Folglich sei es auch ein fundamentaler Fehler zu behaupten, dass „die Mission, welche den Truppen der französischen Armee in Nordafrika zufällt, dieselbe ist, welche den Streitkräften in jedem Konflikt zufällt". Natürlich sei die Zerstörung der gegnerischen Streitkräfte bzw. der Rebellenbanden eine wichtige Mission. „Aber in einem revolutionären Krieg liegt das Problem Nummer 1 nicht dort. Das Problem Nummer 1 ist die Bevölkerung im Griff zu haben, welche in diesem Krieg als Stütze dient und innerhalb welcher sie sich abspielt. Wer sie einnimmt oder sie hält hat bereits gewonnen"[175]. Um dies zu gewährleisten, müsse laut Lacheroy nach der Methode der *Tâche d'huile* – Ölfleck-Methode – vorgegangen werden, eine Formel welche „gültig war und bleibt, aber unter der Bedingung, dass die effektive Selbstverteidigung [der Bevölkerung] die Truppen von ihren [Schutz]Aufgaben befreit werden"[176]. Bei der Methode der *Tâche d'huile* handelt es sich um ein Befriedungskonzept der französischen Kolonialschule. Die Methode

---

[173] *Ibid.*
[174] Lacheroy: Avertissement, S. 7.
[175] Lacheroy: Guerre révolutionnaire et arme psychologique, S.178.
[176] Lacheroy: Une arme du Viet Minh, S. 54.

wurde in den 1880er Jahren zur Befriedung Indochinas von Colonel August Pavie und Théophile Pennequin entwickelt[177], in der Folge prominent von Marschall Joseph-Simon Gallieni übernommen und schließlich von seinem „Schüler" Marschall Hubert Lyautey vervollkommnet. „Von untergebenen Gebieten ausgehend, in Kreisen organisiert und geschützt vor den *Rezzous* [Razzien] der Aufständischen durch eine Linie von Posten, [...] [dehnt] sich [diese] *Pacification* schrittweise [aus], durch ‚Ansteckung', durch Kapillarwirkung mit jenen [Gebieten], die noch aufständisch sind"[178]. Von herausragender Bedeutung bei dieser Methode ist die Organisation des Hinterlandes: allgemein gelte, „Land nach vorne [zu] gewinnen, nur nachdem jenes, welches man hinter sich lässt, gänzlich organisiert ist"[179], so Gallieni.

Auch für Hogard muss die Armee, ab dem Moment wo der Aufstand zur Gewalt überschreitet und das Militär von der Politik zur Hilfe gerufen wird, „zwangsläufig die erste Rolle annehmen und sich, wohl oder übel, um politische, wirtschaftliche und soziale Aktionen kümmern"[180].

Für die Phase, in welcher die Gewalt ausgebrochen ist und welche von Hogard und Souyris als insurrektionelle Phase bezeichnen wird, definiert er vier Hauptaufgaben für das Militär. Bei diesen Aufgaben handelt sich um „die Kontrolle strategisch wichtiger Kommunikations- und Knotenpunkte; die Kontrolle der Fläche; die Vernichtung der feindlichen Streitkräfte und die *Pacification*"[181]. Durch die Erfüllung dieser Aufgaben soll die Zerstörung der revolutionären Gesellschaft mittels der Vernichtung des politisch-

---

[177] Zur Entstehungsgeschichte der Methode der *Tâche d'huile* in Indochina, siehe: Christopher Griffin, A Revolution in Colonial Military Affairs. Gallieni, Lyautey, and the „Tâche d'huile" (14.12.2009), URL: bisa.ac.uk/index.php?option=com_bisa&task=download_paper&no_html=1&passed_paper_id=21 (Stand: 01.04.2015).
[178] Lieutenant-colonel Franc, Gallieni à Madagascar et Lyautey au Maroc. Deux oeuvres de pacification complémentaires, Paris 2011, S. 10.
[179] Joseph-Simon Gallieni, Neuf ans à Madagascar, Paris 1908, S. 326.
[180] Jacques Hogard: Le soldat dans la guerre révolutionnaire, in: RDN (Februar 1957), S. 214.
[181] *Ibid*, S. 215.

militärischen Apparats erreicht sowie eine bessere Kontrolle der Bevölkerung ermöglicht werden. Die erste Aufgabe mache nur Sinn, wenn sie im Verbund mit der zweiten Aufgabe – der Flächenkontrolle – umgesetzt werde. Die Flächenkontrolle bzw. –verteidigung – ein weiteres Konzept der französischen Kolonialschule – beruhe „in erster Linie auf einer territorialen Infrastruktur, welche je nach Region mehr oder weniger engmaschig ist, welche aber auf einer rationalen Besetzung des Gebiets durch einer Hierarchisierung des Verteidigungszuschnittes (Zone, Sektor, Untersektor, Viertel, Unterviertel, Posten) basiert"[182]. Laut Hogard könne diese Flächenkontrolle nicht immer durch ein solches Netz aus Posten bestehen. Besonders wenn diese Posten schwach und somit leicht überrannt werden können, sei die auf Posten basierende Flächenkontrolle zu vermeiden. Als Alternative schlägt er entweder den Aufbau einzelner großer Posten oder aber die Technik der Nomadisierung vor, welche den Vorteil hat „die Rebellen zu stören, indem man Ungewissheiten hinsichtlich der Aktivitäten der Detachements aufkommen lässt"[183]. Letztlich haben aber sowohl die großen Posten als auch die Nomadisierung der Detachements die Aufgabe, den Aufbau kleinerer Posten zu ermöglichen, denn „die Erfahrung beweist, dass man die Bevölkerung nur kontrolliere, wenn man ständig bei ihr lebe"[184].

Hogard unterstreicht, dass die dritte Aufgabe – die Zerstörung der feindlichen Truppen, welche man als die eigentliche genuine Aufgabe von Streitkräften verstehen könne –, in einem revolutionären Krieg „kein Selbstzweck [sei] [...]. Die Operationen machen nur Sinn, wenn sie die Bevölkerungskontrolle erleichtern und zur Zerschlagung der revolutionären politisch-militärischen Organisation beitragen"[185]. Eine rein militärische Lösung des Konflikts könne es also nicht geben. Wer sich nur auf die Vernichtung der feindlichen Streitkräfte verstehe, erlebe wie Sisyphos ein ewiges Anrennen gegen den Berg. „Solange die Basisinfrastruktur fortbestehe, jene Organisation, welche ihre Kontrolle über die Bevölkerung ausübe, werden

---

[182] Marie-Catherine Villatoux, La défense en surface. Le contrôle territorial dans la pensée stratégique française d'après-guerre (1945-1962), Paris 2009, S. 36.
[183] Hogard: Guerre Révolutionnaire et Pacification, S. 18.
[184] *Ibid.*
[185] *Ibid*, S. 21.

sich die dezimierten Banden unablässig neu bilden, und die Aufgabe der mit ihrer Vernichtung beauftragten Truppen erinnert [dann an] diese ewige Säuberung, welche wir einst in Indochina kennengelernt haben"[186].

Militärische Operationen müssten deshalb mit Bedacht angeordnet und zusammen mit der vierten Aufgabe, der *Pacification*, gedacht werden. Denn Operationen „können verhängnisvoll sein, wenn sie uns die Sympathien [der Bevölkerung] kosten. Jeder Gewaltakt hat also im Endeffekt eine psychologische und politische Absicht, mehr noch als eine militärische"[187]. Für Hogard sind Operationen zur Zerstörung feindlicher Truppen „nur nützlich, wenn wir sofort im gesamten Gebiet zur Phase der *Pacification* übergehen [...] denn wenn wir uns zurückziehen, tauchen die Rebellen wieder auf, organisieren ihre Infrastruktur neu, üben Repressalien aus, säubern die Bevölkerung und die Region verrottet noch stärker als zuvor"[188] – eine wichtige Lehre aus dem Indochinakrieg.

Die *Pacification* sei erst „erreicht, wenn die Infrastruktur der Rebellen, dieses Netz aus Kadern, Agitatoren und Propagandisten zerschlagen ist"[189] und könne nur gemeinsam mit der Bevölkerung geschehen. Für Hogard ist diese Infrastruktur nicht nur das Gerüst des Aufstands, sondern auch eine seiner großen Schwächen. Es „obliegt nur uns, [...] den Mechanismus in der ersten oder zweiten, bzw. in der dritten oder vierten Phase zu blockieren"[190]. Hauptziel der konterrevolutionären Maßnahmen müsse zu jeder Zeit die Zerstörung des revolutionären politisch-militärischen Apparats sein, dem Kopf der revolutionären Kriegführung. „Wenn es uns also gelingt, diese Organisation zu zerstören, dann stürzt das ganze System ein; doch wir können dieses Ergebnis nur erzielen, wenn wir ihm alle unsere politischen, wirtschaftlichen, sozialen, kulturellen und militä-

---

[186] *Ibid*, S. 14.
[187] *Ibid*, S. 21
[188] Hogard: Le soldat, S. 222.
[189] Hogard: Guerre Révolutionnaire et Pacification, S. 18.
[190] *Ibid*, S. 15.

rischen Aktivitäten unterordnen, in dem wir [diese Aktivitäten] aufs engste auf allen Ebenen integrieren"[191].

Aber auch die Eroberung der Bevölkerung bzw. die Beibehaltung ihrer Unterstützung habe eine herausragende Bedeutung für die konterrevolutionären Kräfte. „Nur insoweit die Ordnungskräfte die Unterstützung der Bevölkerung herbeiführen können, werden sie ihre zwei Ziele erreichen: den Feind daran hindern, aus der Bevölkerung die moralischen und materiellen Ressourcen zu ziehen, welche er für sein Erstarken braucht [...] [sowie] die Unterstützung der Bevölkerung zu gewinnen, um den revolutionären Apparat zu zerstören und diesen daran zu hindern, sich erneut zu konstituieren"[192].

Sollte es nicht möglich sein, nach diesem Vier-Punkte-Plan vorzugehen, biete sich laut Hogard auch die Schaffung von Sperrgebieten an, Gebiete welche man durch die Umsiedlung der Bevölkerung, die Sabotage des Anbaus, die Vergiftung von Wasserstellen und die Entziehung des Viehs seiner Ressourcen beraube, um dort noch weitere rücksichtslose Mittel einsetzen zu können[193]. Die strategische Umsiedlung der Bevölkerung hätte außerdem den Vorteil, diese leichter schützen bzw. kontrollieren zu können. Diese Vorgehensweise hatte Hogard zusammen mit seinem Kriegskameraden Souyris in Kambodscha während des Indochinakriegs angewandt[194]. Sie wurde bereits zuvor von General Chassin in die Debatte um die konterrevolutionären Maßnahmen eingebracht[195] und erinnert stark an die Razzia, eine Taktik der asymmetrischen Kriegführung der französischen Kolonialtruppen, welche auf Marschall Bugeaud zurückgeht. In den Kolonialkriegen des 19. Jahrhunderts zur Eroberung Algeriens übernahm Marschall Thomas-Robert Bugeaud diese Taktik zur Bekämpfung seines ärgsten Widersachers, Abd-el Kader, um auf das fehlende Gravitationszentrum – nach europäischem Verständnis – im asymmetrischen Krieg zu reagieren. Abd-el Kader führte ein Heer bewaffneter Stämme im Heiligen Krieg gegen die

---

[191] *Ibid*, S. 16.
[192] Hogard: Tactique et stratégie, S. 27.
[193] Hogard: Guerre Révolutionnaire et Pacification, S. 19.
[194] Siehe diesbezüglich: André Souyris: Un procédé efficace de contre guérilla. L'auto-défense des populations, in: RDN (Juni 1956), S. 686-699.
[195] Chassin: Réflexions stratégiques, S. 517-518.

Franzosen an, verfügte jedoch – wie auch die Rebellen in Algerien – weder über ein feststehendes Territorium noch über Bevölkerungs-, Handels- oder Industriezentren, welche man besetzen oder zerstören konnte. Um dennoch ein zwingendes Mittel zu haben, um Abd-el Kader zur Kapitulation zu zwingen, richtete Bugeaud seine Kriegführung gegen die Zivilbevölkerung und ihre Lebensgrundlagen aus, wenn erstere nicht mit den französischen Truppen kooperierten oder unter dem Verdacht standen, Abd-el Kader und seine Truppen zu unterstützen[196].

Für Souyris schließlich ist die Armee die einzig verbliebene Institution, welche vertrauenswürdig und in der Lage ist, einen konterrevolutionären Krieg zu führen. Nicht nur sei sie hierfür qualifiziert und anders als die Führer des Landes traditionell apolitisch, sondern sie sei auch „aktuell fast der einzige Körper der Nation welcher verstehe, dass der dritte Weltkrieg bereits angefangen habe"[197]. Er stimmt mit Hogard überein, dass „die Kraft des Gegners weder in terroristischen Aktionsgruppen noch in den kämpfenden Einheiten, sondern in der politischen Infrastruktur beruht"[198].

Zu ihrer Zerstörung unterscheidet Souyris, wie oben bereits beschrieben, zwischen einer prä-insurektionellen Phase und einer insurektionellen Phase. Erstere verlange von Seiten der konterrevolutionären Kräfte eine Abwehr (*parade*), letztere dagegen einen Gegenschlag (*riposte*)[199]. Bereits in der prä-insurektionellen Phasen – also zu der Zeit in welcher die Rebellen die Bevölkerung und ihren Aufstand noch organisieren und ihre Strukturen aufbauen – müsse man sich auf den Übergang zur insurektionellen Phase vorbereiten. Denn wie die Vorbereitungen zur insurektionellen Phase der Aufständischen sind auch die Vorbereitungen für die konterrevolutionären Gegenmaßnahmen der Aufstandsbekämpfer zeitintensiv. Diese Gegenmaßnahmen benötigen laut Souyris den Aufbau eines zentral

---

[196] Vgl. Thomas Rid: Razzia. A Turning Point in Modern Strategy, in: Terrorism and Political Violence n°21 (2009), S. 617-635.
[197] André Souyris: L'action psychologique dans les forces armées, in: RMI (Oktober 1958), S. 38.
[198] Souyris: Les conditions de la parade, S. 110.
[199] *Ibid*, S. 99.

geführten, aber dezentral agierenden Nachrichtendienstes, um die geheime Rebellenorganisation frühzeitig zu identifizieren.

Anders als Hogard setzt Souyris den Fokus der konterrevolutionären Maßnahmen der Streitkräfte nicht in erster Linie auf die Zerstörung des politisch-militärischen Apparats des Gegners sondern wie Lacheroy auf die Bevölkerungskontrolle. Es gelte, „die Bevölkerung – wahrhaftiger Dreh- und Angelpunkt des Kampfes – vor den subversiven Unternehmungen in Sicherheit bringen"[200]. Diese Lehre zog Souyris aus seinem Einsatz im Indochinakrieg, als er zusammen mit seinem Kriegskameraden Jacques Hogard in Kambodscha die Bevölkerungskontrolle mitorganisierte. „Seit Langem hatten die zivilen und militärischen, französischen und kambodschanischen Behörden verstanden, dass nichts Stabiles realisiert werden könne, solange die Rebellen die Unterstützung der Bevölkerung genießen würden"[201]. Trotz verschiedenster Herangehensweisen zur Befriedung der Gebiete wie dem Aufbau befestigter Anlagen, der Kontrolle strategischer Punkte und dem Aufbau von Spezialkräften erzielten sie aufgrund der extremen Zerstreuung der Siedlungen keine Erfolge. Die Omnipräsenz der Rebellenorganisation und die Angst vor Vergeltungsmaßnahmen hinderten die Einwohner zahlreicher Gebiete, mit den legalen Behörden bei der Aufstandsbekämpfung zu kooperieren, was in der Konsequenz die Rebellen stärkte. Um sich der Hauptherausforderung in diesem Krieg anzunehmen – „den Rebellen die Unterstützung der Bevölkerung nehmen und hierfür die Einwohner vor Vergeltungsschlägen schützen"[202] – galt es, die Bevölkerung so zu organisieren – bspw. in Sammellagern –, dass sie auf Seiten der legalen Regierung ihre eigene Verteidigung gewährleisten konnte und sie für die Regierungskräfte leichter zu überwachen war. Dies ermöglichte schließlich auch, Truppenteile von ihren Schutzfunktionen zu befreien und in Rebellengebieten operieren zu lassen.

---

[200] *Ibid*, S. 94.
[201] Souyris: Un procédé efficace, S. 688.
[202] *Ibid*.

Physische Kontrolle und Mobilisierung der Bevölkerung

Diese physische Mobilisierung der Bevölkerung ist ein wichtiger, wenn nicht sogar einer der wichtigsten Bestandteile der Doktrin des revolutionären Krieges. Laut Lacheroy dürfe man sich nicht dabei aufhalten, den „illoyalen, sogar empörenden Aspekt für das menschliche Gewissen"[203] der irregulären Kriegführung des Gegners zu beklagen. Gleiches müsse mit Gleichem vergolten werden, hatte er bereits im November 1952 in Bien Hoa gefordert. „Man kontert Kampfgase mit Kampfgasen, strategische Bombenangriffe mit strategischen Bombenangriffen, die Atombombe mit der Atombombe"[204] – dies gelte auch für die totale Mobilisierung der Bevölkerung. Entsprechend sei es zur Besiegung des Feindes notwendig, „eine totale und harte Mobilisierung des Hinterlands und [...] die Waffe der parallellaufenden Hierarchien"[205] nach dem Vorbild der Vietminh einzusetzen. Dies sei eine zentrale Voraussetzung für eine erfolgreiche Befriedung, so Lacheroy, eine Lehre, die er aus dem Indochinakrieg zog. Dort habe man zwar mit der Kommandoübernahme General Charles Chansons im August 1948 versucht, gewonnene Gebiete zu befrieden, insbesondere mit der Methode der *Tâche d'huile*[206]. Doch funktioniere diese Methode nur, wenn „die Selbstverteidigung [der Einwohner] tatsächlich jene Truppen von ihren Aufgaben entledigt, welche mit offensiven Operationen beauftragt werden"[207]. Mit der Organisation des Hinterlands während des Indochinakriegs und der „Mittelmäßigkeit (um nicht mehr zu sagen) des zivilen Regierungsapparates"[208], konnte diese Bedingung laut Lacheroy nicht erfüllt werden und der Großteil der Truppen wurde zu statischen Aufgaben gezwungen. Dies habe die Aktionen der konterrevolutionären Kräfte „sterilisiert" und keine Erfolge gebracht, denn es habe Frankreich und seinen südvietnamesischen Verbündeten gezwungen, das ganze Land in der Fläche zu halten und die Bevölkerung zu beschützen.

---

[203] Lacheroy: Une arme du Viet Minh, S. 53
[204] *Ibid.*
[205] *Ibid.*
[206] *Ibid*, S. 54.
[207] Lacheroy: Une arme du Viet Minh, S. 54.
[208] *Ibid.*

Entsprechend wies Lacheroy in seinem für die *École française* fundamentalen Vortrag von 1952 an der Kaderschule in Bien Hoa darauf hin, dass „der Kampf [...] nicht gewonnen werden kann ohne eine totale und harte Mobilisierung des Hinterlandes sowie eine Übernahme der Waffe der parallellaufenden Hierarchien"[209]. Bei den parallellaufenden Hierarchien handele es sich nämlich um „eine zivile Waffe, deren militärische Effizienz bedauerlicherweise unleugbar [...] und, ohne Zweifel, entscheidend [sei]"[210]. Sie zwinge jeden Einzelnen, sich öffentlich für oder gegen die legale Regierung zu entscheiden – für Neutrale oder Unentschlossene lasse dieses System keinen Platz.

Für Hogard müsse die Befriedung durch die – freiwillige – Beteiligung der Bevölkerung an ihrer eigenen Verteidigung stabilisiert werden. Zwar könne die Bevölkerung auch unter dem Schutz der Armee verweilen, doch sei eine solche Befriedung viel zu personalintensiv und weitaus labiler – die Bevölkerung wäre immer noch empfänglich für die Avancen der Revolutionäre, welche ihre subversiven Aktivitäten weiterführen könnten. Für eine solche streitkräftebasierte Befriedung fehle meistens das Personal, denn Hogard geht von einem Verhältnis von einem Soldaten für zehn bis 15 Einwohner aus beziehungsweise von einem Bataillon für 100 km².

Um auch in Zeiten von Personalnot die Revolutionäre von der Unterstützung der Bevölkerung abschneiden zu können, spricht sich Hogard – neben strategischen Umsiedlungen, der Schaffung von Sperrgebieten und Kommandoaktionen – insbesondere für die Methode der *Tâche d'huile* aus. Ein halbes Jahrhundert nach der Befriedung Madagaskars durch Gallieni stimmt Hogard mit diesem überein, wenn er schreibt, dass „die Pacification einer neuen Region [nur geschehen dürfe], wenn die vorherige wirklich gesichert sei"[211], das heißt wenn die Bevölkerung in Milizen organisiert wurde. Um die Bevölkerungsteile zu bewaffnen, müsse eng mit den Vertretern des „Milieus" zusammengearbeitet werden, aus psychologischen, nachrichtendienstlichen und militärischen Gründen. Denn „auch

---

[209] *Ibid*, S.53.
[210] *Ibid*.
[211] Hogard: Guerre Révolutionnaire et Pacification, S. 19.

wenn unsere Truppen sich maximal anpassen müssen (Kenntnis der Sprache, der Sitten, usw.), brauchen sie zumindest, um den Graben, welcher sie von der Bevölkerung trennt, Hilfskräfte aus der Bevölkerung. [...] Es bietet sich daher an, lokal rekrutierte reguläre und Aushilfstruppen einzusetzen. [...] Sie sind unersetzlich, um das menschlichen Umfeld zu erobern"[212].

Für Souyris bilden die Vorbereitungen in der präinsurektionellen Phase die Grundlage für die eigentlichen Gegenmaßnahmen in der insurektionellen Phase, welche bei Ausbruch des Aufstands unverzüglich umgesetzt werden können. Da der Hauptschwerpunkt der Aktivitäten des Gegners auf der Eroberung der Bevölkerung liege, solle die rechtmäßige Regierung sich nicht von den scheinbaren militärischen Kräften des Gegners ablenken lassen und versuchen, diese mit militärischen Mitteln zu zerstören, sondern „die Aufstandsbekämpfung auf dem Gebiet [führen], welches [ihr] vom Gegner aufgezwungen wird"[213]: der Bevölkerung. Entsprechend müsse der physischen Eroberung von Teilen der Bevölkerung durch die revolutionären Kräfte eine physische Eroberung der Bevölkerung durch die legale Regierung entgegengesetzt werden. Dies gelinge am besten durch die Organisation der Einwohner beziehungsweise durch die Umsiedlung von isolierten Bevölkerungsteilen in Sammellager. Insbesondere die Sammellager sollten in den Augen Souyris einen materiellen Fortschritt der meist bäuerlichen Bevölkerung ermöglichen und die Aufstellung von Selbstverteidigungseinheiten begünstigen, denn „die Erfahrung zeige, dass die wahrhaftige Terrorismusbekämpfung und der wahrhaftige Anti-Guerilakrieg nur wirksam sein kann, wenn sie von den Einwohnern selbst durchgeführt wird – als Selbstverteidigungs-Stadtviertel oder -dorf organisiert, unterstützt von Einheiten der Armee"[214].

---

[212] *Ibid*, S. 20.
[213] Souyris: Les conditions de la parade, S. 106.
[214] *Ibid*, S. 107.

Einsatz der psychologischen Waffe

In Anbetracht der Tatsache, dass der „revolutionäre Krieg total [ist], weil er ein Krieg ist, der die Seelen wie die Körper einnimmt und sie zu Gehorsamkeit und Kriegsanstrengungen zwingt"[215], muss der physischen Mobilisierung der Bevölkerung durch den Aufbau und Einsatz parallellaufender Hierarchien von Seiten der konterrevolutionären Kräfte schließlich der Einsatz der psychologischen Waffe nach kommunistischem Vorbild folgen. Dieser Einsatz ist janusköpfig: er besteht einerseits aus der psychologischen Mobilisierung der Bevölkerung und richtet sich somit nach innen. Andererseits richtet er sich mit der psychologischen Kriegführung nach außen, und soll den Feind angreifen und schwächen. Diese doppelte Ausrichtung müsse auf einem totalen System beruhen, um „eine perfekte Koordinierung aller Elemente"[216] sicherzustellen. Denn „Propaganda, durchgeführt von einer gutmütigen, käuflichen und entspannten Demokratie, verliert neun Zehntel ihrer Möglichkeiten, während sie ihre maximale Effektivität bei durch und durch organisierten parallellaufenden Hierarchien erreicht"[217].

Hogard spricht sich ebenfalls dafür aus, Mittel der psychologischen Kriegführung einzusetzen. Laut Hogard ist dieses Feld sogar eines der größten Schwächen der revolutionären Kriegführung, da die Revolutionäre erst die Moral der Menschen pervertieren müssten, um ihren Einfluss auf sie ausüben zu können. Entsprechend habe hier die konterrevolutionäre Seite mit den „noblen Idealen welchen sie dient [und] dem Vorhandensein eines höheren moralischen Kodex [sic!]"[218] einen komparativen Vorteil, der ihr bei der psychologischen Kriegführung einen klaren Vorteil geben sollte, wenn man sich dieser Waffe auch zu bedienen wisse.

In der Praxis sollen sich die konterrevolutionären Maßnahmen bei der psychologischen Kriegführung an den Phasen des revolutionären Prozesses orientieren und das Militär sich frühzeitig auf den revolutionären Krieg vorbereiten, denn „es ist illusorisch anzu-

---

[215] Lacheroy: Guerre révolutionnaire et arme psychologique, S. 177.
[216] Lacheroy: La campagne d'Indochine, S.97.
[217] *Ibid*, S.92.
[218] Hogard: Guerre révolutionnaire et Pacification, S. 15.

nehmen, dass man in einem lokalen revolutionären Krieg einen schnellen Erfolg erzielen könne, wenn man sich erst mit dem Erscheinen erster Gewaltsamkeiten (dritte Phase) vorbereitet"[219]. Zwar könne die Armee aus legalen Gründen in der prä-insurektionellen Phase noch nicht direkt intervenieren, so Hogard, doch bestehe die Möglichkeit, bereits in den ersten beiden Phasen des revolutionären Prozesses die Entwicklung des revolutionären Prozesses und insbesondere den Aufbau der revolutionären Organisation zumindest zu stören. Dies könne – neben der Organisation von Maßnahmen zur Selbstverteidigung und dem Ausbau der staatlichen Präsenz im Land – insbesondere durch Maßnahmen zur psychologischen Mobilisierung der Bevölkerung geschehen[220].

In der prä-insurektionellen Phase habe die psychologische Mobilisierung laut Hogard das Ziel, „die Öffentlichkeit aufzuklären und ihr die Gründe für die von der Nation geforderten Opfer nachvollziehbar zu machen"[221]. Innerhalb der militärischen Institution habe sie das Ziel, das militärische Personal zu erziehen und es staatsbürgerlich sowie politisch zu bilden.

Die letzte vorbereitende Maßnahme auf den Ausbruch der Gewalt ab der dritten Phase sieht den Ausbau kleiner Außenposten vor, welche sowohl politische, wirtschaftliche als auch soziale Aufgaben übernehmen sollen und bei verdächtigen Aktivitäten mobile Einsatzkräfte durch ihre Kenntnis des Einsatzgebietes mit ortskundigen Informationen speisen können. Bereits in dieser Phase ist somit die Kenntnis des Einsatzumfelds von herausragender Bedeutung und erfordert die Ausbildung spezieller Führungskräfte.

---

[219] Jacques Hogard: L'armée française devant la guerre révolutionnaire, in: RDN (Januar 1957), S. 80.
[220] Diesbezüglich verweist Hogard auf den Beitrag von Robert Doumic in der Ausgabe der RMI vom Juli 1956, in welcher Doumic von der Notwendigkeit schreibt, junge Wehrpflichtige mit militärischen Werten zu prägen und ihnen die Ziele in Nordafrika näher zu bringen. Die Militärs, insbesondere die Offiziere und Unteroffizieren, müssten Erzieher werden und durch die jungen Rekruten die Nation und das Militär näher zusammenbringen.
Hogard: Guerre Révolutionnaire et Pacification, S. 16; bzw. Robert Doumic: L'armée et la formation de l'opinion publique, in: RMI (Juli 1956), S. 14-16.
[221] Hogard: L'armée devant la guerre révolutionnaire, S. 79-80.

Da der revolutionäre Krieg auf Techniken basiere, welche „ohne Unterscheidung den Körper, den Geist und das Herz"[222] ansprechen, müssen Streitkräfte ihre Offensive nicht nur sondern den Körper aber auch auf den Geist der Bevölkerung ausrichten, wenn sie diese erobern wolle. Letztere müsse in den Genuss einer „effizienten und menschlichen Administration kommen, einer gerechten und schnellen Justiz [...], sie soll eine gerecht bezahlte Arbeit finden, und sich aller wünschenswerten Verbesserungen im sozialen, sanitären, kulturellen Bereich erfreuen"[223]. Hogard spricht von nicht weniger als der Gründung einer neuen Ordnung, welche die alte ersetzen soll.

Darüber hinaus müssen mit der psychologischen Waffe die inneren Widersprüche der revolutionären Ideologie aufgezeigt und anderseits die universellen Werte des konterrevolutionären Lagers hervorgehoben werden. Insbesondere die Botschaft der Konterrevolutionäre müsse sich in einem Ideal kristallisieren, welches von der Regierung – ggf. von der Armee selbst – definiert und anschließend von den militärischen Führern mit Unterstützung von ortskundigen Spezialisten an jedes Umfeld angepasst werden muss[224].

Für Souyris habe sich der Einsatz der psychologischen Waffe durch den revolutionären Krieg vollkommen geändert. „Sie ist keine simple Modalität mehr innerhalb eines klassischen Krieges, sondern eine neue Strategie"[225] innerhalb eines totalen Krieges. Um während der prä-insurektionellen Phase des revolutionären Krieges den Einsatz dieser neuen Waffe durch die Aufständischen mithilfe der *parade* abzuwehren und „die Moral der Bevölkerung und der Armee [zu] bestärken"[226], fordert Souyris – neben Reformen, Notstandsgesetzen und einer Politik der menschlichen Kontaktaufnahme – eine Informations- und eine Bildungsaktion, welche beide nach innen gerichtet sind und laut Souyris zur objektiven Propaganda gehören[227]. In die-

---

[222] Hogard: Guerre Révolutionnaire et Pacification, S. 8.
[223] Hogard: Tactique et stratégie, S. 28.
[224] Hogard: Le soldat, S. 217; Hogard: Guerre Révolutionnaire et Pacification, S.20.
[225] Souyris: L'action psychologique, S. 37.
[226] *Ibid.*
[227] *Ibid*, S. 40.

ser Phase stehe die rechtmäßige Regierung nämlich vor der Herausforderung, „die Masse der Bevölkerung in ihrem Orbit zu halten", ein Problem welches eine „umfassende Aktion auf allen Ebenen – politisch, militärisch, sozial und psychologisch – benötige, welche sich gegen die begünstigenden Faktoren der Rebellion richte, um das Vertrauen der Masse in den Staat aufrechtzuerhalten"[228].

Die Informationsaktion ist der defensive Aspekt der ideologischen Indoktrinierung und soll durch bzw. innerhalb von Massenorganisationen wie Parteien, Gewerkschaften, Vereine und Jugendorganisationen, ebenso wie den großen Verwaltungsorganisationen – Bildungswesen, Armee, Polizei – mitgetragen und verbreitet werden. Die neugewonnenen Kontakte können so frühzeitig vor subversiven Aktivitäten, Infiltrationen sowie revolutionären Zellen warnen und Informationen für eine Polizeiaktion zur Neutralisierung dieser Zellen liefern. Durch die strenge Unterscheidung zwischen Friedens- und Kriegszustand könne sich die Justiz leider nicht effektiv an diesen administrativen Handlungen der Exekutive beteiligen.

Die physische Organisation der Massen in Organisationen ist eine Vorbedingung für ihre „ideologische Indoktrinierung", so Souyris, welcher Lacheroy mit den folgenden Worten zitiert: „in eine gut gehaltene Vase steckt man, was man möchte"[229]. Das offensive Gegenstück der ideologischen Indoktrinierung ist die Bildungsaktion und soll die staatsbürgerliche Gesinnung, insbesondere der jüngeren Staatsbürger, stärken. In dieser Phase der Parade komme es der Regierung zu, die Prinzipien und Themen der Informations- und Bildungsaktion zu definieren.

In der insurektionellen Phase folgt der physischen Organisation der Bevölkerung ebenfalls ihre moralische Mobilisierung bzw. Verteidigung, welche bereits durch die ideologische Indoktrinierung in der prä-insurektionellen Phase vorbereitet wurde. Sie soll auf den gleichen Leitlinien bzw. Idealen aufbauen, welche zuvor bereits von der Regierung definiert wurden und ein Ausdruck „unserer Zivilisation", „unserer philosophischen Konzeption des Menschen" sind[230].

---

[228] Souyris: Les conditions de la parade et de la riposte, S. 100
[229] *Ibid*, S. 101
[230] Souyris: L'action psychologique, S. 41-42.

Diese Botschaften sollen – wie bei Hogard – an das jeweilige Milieu angepasst und durch die Presse, den Rundfunk, audiovisuelle Medien, moderierte Diskussionen, Kinoklubs, und viele mehr verbreitet werden. Gleichzeitig müsse auch ein psychologischer Kampf gegen den Gegner geführt werden, mithilfe einer psychologischen Kriegführung nach kommunistischem Vorbild, welche das Ziel habe, die Moral des Gegners anzugreifen und die Ideologie der Revolutionäre zu entmystifizieren. Der Einsatz der „gewaltsamen Propaganda", also jene, welche sowohl Lügen und Zwänge einsetzt als auch „an die tiefsten Instinkte des Menschen appelliert"[231], lasse sich jedoch nur im Rahmen dieser psychologischen Kriegführung gegen den Feind rechtfertigen. Die psychologische Kriegführung müsse allerdings auch durch administrative Reformen unterstützt werden, um den Verleumdungen der Revolutionäre kontra zu bieten. Die Reformen hätte zum Ziel, eine neue Gesellschaft durch „den zunehmend offeneren Zugang zum öffentlichen Dienst für Franzosen nordafrikanischen Ursprungs, die progressive und konstante Transformation der Lebensbedingungen, die Entstehung von zahlreichen Arbeitsplätzen, neuer Schulen, neuer Krankenstationen, die Emanzipation der Frauen" entstehen zu lassen. Das Ziel sei – und hier zitiert Souyris Ximenes – „die Erarbeitung einer zufriedenstellenden Lebenswelt"[232].

Notwendige Anpassungen

Für die Umsetzung der oben dargestellten konterrevolutionären Maßnahmen fordern die drei Hauptfiguren der Doktrin des revolutionären Krieges Anpassungen und Innovationen und nehmen dabei Forderungen auf, welche bereits während des Indochinakrieges von zahlreichen Militärs formuliert wurden.

So wiederholte auch Lacheroy seine Forderungen von Bien Hoa und warb weiter für eine Billigung weitreichenderer Prärogativen für das Militär. Der Befriedungseinsatz konterrevolutionärer Kräfte erfordere laut Lacheroy die Einhaltung von drei Prinzipien:

---

[231] Souyris: L'action psychologique, S. 40
[232] André Souyris: Réalité et aspect de la guerre psychologique, in: RMI (Februar 1959), S. 13.

die Vormachtstellung der territorialen Hierarchie vor der operationellen, die Schaffung kleiner Einheiten sowie den richtigen Einsatz der Soldaten.

Das erste Prinzip soll sicherstellen, dass Entscheidungen nach einer Art Subsidiaritätsprinzip so weit wie möglich von den untersten Ebenen getroffen und durchgesetzt werden. „Der Meister des revolutionären Krieges ist derjenige, dem man ein Gebiet gegeben hat und welcher, innerhalb dieses Gebiets alles als seine Sache betrachtet. Er befasst sich mit allem da drin und wenn er Verstärkung braucht, schickt man ihm ein Bataillon, zwei Bataillone, drei Bataillone, einen Artillerieverband, zwei Artillerieverbände, die Luftwaffe,... Aber es ist er und er allein, der sein Gebiet befehligt und für alles verantwortlich ist"[233].

Das zweite von Lacheroy formulierte Prinzip betrifft die Truppengrößen. In dieser Art des Krieges sei eine Truppe umso besser, desto kleiner sie ist. Lacheroy wünscht sich kleine Gruppen von Männern, kleine Elitetruppen, die bis zu fünf Tagen hinter den feindlichen Linien überleben, marschieren, kämpfen können. „Das Beste vom Besten ist natürlich der einzelne Mann, [...] denn der Einzelne tötet und hat nichts zu befürchtet: er wird nie erwischt". Lacheroy fordert deshalb, die militärische Ausbildung nach diesem Ideal auszurichten.

Letztlich müssen hierfür die Soldaten auch rechtzeitig ausgewählt und eingeteilt werden. „Wir sind der Gewohnheit verfallen, die Leute nach dem Material auszuwählen. Der Intelligenteste kümmert sich um das Radar, der Dümmste [wird] Luftakrobat [Fallschirmjäger]. Sollen unsere Ingenieure doch Radare bauen, die auch von Dummköpfen benutzt werden können! Der Intelligenteste soll Luftakrobat werden in diesem revolutionären Krieg"[234].

Hogard geht in seinen Forderung sogar noch weiter, wenn er auf eine grundlegende Transformation der politisch-militärischen bzw. zivil-militärischen Beziehungen drängt. Insbesondere die Dichotomie der Kriegführung zwischen politischen und militärischen Befehlshabern müsse überwunden werden. Es müsse deshalb eine

---

[233] Lacheroy: Guerre révolutionnaire et arme psychologique, S.198.
[234] *Ibid*, S.198-199.

einheitliche administrativ-militärische Hierarchie geben, in welcher eine „solide militärische Ausbildung an alle hochrangigen Funktionäre und administrative Kenntnisse an zahlreiche Offiziere [gegeben werde]"[235]. Diese Anpassung ist einerseits als Reaktion auf die integrierten zivil-militärischen Strukturen und die politisch-militärische Kriegführung des revolutionären Gegners zu verstehen, andererseits gründet sie auf das Misstrauen der Militärs ihren Landsleuten und den politischen Entscheidungsträgern gegenüber. „[Die französische Armee] bezweifelt, dass der Nation und ihren Politikern [der Umfang und die Schwere der Gefahr] bewusst ist"; entsprechend könne der „Soldat heute nicht mehr […] jedwede politische Erwägung außer Acht lassen"[236], so Hogard. In einem revolutionären Krieg müsse auch der Soldat ein Partisan bzw. ein Partheygänger werden – im politischen wie auch im militärischen Sinn des Wortes. Hogard fordert nicht weniger als ein neues System der nationalen Verteidigung, in welchem die Regierung ständig außerordentliche Machtbefugnisse genießt, die politischen und militärischen Machtstrukturen integriert werden und die Gesetzgebung eine „Modernisierung" erfährt.

Auch innerhalb der militärischen Strukturen wünscht sich Hogard Veränderungen. Um zum Wohle der Befriedung ein wahrhaftiges Eintauchen in das menschliche Umfeld zu ermöglichen, müssen die Befehlshaber stabil und territorial organisiert sein, weitreichende Initiativen ergreifen können und von Spezialisten des Landes beraten werden. Die militärischen Aktivitäten sollen im Sinne des Subsidiaritätsprinzips dezentral organisiert werden: „Auf jeder Ebene der Hierarchie muss es einen verantwortlichen Chef geben, und nur einen einzigen"[237], so Hogard.

Eine ähnliche Forderung nach einer Integration ziviler und militärischer Befehlshaber erhebt auch Souyris. Für ihn muss das neu zu bildende Verteidigungssystem, das „Hauptmittel der Gegenmaßnahmen", in eine zentrale und eine regionale politisch-militärische Führung in Form eines politisch-militärischen Generalstabs aufgeteilt werden, bei gleichzeitiger Dezentralisierung der zivi-

---

[235] Hogard: L'armée française, S. 82.
[236] *Ibid*, S. 78.
[237] Hogard: Le soldat, S. 224.

len und militärischen Befugnisse bis hinunter zur untersten Befehlskette. Konkret sollen drei Sorten von Einheiten den konterrevolutionären Kampf führen: in die Breite des Gebietes aufgestellte statische Einheiten; mobile Einheiten, welche innerhalb eines abgesteckten Gebiets rasch eingreifen können; und geheim operierende Einheiten, „mit der Aufgabe, Hinweise über die gegnerische Infrastruktur zu suchen und auszuwerten"[238]. Darüber hinaus forderte Souyris die Schaffung spezialisierter Einheiten in der Verwaltung, der Polizei, den Gesundheitsdiensten, bei der psychologischen Mobilisierung, um Einwohner in territoriale Organisationen zusammenzuschließen, welche sich selber verteidigen können und um Verdächtige zu identifizieren und zu eliminieren[239]. „Die Widerspenstigen und notorischen Rebellen werden [anschließend] interniert, nicht etwa in einem Gefängnis, sondern in ein Entdoktrinierungslager"[240], um sie zu Anhängern des neuen Systems zu machen.

Schließlich möchte Souyris noch die apolitische Haltung der Armee beenden und fordert von den Soldaten, aktive Kämpfer zu werden, welche zu ihren Missionen stehen, denn „der Erfolg der *Pacification* in Algerien [...] hängt von der persönlichen Einstellung eines jeden Soldaten ab"[241]. Diese Umerziehung müsse bereits frühzeitig beginnen, vornehmlich bei den jungen Rekruten welche ihren Militärdienst absolvieren. Das Militär müsse sie prägen und ihnen jene staatsbürgerliche und moralische Bildung geben, welche von der Schule und von den wirtschaftlichen und sozialen Veränderungen erschütterten und durch arbeitstätige Frauen zerrissenen Familien nicht mehr vermittelt werde[242].

2.4. Zusammenfassung

Die französische Doktrin entstand maßgeblich unter dem Eindruck des endenden Indochinakrieges und des beginnenden Algerienkrie-

---

[238] Souyris: Les conditions de la parade, S. 105.
[239] *Ibid*, S. 108-109.
[240] *Ibid*, S. 109.
[241] Souyris: L'action psychologique, S. 40.
[242] *Ibid*, S. 38.

ges, beanspruchte dabei jedoch Allgemeingültigkeit[243]. Sie war in eine Weltanschauung eingebettet, welche die freie, westliche, zivilisierte Welt in einem Dritten Weltkrieg gegen den expansionistischen internationalen Kommunismus sah, welcher die Weltherrschaft anstrebe. Diese Weltherrschaft solle insbesondere durch die Verwicklung westlicher Staaten in Kriege erreicht werden, welche sie von ihren Kolonien abschneide und aus denen sie militärisch, politisch und wirtschaftlich geschwächt hervorgehen würden. Um hierbei unterhalb einer offenen, direkten Konfrontation zu bleiben, würden die Kommunisten asymmetrisch-subversiv über Stellvertreterkriege vorgehen – Kriege, welche der DGR zufolge immer einem gleichen Muster folgen würden. Laut dem entwickelten Idealtypus des kommunistischen Aufstands werde der Sturz einer bestehenden Regierung durch terroristische Angriffe und Guerillatätigkeiten vorbereitet, bevor zu einem konventionellen Gegenschlag ausgeholt werde. Die Aufständischen würden sich hierbei durch physische und psychologische Maßnahmen auf die Bevölkerung stützen, welche in diesem Krieg für sie zur wichtigsten Ressource, zum Legitimitätsfaktor und zum Unterschlupf werde.

Die Autoren der Doktrin des revolutionären Krieges entwickelten anhand dieses Idealtypus' konterrevolutionäre Maßnahmen, welche ebenfalls darauf ausgerichtet waren, die Bevölkerung physisch und psychologisch zu kontrollieren bzw. zu erobern. Die Eroberung bzw. Kontrolle der Bevölkerung sollte dazu dienen, dem Gegner seine Ressourcen zu entziehen, die eigenen zu stärken und nachrichtendienstliche Informationen zu gewinnen. Der Doktrin zufolge könne ein solcher Krieg allein durch Verhandlungen oder politische Reformen nicht beendet werden, auch wenn politische Maßnahmen ihre Daseinsberechtigung hätte. Sie müssten jedoch in eine „totale" und synchronisierte Strategie eingebettet werden, wel-

---

[243] So kam die Doktrin auch während des Unabhängigkeitskampfes Kameruns zum Einsatz:
Vgl. Thomas Deltombe, Manuel Domergue & Jacob Tatsitsa, Kamerun! Une guerre cachée aux origines de la Francafrique. 1948-1971, Paris 2011; bzw. Thomas Deltombe [et al.]: La guerre colonial du Camerun a bien eu lieu, in: Le Monde (04.10.2011), URL: http://www.lemonde.fr/idees/article/2011/10/04/la-guerre-coloniale-du-cameroun-a-bien-eu-lieu_1581974_3232.html (Stand: 01.04.2015).

che politische, aber auch militärische, soziale, wirtschaftliche, nachrichtendienstliche und psychologische Maßnahmen beinhalte.

Die Doktrin ist logisch und detailliert aufgebaut, doch sind besonders die Diskrepanz zwischen dem Idealtypus des revolutionären Krieges und die konterrevolutionären Maßnahmen auffällig. Um es mit Peter Paret zu sagen: „das Abbild im [konterrevolutionären] Spiegel ist scharf, wobei die abgebildete [revolutionäre] Sache selbst unscharf bleibt"[244]. Während also die konterevolutionären Maßnahmen sehr durchdacht und bis ins Detail ausgefeilt wurden, blieben die Modelle zum kommunistisch-revolutionären Aufstand bestenfalls unpräzise und vage.

Insbesondere die Rolle der Bevölkerung wurde leichtfertig behandelt und erfuhr nicht den zentralen Platz in der Doktrin, welchen sie aufgrund ihrer zentralen Rolle als Gravitationszentrum des Krieges verdient hätte. Sie wurde als eine amorphe, eigenschaftslose, aber prinzipiell nicht-revolutionäre Masse verstanden, welche mit der richtigen Dosis Propaganda und den richtigen Kontrollmechanismen in die eine oder andere Richtung gepolt bzw. pervertiert werden könne.

Entsprechend wurde der Beginn eines Aufstands stets als plötzliches Ereignis dargestellt, welches mit der Bevölkerung und den Missständen innerhalb einer Gesellschaft in keinem unmittelbaren Zusammenhang stünde. Die Aufständischen können dieser Logik zufolge auch deshalb von der Bevölkerung getrennt bzw. isoliert werden, weil sie ihr exogen, also kein Teil von ihr seien. Entsprechend beschrieb Lacheroy den Beginn eines Aufstands: „In der ersten Phase gibt es nichts: es fängt wie bei der Genesis an'"[245].

Eine solche Sichtweise, welche einen Aufstand ausschließlich als einen kleinen Krieg innerhalb eines großen versteht, delegitimiert von vornherein jegliche, vielleicht sogar nachvollziehbare Auflehnung der Bevölkerung gegen ihre Regierung – bspw. aufgrund wirtschaftlicher, sozialer oder politischer Missstände – und schränkt somit auch die Reaktionsmöglichkeiten der konterrevolutionären Seite ein. Eine solche Sichtweise prägte jedoch einen Großteil der

---

[244] Paret, French revolutionary Warfare, S. 20.
[245] Lacheroy: Guerre révolutionnaire et arme psychologique, S. 190.

französischen militärischen wie politischen Entscheidungsträger – mit desaströsen Folgen, wie es das nächste Kapitel zum Algerienkrieg verdeutlicht.

3. Der Algerienkrieg

Dieses Kapitel handelt von der Anwendung der Doktrin des revolutionären Krieges durch die französischen Streitkräfte während des Algerienkrieges (1954-1962). Das Kapitel soll aufzeigen, dass die Doktrin einen maßgeblichen Einfluss auf den Verlauf des Krieges und auf die von der französischen Armee praktiziert Kriegführung hatte. Die Umsetzung der Doktrin hat maßgeblich dazu beigetragen, dass der Algerienkrieg paradoxerweise für „viele im französischen Militär als eine brillante operationelle und taktische Erfolgsgeschichte [gilt] – und als eine große strategische und politische Niederlage"[246]. Geleitet von der Doktrin gelang es der französischen Armee nämlich, die Bevölkerung und somit das Gravitationszentrum des Krieges zu kontrollieren und teilweise zu mobilisieren. Dies gelang ihr hauptsächlich durch den Aufbau von Institutionen im politisch-soziologischen Sinne – also von zweckgerichteten Einrichtungen (SAS, Umsiedlungslagern) und sozialen Verhaltensweisen (Folter, Selbstverteidigungsmilizen) zur Informationsgewinnung und Bevölkerungskontrolle bzw. Bevölkerungsunterdrückung – gedoppelt von Maßnahmen zur psychologischen Mobilisierung der Bevölkerung.

Diese zweckgebundenen Einrichtungen und Verhaltensweisen entstanden jedoch nicht erst unter dem Eindruck der Anschläge vom 1. November 1954, sondern waren bereits zuvor tief in die Strukturen der algerischen Kolonialgesellschaft verankert. Sie hatten das Ziel, die Unterdrückung der einheimischen Bevölkerung zu institutionalisieren und zu verstetigen. Wer den algerischen Aufstand somit erst mit den Anschlägen der damals noch unbekannten *Front de Libération Nationale* (FLN) am 1. November 1954 im Aurès-Gebirge und in der Kabylei beginnen lässt, verkennt also die Tatsache, dass die französische Herrschaft über dieses nordafrikanische Land weder überall noch zu jeder Zeit durchgesetzt wurde. Die Beziehung des französischen Staates zu seinen algerischen Subjekten war eher eine Macht- denn eine Herrschaftsbeziehung im We-

---

[246] Philippe Francois: Waging Counterinsurgency in Algeria, in: Military Review Nr. 5 (Sept.-Okt. 2008), S. 56.

ber'schen Sinne. Missstände, Ungerechtigkeiten, unklare Rechtsverhältnisse, tägliche Diskriminierungen, latenter bis offener Rassismus sowie das Gefühl der Unterdrückung bei der algerischen Bevölkerung führten zu immer wiederkehrenden Aufständen in der nordafrikanischen Kolonie, und dies seit Beginn der Kolonisierung 1830. Trotz der erfolgreichen Bekämpfung des organisierten Aufstands des Berberführers Abd el-Kader durch General Thomas Robert Bugeaud im Jahre 1847, blieb Frankreich bis zur Unabhängigkeit Algeriens ein Fremdkörper und Besatzer in Nordafrika, gegen den sich die Algerier regelmäßig auflehnten. Die Liste der Aufstände ist entsprechend lang: „1853 in der Kabylei, 1857 in der Großen Kabylei, 1864 im Süden von Oran, 1871 in der Region um Constantine, Oran und in der Kabylei, 1873 in Sétif und in Batna, 1876 [in] El Amri, 1879 im Aurès-Massiv, 1881 im Süden von Oran, 1901 in der Region von Miliana, 1902 in der Umgebung von Blida, 1916 im Aurès-Massiv, 1917 in der Region von Constantine, 1941 [meuterte das] Marschregiment der Levante-Armee, 1945 [Aufstand] [...] im Raum Sétif"[247].

Als 1954 schließlich die FLN weite Teile Algeriens zu Allerheiligen in blutrot tränkte, wurde zunächst versucht, den schwellenden Aufstand in alter kolonialer Manier niederzuschlagen. Spätestens mit Beginn der Schlacht um Algier 1957 begann schließlich, in Anbetracht ausgebliebener militärischer Erfolge, die Vorherrschaft der *École française* um Lacheroy und ihrer Doktrin des revolutionären Krieges. Der Krieg wurde nun zum „Wettlauf gegen die FLN zur Bevölkerungskontrolle"[248], mittels physischer wie auch psychologischer Maßnahmen. Mit Unterstützung des Gesetzgebers begannen auch die Aufhebung der Gewaltenteilung und die Neudefinierung der zivil-militärischen Beziehungen. Das Militär entwickelte sich mit Verlauf des Krieges immer stärker zu einem Staat im Staate, welcher den Primat der Politik zu einem Primat des Militärs umwandelte und die Aufgaben der Streitkräfte im revolutionären Krieg extensiv in-

---

[247] Jacques Floch: Von Algerien nach Algerien, in: Christiane Kohser-Spohn, Frank Renken (Hrsg.), Trauma Algerienkrieg. Zur Geschichte und Aufarbeitung eines tabuisierten Konflikts, Frankfurt am Main 2005, S. 57.
[248] Sylvie Thénault, Histoire de la guerre d'indépendance algérienne, Paris 2012, S. 105.

terpretierte. Paradoxerweise war es die Machtergreifung des Militärs in Form von General de Gaulle, welche zur Wiederherstellung der Vorherrschaft der Politik führte und das Ende der Doktrin des revolutionären Krieges einläutete – zumindest in Frankreich.

3.1. Vorgeschichte

Die Barbareskenfrage

Bis 1830 war das Mittelmeer das, was für viele Seefahrer heute die somalische Küste oder die Straße von Malakka ist: ein Piratennest. Anfang des 16. Jahrhunderts beendeten zwei osmanischen Korsarenbrüder namens Khayr ad-Din und Baba Arudsch – auf Grund ihrer roten Bärte in Europa auch Barbarossa genannt – die Vorherrschaft Spaniens über das westliche Mittelmeer mit der Eroberung der Hafenstadt Algier und verwandelten das Meer für die nächsten drei Jahrhunderte zu einem Hort der Überfälle, Kaperei und Versklavung. Die Korsaren blieben – trotz mehrerer militärischer europäischer Strafaktionen – ein ständiger politischer Faktor, welche ihre Präsenz in den europäischen Gewässern durch die Vertreibung des Johanniterordens von Malta und der Stephansritter aus der Toskana durch Napoleon I. während der französischen Revolutionskriege noch einmal ausbauen konnten[249].

„Das Fortbestehen des Korsarenunwesens wurde als Demütigung der Europäer empfunden"[250] und wurde, nachdem sie 1814 sogar auf dem Wiener Kongress zur Sprache kam, 1830 schließlich durch eine Eroberung der Hafenstaat Algier durch französische Truppen gelöst. Der Affront des französischen Konsuls Pierre Deval durch den Dey von Algier bot dem französische König Charles X eine willkommene Gelegenheit, von inneren Spannungen durch die Ernennung seines Außenministers Polignac abzulenken. Nach einer dreijährigen Seeblockade der Küstenregion vor Algier wurde schließlich die Eroberung der Stadt befohlen. „75 Kriegs- und 400

---

[249] Vgl. Salvatore Bono, Piraten und Korsaren im Mittelmeer. Seekrieg, Handel und Sklaverei vom 16. bis 19. Jahrhundert, Stuttgart 2009, S. 31-65.
[250] *Ibid*, S. 61.

Transportschiffe mit einem Landungsheer von 37.000 Mann [gingen am] 25. Mai 1830 unter Segel. [...] Am 14. Juni 1830 begann die Landung der Franzosen in der Bai von Sidi Ferrusch ohne Hindernis. [...] Am 4. Juli wurde das Geschützfeuer von der Land- und Seeseite zugleich eröffnet, worauf der Dei [am] 5. Juli kapitulierte, unter der Bedingung freien Abzugs für sich und seine Familie"[251].

Die militärische Eroberung Nordafrikas

In ganz Europa wurde die Eroberung der Küstenstadt frenetisch bejubelt, nicht nur von Politikern und Kaufleuten, sondern auch von Intellektuellen wie Karl Marx und Friedrich Engels[252]. Die Eroberung wurde als ein Fortschritt auf dem Weg zur Zivilisation verstanden, doch bereitete sie den Nachfolgeregierung nach der Abdankung *Charles X* einiges Kopfzerbrechen. Denn so einfach die Eroberung der Küstenstadt auch war, so schwierig gestaltete sich die Nachkriegszeit, für die man zunächst weder Konzept noch Vision hatte.

Vier Jahre lang verweilten die eroberten Gebiete im administrativen Limbus unter der Aufsicht wechselnder militärischer Kommandeure. Erst mit der Ordonnanz vom 22. Juli 1834 verwandelte Frankreich die einstigen osmanischen Gebiete in französisches Hoheitsgebiet und gab ihnen den Namen „französische Besitzungen im Norden von Afrika". Die Ordonnanz macht aus der einstigen Eroberung eine Militärkolonie welche von einem *Gouverneur Général* – eine Art Prokonsul – verwaltet und formal vom Kriegsministerium unter Umgehung der Legislative per Ordonnanz regiert wurde[253].

Doch der Generalgouverneur blieb zunächst ein König ohne klar definiertes Königreich, mit widerspenstigen Untertanen, die sich

---

[251] Autorenkollektiv: Brockhaus' Konversations-Lexikon, Leipzig Berlin Wien 1894, S. 394.
[252] Vgl. Olivier Le Cour Grandmaison, Coloniser. Exterminer. Sur la guerre et l'État colonial, Paris 2005, S. 40-52.
[253] Royaume de France: N° 5450. Ordonnance du Roi relative au commandement et à la haute administration des Possessions françaises dans le nord de l'Afrique (22. Juli 1834), in: Royaume de France (Hrsg.), Bulletin des Lois du Royaume de France, IXè série, IIè Partie, Ire Section, Tome Huitième, N° 280 à 311, Paris 1834, S. 121-122.

unter der Führung Abd el-Kaders – Emir des Beduinenstamms Hashem Garabo und Nachkomme des Propheten Mohammed – immer wieder gegen ihn und die französische Herrschaft auflehnten. Eine erste vertragliche Festlegung des französischen Einflussgebietes mit dem Vertrag an der Tafna vom 30. Mai 1837[254] scheiterte durch die Wiederaufnahme der Kampfhandlungen Abd el-Kaders und beendete das Projekt einer eingeschränkten Kolonisierung. Die Regierung Adolphe Thiers' entschloss sich schließlich für eine progressive Expansion der französischen Herrschaft, von der Küste ausgehend bis ins Innere des Landes, und wählte für diese Aufgabe General Thomas Robert Bugeaud aus, welcher unter General Louis Gabriel Suchet an der Niederschlagung der spanischen Guerilla beteiligt war und zuvor den Vertrag an der Tafna mit Abd el-Kader ausgehandelt hatte.

Bugeauds militärisches Kolonisierungsprojekt sah die Errichtung einer Siedlungskolonie durch Kriegsveteranen vor, sogenannte *soldats-laboureurs*, welche weit außerhalb der Bevölkerungszentren anzusiedeln wären, um die Grenzen der eroberten Gebiete – nach römischem Vorbild – mit Schwert und Pflug (*ense et aratro*) zu sichern[255]. Eine Vorbedingung der Kolonisierung war seiner Meinung nach eine stabile Sicherheitslage. „Keine Kolonisierung ohne Anbau, kein Anbau ohne Sicherheit"[256], so Bugeaud, welcher am 22. Februar 1841 Algier erreichte und dort das Kommando über 100.000 Soldaten übernahm.

Um Abd el-Kader vernichtend zu schlagen und die Befriedung Algeriens[257] zu erreichen, revolutionierte Bugeaud die Krieg-

---

[254] Die abgedruckte Version des Vertrags an der Tafna findet sich unter:
Anonym, Paris. 18 juillet, in: La Presse N°19 (19.07.1837), URL:
http://gallica.bnf.fr/ark:/12148/bpt6k4270922.image (Stand: 01.04.2015).
[255] Vgl. Thomas Bugeaud, De l'établissement de légions de colons militaires dans les possessions françaises du nord de l'Afrique, suivi d'un projet d'ordonnance adressé au gouvernement et aux chambres, Paris 1838.
[256] Zitiert nach: Marc Ferro: La conquête de l'Algérie, in: Marc Ferro (Hrsg.), Le livre noir du colonialisme. XVIe-XXIe siècle: de l'extermination à la repentance, Paris 2003, S. 659.
[257] Mit einer königlichen Ordonnanz von 1838 bekommen die französischen Besitzungen zwar ihren Namen „Algerien", doch erst mit dem Erlass vom 4. März 1848 wird Algerien auch Teil des französischen Territoriums. Der Erlass vom 9.

führung der Franzosen in Nordafrika, indem er seine Truppen der asymmetrischen Kriegführung seines Gegners anpasste. Er wandelte seine Truppen in kleine, leicht bewaffnete und mobile Expeditionskorps um, sogenannte *colonnes mobiles*, welche Abd el-Kader in ständiger Alarmbereitschaft hielt. Bugeaud veränderte auch die Kriegführung der Franzosen und übernahm von den Beduinen die Razzia – eine militärische Operation, in welcher insbesondere nichtmilitärische Objekte zu legitimen militärischen Zielen werden. „In dem Wissen, dass er den Gegner nie in einer offenen Feldschlacht begegnen werde – und als Konsequenz des falschen Nomadismus der Stämme, welche in Wirklichkeit auf einem Gebiet ohne Stadt [verharrten] – [verstand] Bugeaud, dass er [Abd el-Kader] nur in seinen landwirtschaftlichen Interessen erreichen [konnte]"[258]. Doch die Razzia richtete sich auch gegen jene Bevölkerungsteile, welche Abd el-Kaders Truppen unterstützen. Eine solche Kriegführung, welche sich nicht allein gegen die Kämpfer, sondern auch auf – beziehungsweise im Falle Bugeauds gegen – die Bevölkerung ausrichtet, erschien sogar Alexis de Tocqueville notwendig, schließlich stehe Frankreich „nicht eine wirkliche Armee [gegenüber], aber die Bevölkerung selbst"[259]. In einer Razzia wird „das Gebiet durchforste[t], die bewaffneten Männer [getötet], sich der Frauen, der Kinder, des Viehs und der Güter bemächtig[t]. Alles, was mangels ausreichender Mittel nicht mitgenommen werden kann, muss zerstört oder verbrannt werden"[260]. So verwüsteten Razzien ganze Landstriche und

---

Dezember wandelt die Provinzen Algier, Constantine und Oran schließlich in Departements um.
Siehe: Royaume de France: N° 7654, Ordonnance du Roi sur l'Administration civile de l'Algérie (31. Oktober 1838), in: Royaume de France (Hrsg.), Bulletin des Lois du Royaume de France, IXè série, Deuxième Semestre de 1838. Tome Dix-Septième, Paris 1839, S. 553, URL:
http://books.google.de/books?id=ba4sAAAAYAAJ (Stand: 01.04.2015).
[258] Jean-Pierre Bois, Bugeaud, Paris 1997, S. 379.
[259] Alexis de Tocqueville, Premier rapport sur l'Algérie. Extraits du premier rapport des travaux parlementaires de Tocqueville sur l'Algérie en 1847, S. 10, URL: http://classiques.uqac.ca/classiques/De_tocqueville_alexis/de_la_colonie_algerie/rapport_sur_algerie/rapport_sur_algerie.pdf (Stand: 01.04.2015).
[260] Grandmaison, Coloniser, Exterminer, S. 146.

beraubten die Bevölkerung ihrer Lebensgrundlagen, welche zu den Hauptleidtragenden der militärischen Eroberung wurde.

Die administrative und rechtliche Durchdringung Algeriens

Mit der Gründung der *Bureaux arabes* und der Kapitulation Abd el-Kaders 1847 wurde die Organisation und Administration dieser Kolonie und der arabischen Untertanen schließlich vollends möglich. Als Außenstellen der Zentralregierung hatten die „Arabischen Büros" vornehmlich die Aufgabe, die einheimischen Bevölkerungsteile zu verwalten und richteten sich nicht an die europäischen Einwanderer. Entsprechend äußert sich Bugeaud am 30. März 1847 in einem Brief an den französischen Politiker Pierre Genty de Bussy: „Man glaubt generell, dass die Verwaltung der 90.000 Europäer aller Nationen die Hauptsache sei. Ich platziere in erster Linie unsere Herrschaft über die Araber, ohne welche es weder Sicherheit für die europäische Bevölkerung, noch Fortschritte bei der Kolonisierung gibt; in zweiter Linie, und aus den gleichen Gründen, die Regierung und Verwaltung der Araber; in dritter Linie die Kolonisierung und die Verwaltung der Europäer"[261]. Unter Bugeaud wurde in jeder territorialen Militärdivision (Alger, Oran und Constantine) eine *Direction des Affaires arabes* geschaffen, welche die Aufgabe hatte, die einheimische Bevölkerung in den militärischen Gebieten zu verwalten, in welchen so gut wie keine Europäer lebten. Mittels zunächst 18 dezentralisierter *Bureaux arabes* übten die Direktionen ihre Herrschaft in ihren jeweiligen Territorien aus. Die Büros wurden zu zentralen Informationsgebern, zu administrativen und militärischen Planungseinheiten und übernahmen allgemeine administrative Aufgaben wie Übersetzungstätigkeiten oder die Archivierung von Verwaltungsakten. Das Personal der Büros bestand aus „französischem und einheimischem Personal, Offizieren, Beamten der Gesundheitsbehörden, Dolmetschern, Kadis (Richter und Notare), Khodja (arabische Schriftführer), französische Schriftführer, Chaouch (Ordonnanz und Chef der Kavallerie), Spahis und Mekhaznis (Kavallerie)"[262]. Die

---

[261] Zitiert nach: Bois, Bugeaud, S. 487.
[262] Archives Nationales d'Outre-mer, Bureaux arabes de l'Algérois – Registres (1830/1912). Histoire administrative (19.06.2013), URL:

Büros vereinten auf despotische Art exekutive, legislative und juristische Funktionen, unterstanden dem Militär, und halfen insbesondere der Polizei bei der Durchsetzung der kolonialen Ordnung durch ihr weitreichendes Wissen über das Land, über die Stämme sowie über ihre Sitten und Gebräuche. So wurden sie schließlich zu einem kolonialen Machtinstrument und zu einem zentralen Element der Zivilisierungsmission Frankreichs in Algerien.

„Wenn die Eroberung das Werk der Armee war, so war die Erhaltung und die Festigung der französischen Herrschaft jenes der *bureaux arabes*"[263]. Sie legten die Grundlage für weitere politische, administrative und rechtliche Reformen unter dem selbstproklamierten „Kaiser der Araber" Napoleon III. Das *senatus consultum* – Rechtsakt des Senats, welcher unter dem Zweiten Kaiserreich Gesetzeskraft hatte – vom 22. April 1863 begründete das *Douar* als eigenständige administrative Einheit, welches dem Territorium eines Stammes entsprach und welches somit das Eigentumsrecht der Einheimischen stärkte. Das *senatus consultum* vom 14. Juli 1864 war weitaus bedeutender und definierte in Artikel 1 den Status der muslimischen Einwohner Algeriens wie folgt: „Der muslimische Ureinwohner ist Franzose; dennoch bleibt er weiterhin dem muslimischen Gesetz unterworfen"[264]. Dieser scheinbare Widerspruch, welcher die Algerier zu Staatsangehörigen ohne Staatsbürgerschaft, zu Subjekten des Staates ohne politische und bürgerliche Rechte machte, entstammte den Verpflichtungen, welche Frankreich 1830 in den Kapitulationsurkunden eingegangen war. Damals versicherte man dem Dey Algiers, dass man die Sitten und Bräuche der muslimischen Bevölkerung achten und respektieren werde. Der „Indigene" sollte so den bürgerlichen Gesetzen Frankreich entgehen und konnte so weiterhin „seine Bräuche in der Ehe, im Abstammungs- und Erbrecht [bewahren], [sowie] die Polygamie, die Zwangsehe, die

---

http://anom.archivesnationales.culture.gouv.fr/ark:/61561/wu656f0b (Stand: 01.04.2015).

[263] Georges Yver: Méthodes et institutions de colonisation. Les bureaux arabes, in: Annales. Économies, Sociétés, Civilisations n°4 (1955), S. 569.

[264] Université de Perpignan, Sénatus-consulte sur l'état des personnes et la naturalisation en Algérie (14.07.1865), URL: http://mjp.univ-perp.fr/france/sc1865-0714.htm (Stand: 01.04.2015).

Verstoßung und die ungleiche Verteilung des Erbes zwischen Jungen und Mädchen [praktizieren]"²⁶⁵.

Die Errichung einer kolonialen Zweiklassengesellschaft

Aus dieser einst gewünschten Ungleichheit wurde mit dem *Code de l'indigénat*, welcher die rechtliche Grundlage für die koloniale Zweiklassengesellschaft bildete, schließlich eine erlittene. Die Niederlage im Deutsch-Französischen Krieg von 1870 und die Fortsetzung der Kampfhandlung der neugegründeten Dritten Republik gegen das Deutsche Reich zwangen Paris zu einer massiven Ausdünnung seiner militärischen Präsenz in Algerien. Weniger als 50.000 Soldaten, europäische Milizen miteinbegriffen, blieben der ehemaligen Kolonie noch erhalten, eine Schwäche, welche die Algerier auszunutzen versuchten. Algerischen Hilfstruppen verweigerten nicht nur den Marschbefehl in die Metropole, es kam zudem – zeitgleich zur Pariser Kommune – auch in Algerien zu Aufständen mit tausenden Toten auf europäischer Seite. „Mehr als ein Drittel der algerischen Bevölkerung, von der constantinischen Provinz bis zur Kabylei, [war] an diesem Aufstand beteiligt"²⁶⁶. Paris ließ den Aufstand unter Generalgouverneur und Vize-Admiral Louis Henri de Gueydon brutal niederschlagen. Die Bestrafungsaktion der Armee hatte nicht nur den Tod tausender Algerier zur Folge, sondern auch ihre massenhafte Enteignung. Entschädigungszahlungen in Höhe von mehreren Millionen *francs-or* sowie der Abtritt von zehntausenden Hektar Land wurden gefordert.

Der Aufstand von 1871 hinterließ tiefe Spuren auf beiden Seiten und trieb einen Keil des Misstrauens, des Hasses und des Wunsches nach Vergeltung zwischen die europäischen Siedler und die Algerier. Es begann eine Ära der triumphalen Kolonisierung, in welcher die Europäer – getrieben von ihrem Wunsch nach absoluter Sicherheit – zu wahren Herren über Algerien und den Algeriern wurden. „Diese [Sicherheit] muss[te] in ihren Augen durch die kom-

---

[265] Thénault, Histoire de la guerre d'indépendance algérienne, S. 23.
[266] Ferro: La conquête de l'Algérie, S. 663.

plette Beherrschung der einheimischen Bevölkerung geschehen"[267], demographisch wie rechtlich. Während die große Einwanderungswelle aus Elsass und Lothringen nach 1870 die Grundlage für die zahlenmäßige Überlegenheit der Europäer bilden sollte, sollte die rechtliche Überlegenheit durch eine juristische Herabstufung der Algerier gegenüber den Europäern sichergestellt werden. Letztere forderten die Einführung des Militärrechts für die „Eingeborenen", Generalgouverneur Gueydon gar die „Versklavung der indigenen Bevölkerung"[268].

Dieser Rassismus fand schließlich mit dem *Code de l'indigénat* und dem *Code forestier* seine rechtliche Vollendung, eine Sammlung von Gesetzestexten, welche den Algeriern wenige Rechte, dafür aber umso mehr Pflichten auferlegte. Er entstand mit dem Dekret vom 29. Juli 1874, wurde per Gesetz 1881 festgesetzt und erfuhr in den Jahren 1888, 1890, 1904 und 1914 zahlreiche Veränderungen. Die zivilen Beamten, die keineswegs weniger willkürlich als die Militärs agierten, konnten unter Berufung auf diesen *Code* Geld- und Gefängnisstrafen für Delikte und Straftaten aussprechen, für die es im französischen Recht damals keine Entsprechung gab[269].

Das Erwachen des algerischen Nationalismus'

Die Spannungen zwischen den europäischen Siedlern und den Algeriern blieben auch in den nächsten Jahrzehnten vorhanden und so kam es immer wieder zu Scharmützeln, Aufruhren und gelegentlichen Morden an Vertretern der Staatsgewalt. Doch die Algerier versuchten auch, sich mit ihrem französischen Schicksal abzufinden und den Weg der Emanzipation über die Assimilierung[270] zu gehen. 1887 wurde sogar der erste „Eingeborene" an der prestigeträchtigen *École Polytechnique* in Paris aufgenommen. Mit Beginn des Ersten

---

[267] Pierre Montagnon, Histoire de l'Algérie. Des origines à nos jours, Paris 2012, S. 198.
[268] Ferro: La conquête de l'Algérie, S. 664.
[269] Vgl. Montagnon, Histoire de l'Algérie, S.198-201.
[270] Zum kolonialen Konzept der Assimilierung siehe: Martin D. Lewis: One Hundred Million Frenchmen. The Assimilation Theory in French Colonial Policy, in: Comparative Studies in Society and History (1962), S. 129-153.

Weltkriegs wurde den kolonisierten Völkern versprochen, dass ihnen in Anerkennung für ihr Engagement und ihre Opfer für Frankreich neue Rechte zuerkannt werden würden. Nicht wenige sahen in der „schwarzen Kraft"[271] eine Möglichkeit, die zahlenmäßige Überlegenheit des Deutschen Reiches und den Bevölkerungsrückgang in der Metropole auszugleichen. Und so ließen von den 120.000 Eingezogenen knapp 20.000 ihr Leben für Frankreich in den europäischen Gräben, 72.000 wurden verwundet, knapp 9.000 blieben verstümmelt und 6.000 vermisst. Die Angst der Behörden, die Algerier würden wie 1870 erneut die Gunst der Stunde nutzen, um sich aufzulehnen, blieb – trotz der Revolten von 1916 und 1917 – im Allgemeinen unbegründet. „In Anerkennung ihres Mutes und Loyalität wurde 1919 ein Gesetz eingeführt, um den [Algeriern] (in bescheidener Anzahl) den Zugang zur französischen Staatsbürgerschaft zu erleichtern"[272]. Doch dieses Gesetz wurde unter dem immensen Druck der Siedler ebenso wenig umgesetzt wie die Reformen von 1936 von Léon Blum und Maurice Violette, welche 20.000 bis 25.000 Algeriern – von 6 Millionen – die Möglichkeit eröffnen sollte, die französische Staatsbürgerschaft anzunehmen.

Doch der Krieg war auch eine Schule der Gleichheit. In den Fabriken und an der Front waren die Lebensbedingungen der Nordafrikaner nicht schlechter als die der Franzosen, im Krieg wurden sie nicht tagtäglich erniedrigt, hier konnten sie sich beweisen und wurden aufgrund ihres Mutes und ihrer Fähigkeiten geschätzt und oftmals sogar ausgezeichnet. Der Rifkrieg (1921-1926) zwischen Marokko und Spanien ließ schließlich einen marokkanischen Nationalismus entstehen, der auch nach Algerien überschwappte und dort zur Entstehung von drei politischen Formationen beitrug: die Vereinigung der algerischen muslimischen Rechtsgelehrten (*Association des oulémas musulmans algériens*, AUMA), des Nordafrikanischen Sterns (*Étoile nord-africaine*, auch ENA) und die Demokratische Union des Algerischen Manifests (*Union Démocratique du Manifeste Algérien*, UDMA).

---

[271] Bspw: Charles Mangin, La Force noire, Paris 1910. Einzusehen unter: http://gallica.bnf.fr/ark:/12148/bpt6k75022x/f4.image.r=tirailleur.langFR (Stand: 01.04.2015).
[272] Horne, A Savage War of Peace, S. 36.

Während die AUMA „mehr als jede andere Formation dazu beitrug, einen religiöses und nationales Bewusstsein unter den Algeriern wiederaufleben zu lassen"[273] war es insbesondere der ENA – zunächst eine Vereinigung algerischer Arbeiter in Frankreich – unter der Führung Messali Hadjs, welcher als erste Partei radikale nationalistische Forderungen aussprach. „Um 1933 sprach Messali bereits von ‚Revolution' und das Programm der *Étoile* forderte ein allgemeines Wahlrecht in Algerien, einen Kampf für die totale Unabhängigkeit' aller drei Maghreb-Staaten und die Enteignung allen Eigentums, welches vom französischen Staat oder den Siedlern erworben wurde"[274]. Als ehemalige Mitglieder der französischen kommunistischen Partei flößten Messali und weitere Kader dem ENA außerdem eine soziale Komponente ein und stärkten somit die proletarische Ausrichtung der Partei. Nach dem Verbot der Partei gründete Messali 1937 die Nachfolgeorganisation Partei des algerischen Volkes (*Parti du peuple algérien* – PPA), welche sich – bis auf ihre rein algerische Ausrichtung – hinsichtlich ihrer internen Organisation, Strukturen und Ziele vom ENA nicht unterschied.

Noch war diese Forderung nicht mehrheitsfähig und noch glaubten viele Algerier, wie Ferhat Abbas, an eine friedliche Koexistenz beider Völker innerhalb der französischen Nation. Abbas und seine 1946 gegründete Partei UDMA vertraten die Ansicht, dass die rückständige algerischen Gesellschaft sich nur als Teil Frankreichs emanzipieren und weiterentwickeln könne, zumal er die Existenz der algerischen Nation verneinte. So schrieb er 1936 in der Wochenzeitung *L'Entente franco-musulmane*: „Wenn ich die algerische Nation entdeckt hätte, so wäre ich Nationalist [...]. [Doch] ich werde nicht für das algerische Vaterland sterben, denn es gibt dieses Vaterland nicht"[275].

So erstaunt es auch nicht, dass sich Abbas und weitere nordafrikanische politische Persönlichkeiten während des Zweiten Weltkriegs für eine Unterstützung Frankreichs und der Alliierten aus-

---

[273] *Ibid*, S. 38.
[274] *Ibid*, S. 39.
[275] Zitiert nach: Hildebert Isnard: Aux origines du nationalisme algérien, in: Annales. Économies, Sociétés, Civilisations (4ème année, n° 4 1949), S. 467.

sprachen, gegen den Willen der Mehrheit der Nordafrikaner. Den Zusammenbruch Frankreichs 1940 verstanden viele Maghrebiner als Strafe Gottes und hofften insgeheim, dass die Achsenmächte um das Deutsche Reich einen Sieg einfahren und die Zeit der Fremdherrschaft ein Ende finden würde. „Doch Allal al-Fassi und der Sultan in Marokko, Ferhat Abbas in Algerien, [sowie] Habib Bourguiba in Tunesien verstanden es, gegen die Stimmung im Volk zu gehen. [...] [Letzterer] kalkuliert[e], dass es die Alliierten [sein würden], die den Krieg gewinnen, dass man ihnen helfen [müsse], die Franzosen miteinbegriffen, denn, anschließend, würden die Vereinigten Staaten die Atlantikcharta durchsetzen, welcher die Dekolonisierung [vorsehe]"[276]. Voller Hoffnung hatte man in Algerien und in den anderen Gebieten unter französischer Herrschaft die vollmundigen Erklärungen der Westmächte wahrgenommen. Verbriefte Artikel 3 der Atlantikcharta nicht das Recht aller Völker, sich jene Regierungsform zu geben, unter der sie zu leben wünschen? Hatte Roosevelt dem Sultan von Marokko bei seinem Besuch 1943 nicht die Befreiung von französischer Oberherrschaft versprochen? Hatte Charles de Gaulle 1944 in Brazzaville, in Fortsetzung seiner Rede vom April 1941 vor der Royal African Society, nicht von einem Fortschritt gesprochen, welcher die Völker von Französisch-Afrika ertüchtigen solle, bis sie in der Lage seien, „bei sich an der Verwaltung ihrer eigenen Angelegenheiten [teilzunehmen]"[277]? Und so engagierten sich erneut über 200.000 „*Indigènes*" aus Marokko, Algerien und Tunesien an der Seite der französischen Armee und der Alliierten, um für die Unabhängigkeit ihrer Länder zu kämpfen.

---

[276] Ferro: La conquête de l'Algérie, S. 672-673.
[277] Charles de Gaulle: Discours de Brazzaville (30. Januar 1944), URL: http://www.charles-de-gaulle.org/pages/l-homme/accueil/discours/pendant-la-guerre-1940-1946/discours-de-brazzaville-30-janvier-1944.php (Stand: 01.04.2015).
Zur Entstehungsgeschichte und zum Inhalt der Konferenz von Brazzaville, siehe: Jean Muracciole: La conférence de 1944 et la décolonisation, in: Espoir n° 152 (sept 2007), S. 11-29

Sétif und das Ende einer politischen Lösung

Doch ihre Opfer blieben erneut ungewürdigt. Als am 8. Mai 1945 die ganze Welt das Ende des Zweiten Weltkriegs feierte, zelebrierten in Sétif Algerier vorschnell die erhoffe Unabhängigkeit. Sie forderten die Freilassung politischer Gefangene, skandierten nationalistische Parolen und schwenkten erstmals die weiß-grüne Fahne Abd el-Kaders. „Wie so oft bei solchen Ereignissen, sind die Berichte unklar, wer genau den ersten Schuss abfeuerte. Laut der investierenden Tubert-Kommission, [...] wurde Kommissar Valère von einem Stein niedergeschlagen, als er versuchte, eine der kränkenden Flaggen zu beschlagnahmen, und musste sich mit seinem Gehstock verteidigen. Einige der Demonstranten eröffneten sogleich das Feuer aus versteckten Waffen. Eine andere Darstellung berichtet dass ein Polizeiinspektor in Zivil aus einem Café kam, von brüllenden Demonstranten umgeben war, seine Nerven verlor und einem jungen Moslem in den Bauch schoss"[278]. Es folgten Tumulte und Ausschreitungen, die fünf Tage anhielten. Marodierende Banden liefen Amok, lehnten sich gegen ihre Lehnsherren auf, töteten und plünderten, entmannten und vergewaltigten. Die Sicherheitskräfte waren schnell überrumpelt und Soldaten kaum präsent in Algerien, befanden sie sich doch noch in Europa bzw. schon auf dem Weg nach Indochina. Über hundert Europäer fielen den Attacken zum Opfer, weitere Hundert wurden verletzt. Es folgte eine beispiellose Vergeltungsaktion der französischen Armee, unterstützt von senegalesischen Einheiten und europäischen Milizen, welcher bis zu 45.000 Algerier zum Opfer fielen[279]. Nach dem Rachefeldzug warnte General Raymond Duval, Divisionskommandeur von Constantine, seine Regierung prophetisch: „Ich habe euch für 10 Jahre den Frieden gegeben. Aber man sollte sich nicht blenden lassen. Alles in Algerien muss sich ändern"[280].

Paris selbst war von der Gewalt und Brutalität der Ereignisse überwältigt und entschloss sich, die institutionelle Reformen, welche

---

[278] Horne, A Savage War of Peace, S. 25.
[279] Vgl. Polk, Aufstand, S. 188.
[280] Zitiert nach: Jean-Pierre Cômes, Algérie. Souvenirs d'ombre et de lumière, Paris 2012, S. 34.

zur Schaffung der IV. Republik und der *Union Française* geführt hatten, nun auch in Algerien fortzusetzen. Mit dem Statut von 1947 wurden die *communes mixtes* und die Militärverwaltung in den Saharagebieten abgeschafft, die Anerkennung der arabischen Sprache als gleichwertige offizielle Sprache neben dem Französischen anerkannt, die Trennung von Staat und Kirche ebenso wie das Wahlrecht für muslimische Frauen durchgesetzt sowie die Entstehung einer algerischen Versammlung entschieden, welche das Regieren durch Dekrete beenden sollte.

Bereits ein Jahr später wurden Wahlen zu dieser neuen Versammlung festgesetzt, mit einem Wahlverfahren, welches den Franzosen trotz ihrer Unterzahl ebenso viel Stimmrecht einräumte wie den Algeriern. Eine Million Franzosen Algeriens durften ebenso viele Abgeordnete – nämlich 60 – in die Algerische Versammlung schicken wie 8 Millionen Algerier. Doch auch an dieses „großzügige" Zugeständnis an die algerische Bevölkerung hielt sich die Französische Republik unter dem Druck der Siedler nicht. So wurden bereits vor den Wahlen 38 der 60 Kandidaten der nationalistischen Partei MTLD festgenommen, unter anderen weil sie die Unabhängigkeit Algeriens erwähnten, ein Straftatbestand, welcher besonders am Vorabend der Wahlen vom sozialistischen Generalgouverneur Raymond Naegelen scharf verfolgt wurde. In den ländlichen Gebieten wurden Einwohner von den Behörden eingesammelt und ins Wahllokal gebracht, wo man ihnen die „richtigen" Stimmzettel in die Hand drückte, bevor man sie in die Wahlkabine entließ. Doch damit nicht genug: „Die Wahl wurde so offen gefälscht, dass sie zur Entstehung der Redensart ‚algerische Wahl' führte. [...] Vertikal eingeführt rutschten die Stimmzettel in eine seitlich angebrachte Falltür; aber, einmal hochgehoben, entdeckte man die Stimmzettel horizontal gestapelt mit den Namen jener Kandidaten, die von der Administration ausgewählt wurden. [...] [Außerdem] besetzen Soldaten das Wahllokal um die Wahl des *Bachagha* Brahimi Lakadar sicherzustellen und schossen anschließend auf die Protestierenden. Letztlich ermöglicht der Schwindel die Eliminierung der meisten Kandidaten des UDMA (Ferhat Abbas), der MTLD oder der Kommunisten"[281].

Sétif und die gefälschten Wahlen von 1948 waren endgültige Wendepunkte, die eine Abkehr der Verfolgung politischer Ziele durch friedliche Mittel zur Folge hatte. Immer größer und stärker wurde das Lager jener, die eine komplette Abspaltung Algeriens von Frankreich forderten, mit welchen Mitteln auch immer. Und so hielten sich auch ehemaligen Mitglieder der 1939 verbotenen Partei PPA den Weg eines bewaffneten Widerstands offen und gründeten nur wenige Monate nach dem Massaker von Sétif nicht nur die nationalistische Partei MTLD, sondern auch eine bewaffnete, geheime Organisation namens *Organisation spéciale* (OS), welche einen allgemeinen Aufstand vorbereiten und durchführen sollte. Nach ihrer Aufdeckung und Zerschlagung 1950 ging aus der OS schließlich jener *Front de Libération Nationale* hervor, welche den Algerienkrieg mit ihren Bombenattentaten vom 1. November 1954 ausbrechen ließ. Bis auf Krim Belkassem waren alle neun historischen Chefs der FLN – Ahmed Ben Bella, Ali Mahsas, Mostefa Ben Boulaid, Omar Ouamrane, Lakhdar Ben Tobbal, Mohamed Boudiaf, Mohamed Khider, Hocine Ait Ahmed – ehemalige Mitglieder der OS. Sie gehörten einer gleichen Generation an, „geprägt von militärischen Ereignissen und politischer Instabilität, von der Landung der Alliierten, der Stationierung amerikanischer Truppen und dem Auf und Ab der französischen Souveränität"[282]. Als Soldaten gewannen Sie an der Seite der Alliierten militärische Erfahrungen im Zweiten Weltkrieg und kamen so auch mit der französischen Widerstandsbewegung in Berührung. Dies galt insbesondere für Ahmed Ben Bella, welcher am Italienfeldzug, an der Befreiung Frankreichs sowie an der Eroberung Deutschlands an der Seite General de Lattres beteiligt war. Nach nunmehr über hundert Jahren Fremdherrschaft, nach dem Massaker von Sétif und den endlosen ungehaltenen politischen Versprechungen war für die Gründer der FLN die Notwendigkeit eines geplanten bewaffneten Widerstands unumgänglich. Sie verabscheuten die Poli-

---

[281] Marc Ferro: En Algérie. Du colonialisme à la veille de l'insurrection, in: Marc Ferro (Hrsg.), Le livre noir du colonialisme. XVIe-XXIe siècle: de l'extermination à la repentance, Paris 2003, S. 678.
[282] Thénault, Histoire de la guerre d'indépendance algérienne, S. 52.

tik und wollten nun allein mit militärischen Mittel jenes Ziel erreichen, welches man mit Stimmzetteln nicht hatte umsetzen können: die Unabhängigkeit Algeriens.

3.2. Der Algerienkrieg von 1954 bis 1955

In der Nacht zum 1. November 1954 explodierten die ersten Bomben an dreißig verschiedenen Orten, hauptsächlich in und um Constantine und im Aurès-Gebirge. Mit einem Bekennerschreiben[283] trat die *Front de Libération Nationale* ans Licht, eine Organisation, welche sich die Unabhängigkeit Algeriens auf die Fahne geschrieben hatte und den französischen Sicherheitsorganen bis dato komplett unbekannt war.

Die Aktion der FLN erfuhr zunächst wenig Aufmerksamkeit und Unterstützung, sowohl in der Bevölkerung, welche sich bereits vor den Repressalien fürchtete, als auch von anderen algerischen Gruppierungen. Die Ulemas und auch die algerische kommunistische Partei kritisierten die Anschläge und distanzierten sich von der FLN und ihren Aktionen. Um sich als alleiniger Vertreter der nationalen Sache zu positionieren und die noch zögerlichen Bevölkerung zu mobilisieren, ging die FLN hart vor. „Parallel zu den bewaffneten Aktionen gegen das Kolonialsystem, zielte ein gezielter Terrorismus zunächst auf die Bediensteten der kolonialen Herrschaft, dann auf algerische Standespersonen, welche sich der Kollaboration schuldig gemacht hatten und oftmals mit durchtrennter Kehle wiedergefunden wurden, mit diesem ‚kabylen Lächeln', welches bald die Wehrpflichtigen in ihren Nächten verfolgte. In einigen Regionen doppelte sich diese Mordpolitik durch eine Einschüchterungskampagne, mit der Verbreitung von Vorschriften und Anweisungen, wie dem Rauch- und Trinkverbot, wobei den Widerspenstigen harte Strafen drohen: mit dem Rasiermesser abgeschnittene Lippen und Nasen"[284].

---

[283] In Gänze abgedruckt in: Montagnon, Histoire de l'Algérie, S. 267-271.
[284] Robin, Escadrons de la mort, S. 66.

Paris ergriff zunächst polizeiliche und militärische Maßnahmen, aber keine politischen. Entsprechend wurde Innenminister Francois Mitterrand von Pierre Mendès France, Ministerpräsident und Außenminister in Personalunion, mit der Wiederherstellung der *Pax Gallica* beauftragt. In Anbetracht des synchronisierten Vorgehens und in Ermangelung von Hinweisen auf die Täter, wurden zunächst die MTLD von Messali Hadj, die kommunistischen Parteien Frankreichs und Algeriens sowie die Regierung in Kairo als Verantwortliche bzw. Unterstützer ausgemacht. Die MTLD wurde am 6. November verboten und 2.000 ihrer vermeintlichen Anhänger bei der Polizeioperation *Orange Amère* festgenommen, während Messali Hadj unter Hausarrest gestellt wurde. Mit den Masseninhaftierungen von „Verdächtigen", die um jeden Preis beichten sollen, was sie nicht wissen konnten – nämlich die Namen der Verantwortlichen der Anschläge –, begann bereits Ende 1954 jene Praktik, mit welcher der Algerienkrieg bis heute in Verbindung gebracht wird: die systematische Anwendung der Folter. Nach seinem vielbeachteten Artikel „*Y a t-il une Gestapo algérienne*" vom 6. Dezember 1951 prangerte Claude Bourdet wenige Monate nach den Anschlägen in der Zeitschrift *France-Observateur* die Praktiken der hauptsächlich aus Europäern bestehenden algerischen Polizei erneut öffentlich an. „Seit dem Beginn der Umtriebe der Fellagha in Algerien hat sich die algerische Gestapo wieder mit Eifer an die Arbeit gemacht. Zum jetzigen Zeitpunkt wissen wir durch eine Reihe von übereinstimmenden und glaubwürdigen Aussagen, dass die Misshandlungen von 1950-51 wiederholt und übertroffen werden. Das simulierte Ertränken, die Aufblähung des Bauches mit Wasser durch den After, die Stromschläge auf die Schleimhäute, die Achselhöhlen oder die Wirbelsäule sind die beliebtesten Vorgehensweisen, denn, ‚gut umgesetzt', hinterlassen sie keine sichtbaren Spuren. Auch der Nahrungsmittelentzug ist konstant. Aber das Aufspießen mit einer Flasche oder einem Stock, die Faustschläge, Tritte, die Schläge mit dem Ochsenziemer werden einem ebenfalls nicht erspart"[285].

---

[285] Claude Bourdet: Votre Gestapo d'Algérie, in: France-Observateur (13.01.1955), S. 6.

Die Justiz war Komplizin, ermöglichte sie es den Polizeibeamten doch, Verdächtige erst fünf bis zehn Tage nach ihrer Gefangennahme einem Richter vorzuführen, und nicht innerhalb von 48 Stunden, wie es das damalige Polizeigesetz vorschrieb. Nicht nur die Justiz, auch die Politik deckte das brutale Vorgehen der Polizei und der Gendarmerie. So bezeugte Generalinspektor Roger Wuillaume in seinem Bericht zu den Foltervorwürfen im März 1955 nicht nur die Wahrhaftigkeit dieser Praktiken, sondern legte seinem Vorgesetzten Mitterrand in Anbetracht der „Effektivität" dieser Methoden sogar nahe, „einige Verfahren anzuerkennen und zu decken" sowie einigen Polizisten Prämien und Belobigungsschreiben auszustellen, „um den Polizisten zu beweisen, dass ihre Art zu dienen und ihre Hingabe nicht verkannt wurden"[286].

Koloniale Aufstandsbekämpfung unter General Cherrière

In der Kabylei und im Aurès-Gebirge – Heimstätten des Aufstandes – ging Frankreich militärisch gegen die Nationale Befreiungsarmee ALN vor – dem militärischen Arm der FLN –, um eine Ausbreitung auf weitere Teile des Landes zu verhindern. Doch mit seinen schweren Truppen, bestehend aus Panzern und gepanzerten Truppentransportern, konnte General Paul Cherrière zunächst nicht viel mehr leisten als die Straßen zu sichern. Ihm stand im Winter 1954-55 für ganz Algerien gerade einmal ein Hubschrauber zur Verfügung. Im bergigen Gelände blieben die leichten Truppen der FLN eindeutig im Vorteil und griffen die französischen Einheiten immer wieder an, nur um kurz danach wieder zu verschwinden. Cherrière, Veteran des Ersten Weltkriegs, der keinerlei Erfahrung mit asymmetrischen Kriegen hatte, behalf sich mit massiven Luft- und Artilleriebombardements und setzte erstmals das Brandmittel Napalm ein. Im Rahmen der Anti-Guerilla-Operationen wurde zudem das „gesamte algerische Hinterland mit einem Gitternetz operationeller

---

[286] Pierre Vidal-Naquet: Le rapport de M. Wuillaume (2 mars 1955), in: Pierre Vidal-Naquet (Hrsg.), La raison d'état. Textes publiés par le Comité Maurice Audin, Paris 2002, S. 75.

Quadranten [überzogen]"[287] – dem sogenannte *Quadrillage* – um die Bewegungsfreiheit der Rebellen auf ein Minimum zu beschränken. Kleine Militärposten sollten die 2,4 Millionen km² Algerien besetzen und überwachen, eine Aufgabe, welche mit lediglich 80.000 Soldaten im Januar 1955 und auch mit 190.000 ein Jahr später nicht zu erfüllen war. „Wir kämpfen zurzeit in Nordafrika ungefähr so wie 1946 in Indochina. Gegen einen Gegner, welcher die gleichen Eigenschaften besitzt, verwenden wir ein unpassendes Kriegsinstrument; wir versuchen weiterhin, die Fliege mit dem Presslufthammer zu zerquetschen"[288], beschwerte sich später der Fallschirmjäger Roger Trinquier. In der Tat ging General Cherrière davon aus, dass es sich um Stammesaufstände handele, „wie jene, die [Frankreichs] nordafrikanische Geschichte kennzeichnen; man nimmt also an, dass es für die Armee ausreicht, die abtrünnigen Stämme niederzuschlagen. [...] Auf dieser Grundlage schreitet[e] die Wiederherstellung der Ordnung im Winter 1954-1955 fort"[289].

Die Reformpolitik unter Pierre Mendès-France

Doch mit Fortschreiten der Rebellion verstanden die Entscheidungsträger in Paris schließlich die Bedeutung der Unterstützung durch die algerische Bevölkerung für den Aufstand. Sie wurde als eine Konsequenz der jahrzehntelangen Verschleppung wirtschaftlicher, sozialer und administrativer Reformen interpretiert. Die algerische Bevölkerung befand sich zu diesem Zeitpunkt in einem Zustand der Verelendung. Während die europäische Bevölkerung in den großen Städten wie Algier oder Oran ein europäisches Leben mit all seinen Annehmlichkeiten genoss, hatte sich die Lebenswirklichkeit der Algerier seit Beginn der Kolonisierung kaum verändert. Am Vorabend der Revolution waren noch nicht einmal 13% der algerischen Kinder eingeschult und von den 5.000 Studenten der

---

[287] Moritz Feichtinger: Ein Aspekt revolutionärer Kriegführung. Die französische Umsiedlungspolitik in Algerien 1954-1962, in: Tanja Bührer, Christian Stachelbeck & Dierk Walter (Hrsg.), Imperialkriege von 1500 bis heute, Paderborn 2011, S. 261.
[288] Zitiert nach: Robin, Escadrons de la mort, S. 67
[289] Paul Cherrière: Les débuts de l'insurrection algérienne. Novembre 1954 à la fin Juin 1955, in: RDN Dez 1956, S. 1451-1452.

Universität Alger waren gerade einmal 10% Algerier. „Frankreich tat viel für Algerien, [aber] zu wenig für die Algerier"[290], fasste es der Historiker Robert Aron zusammen. Eine Gruppe Offiziere der *Affaires indigènes* aus Marokko, welche im Dezember 1954 beauftragt wurde, vor Ort die Ursachen der Rebellion auszumachen, kam zu dem Schluss, dass insbesondere die mangelnde administrative Präsenz und Durchdringung des Landes den Erfolg der FLN ermöglicht habe.

Die Regierung Mendès France entschied sich somit zu Beginn des Jahres 1955 für eine Reformpolitik in Algerien, welche die militärische Eroberung und Kontrolle der Bevölkerung mithilfe des *Quadrillage*-Systems durch eine administrative Einnahme doppeln sollte. Die Regierung beauftragte Jacques Soustelle, einen studierten Ethnologen, ehemaligen Widerstandskämpfer und Vertreter liberaler Positionen, diese Reformpolitik als Generalgouverneur umzusetzen.

„Die ersten Versuche finden Anfang 1955 im Aurès-Gebirge statt [...] unter der Leitung von General Parlange, welcher [in Anwendung des Notstandsgesetzes von April 1955] zivile und militärische Vollmachten in sich vereint[e]. Ehemals in Marokko eingesetzt, [rief] er Offiziere der [*Affaires indigènes*] zur Hilfe, aber auch der *Affaires sahariennes*. Generalgouverneur Soustelle [entschied] sich, diese Erfahrungen auf das ganze Gebiet Algeriens auszuweiten"[291] und schuf Ende September 1955 den *Service des Affaires algériennes*, welcher bis zum Ende des Algerienkrieges ein Netzwerk aus über 700 Außenstellen aufbaute: die berühmten *Sections administratives spécialisées* (SAS). Ihre Hauptaufgabe bestand darin, durch den Wiederaufbau der Verwaltung in unteradministrierten Gebieten die Staatsmacht zu vertreten und den Kontakt zur Bevölkerung neu zu begründen. Die SAS waren ein Grundpfeiler in der Befriedungs- und Zivilisierungsmission Frankreichs im Algerienkrieg, durch die Bereitstellung von Gesundheits- und Sozialdiensten, durch den Aufbau von Schulen und die Durchführung von Infrastrukturmaßnahmen und nicht zuletzt, ab 1958, durch Maßnahmen zur Emanzipation der algerischen

---

[290] Robert Aron, Les origines de la guerre d'Algérie, Paris 1962, S. 220.
[291] Jacques Frémaux: Les SAS (sections administratives spécialisées), in: Guerres mondiales et conflits contemporains n° 208 (2002), S. 55-56.

Frauen. Diese Aufgaben – von der gesundheitlichen Versorgung über die Kinderpflege bis hin zum Schulunterricht – wurden, mangels ausreichender und kompetenter ziviler Beamten, von Militärs ausgeübt, welche meistens in nächster Nähe zu den Administrierten wohnten und lebten. Diese Fürsorgepflicht für die Bevölkerung bekam durch die juristischen und militärischen Prärogativen der SAS-Offiziere eine stark paternalistische Note und erinnerte an die *Bureaux Arabes* Bugeauds. „Im Jahr 1957 [verlieh] ein Dekret [den Chefs der SAS] die Befugnisse der Kriminalpolizei. Auch wenn sie theoretisch nicht dazu autorisiert [waren], passiert[e] es ihnen, Geldstrafen, kurze Gefängnisstrafen oder Arbeitstage auszusprechen"[292]. Darüber hinaus führten die SAS-Offiziere Volkszählungen durch, topographierten jedes Haus in ihrem Verantwortungsbereich, nahmen personenbezogene Daten zu den Einwohnern auf, fotografierten die Menschen für die Erstellung von Karteikarten und stellten Ausweise aus. Die gesammelten Informationen wurden schließlich bei militärischen Operationen verwendet und die SAS-Offiziere wurden – aufgrund ihres Wissens um das menschliche und geographische Umfeld – wichtige Berater und Informationsgeber.

Das Ende der Reformpolitik
und das Massaker von Philippeville

Unter der Regierung Edgar Faures (Februar 1955 – Januar 1956) fand die Reformpolitik der Vorgängerregierung ein Ende und es begann die Verschärfung der militärischen Repression sowie die langsame Erosion des Primats der Politik. „Edgar Faure wollte die verschiedenen Angelegenheiten im Maghreb in kürzester Zeit regeln. Deshalb hatte Paris entschieden, die FLN so schnell wie möglich zu liquidieren"[293]. Die gesetzliche Grundlage hierfür schuf die Regierung mit dem Notstandsgesetz vom 3. April 1955, welches nicht nur die Befugnisübertragung von zivilen auf militärische Behörden ermöglichte – Nutznießer hiervon war unter anderen General Parlange im Aurès-Gebirge und in der Kabylei –, sondern auch die Durchsetzung zahlreicher Maßnahmen, um die öffentliche Ordnung wieder-

---

[292] Frémaux: Les SAS, S. 58.
[293] Paul Aussaresses, Services Spéciaux. Algérie 1955-1957, Paris 2001, S. 25.

herzustellen. Es konnten „Ausgangssperren, Aufenthaltsverbote, Verkehrsregelungen und -verbote, Konfiszierung von Waffen und Munitionen, nächtliche Hausdurchsuchungen, Hausarrest „verdächtiger" Personen, Kontrolle und Schließung von Versammlungsräumen, Cafés und Veranstaltungsräumen, Versammlungsverbot, Überwachung der Presse, der Publikationen, der Radiosender, der Kinovorführungen und der Theatervorführungen [durchgesetzt werden]. Des Weiteren [ersetzten] die Militärgerichte die Schwurgerichte, um über Strafbestände zu urteilen"[294].

In diesem Schwebezustand zwischen Friedens- und Kriegszustand befanden sich nun auch die algerischen Rebellen, welche mit der gemeinsamen Instruktion des Innenministers Maurice Bourgès-Manoury und des Verteidigungsministers General Marie-Pierre Kœnig vom Juli 1955 zu Gesetzlosen (*hors-la-loi*) und somit außerhalb des Humanitären Völkerrechts gestellt wurden. Die Instruktion schrieb vor, dass „jeder Rebell, welcher eine Waffe bedient oder mit einer Waffe gesehen wird oder einem Übergriff beiwohnt, auf der Stelle erschossen [wird]. [...] Das Feuer soll auf jeden Verdächtigen eröffnet werden, der einen Fluchtversuch unternimmt"[295]. Die Zahl von auf der Flucht getöteten „Gesetzlosen" nahm in den Folgemonaten dramatisch zu.

Die Maßnahmen zeigten Wirkung und der Druck der französischen Truppen auf den militärischen Arm der FLN nahm dramatisch zu. Zwar war es der FLN gelungen, ein Aufstandsklima zu schaffen „ein Klima, das notwendig ist, um die Unterstützung der Bevölkerung zu gewinnen"[296], doch noch fürchteten zu viele die Repressalien, um sich auch aktiv am Kampf für die Unabhängigkeit zu beteiligen. „Mit einem Angriff auf die Siedler im Gebiet um die Stadt Philippeville in Ostalgerien löste [die FLN] ein blindwütiges Blutbad aus, durch das auch die letzten Bande zwischen [den Algeriern] und den Franzosen zerrissen wurden"[297].

---

[294] Thénault, Histoire de la guerre d'indépendance algérienne, S. 65.
[295] Zitiert nach: Raphaelle Branche: La torture, l'armée et la République, in: Yves Michaud (Hrsg.), La Guerre d'Algérie (1954-1962), Paris 2004, S. 91.
[296] Polk, Aufstand, S. 192.
[297] *Ibid.*

Das Massaker von Philippeville am 20. und 21. August 1955 wurde zu einem endgültigen Wendepunkt im Algerienkrieg. Auf die bestialische Ermordung von 123 Europäern und Algeriern, darunter Frauen und Kindern, durch die Aufständischen, reagierten die französischen Streitkräfte mit Unterstützung der Europäer hasserfüllt und erbarmungslos. Die kollektiven Bestrafungen kosteten bis zu 12.000 Algeriern das Leben, darunter ebenfalls Frauen und Kinder. Die Justiz schaute weg und wurde erneut zur Komplizin, „weil wir nicht [wussten], wohin mit ihnen und weil wir nicht hunderte von Menschen guillotinieren [konnten]"[298], so Paul Aussaresses, berüchtigte Folterfigur des Algerienkrieges, in seinen Memoiren. Die Rechnung der FLN ging auf und die Anschläge nahmen in den Folgemonaten rasant zu: von 500 in den Monaten vor dem Massaker schnellten sie auf 800 im November 1955 und sogar 1.200 im Januar 1956.

3.3. Der Algerienkrieg von 1956 bis 1958

Bevölkerungsumsiedlung und Sonderbefugnisse für das Militär

Die Regierung Guy Mollets (Januar 1956 – Mai 1957) reagierte auf die sich verschlechternde Sicherheitslage mit einer Vielzahl von Maßnahmen. Einerseits wurden im Dezember 1955 die ersten zivilmilitärischen Stäbe in Algerien gegründet: zunächst ein eingeschränkter Ausschuss beim Generalgouverneur, welcher den Generalgouverneur, den Stabschef des Kommandeurs der 10. Militärregion und den Chef des Regionalbüros zur psychologischen Aktion zusammenbrachte; schließlich, in den unteren Ebenen, Ausschüsse welche auf Ebene der *Departements* und der *Arrondissements* ebenfalls zivile und militärische Amtsträger vereinten.

Andererseits wurde mit einer neuen Direktive des Verteidigungsministers Pierre Billotte vom 19. November 1955 der Schwerpunkt der aufstandsbekämpfenden Maßnahmen geändert, eine Direktive, welche nunmehr „die Kontrolle der Bevölkerung [zum]

---

[298] Aussaresses, Services Spéciaux, S. 35.

zentralen Anliegen des Kampfes in Algerien [machte]"[299]. Die Bevölkerungskontrolle hatte bereits unter General Parlange begonnen, welcher ganze Dörfer und Landstriche zu diesem Zwecke umsiedeln ließ. Besonders betroffen waren ländliche, entlegene Gebiete Algeriens, in denen das Militär die Organisation bzw. die Kontrolle der Bevölkerung – meistens aus Personalmangel – nicht gewährleisten konnte. Die Umsiedlungspolitik hatte zum Ziel, den Rebellen, welche sich laut Mao wie ein Fisch im Wasser bewegen müssen, das Wasser bzw. die Bevölkerung zu entziehen. Es handelt sich hierbei um eine jahrhundertealte Praxis, welche bereits bei zahlreichen Aufstandsniederschlagungen angewandt wurde: während des Aufstands der Vendée 1793[300], im Osmanischen Reich des 19. Jahrhunderts, in den Kolonialkriegen der Jahrhundertwende der Spanier auf Kuba oder der Briten in Südafrika, während des Zweiten Weltkriegs durch Nazi-Deutschland in den besetzten Gebieten der Sowjetunion[301] oder aber durch Frankreich im Indochinakrieg. In Algerien wurde diese Praxis massiv eingesetzt, ab 1959 in den Gebieten der Wilaya 2 systematisch, und berührte bis zum Ende des Krieges mit mehr als 2 Millionen Umgesiedelten in 2.392 Umsiedlungslagern mehr als 20 Prozent der algerischen Gesamtbevölkerung[302]. Wie Hochsicherheitsgefängnissen wurden die Notunterkünfte – meistens Zelte und provisorische Hütten, die weder vor der Sommerhitze noch vor den kalten Wintermonaten schützten – von Stacheldraht umschlossen und Wachtürmen bewacht, bei gleichzeitiger massiver Einschränkung der Bewegungsfreiheit der Lagerinsassen. Von ihrem Vieh und ihrem Land getrennt, lediglich erlaubt Halfagras zu pflücken, waren die Umgesiedelten nicht selten auf die Essensausgabe durch das Militär angewiesen, welche lediglich aus 1.487 Kalorien pro Tag bzw.

---

[299] Marie-Catherine & Paul Villatoux: Les 5e Bureau en Algérie, in: Jean-Charles Jauffret & Maurice Vaisse (Hrsg.), Militaires et guérilla dans la guerre d'Algérie, Paris 2001, S. 402.
[300] Vgl. Paret, French Revolutionary Warfare, S. 43.
[301] Vgl. Christian Gerlach, Extrem gewalttätige Gesellschaften. Massengewalt im 20. Jahrhundert, München 2011, S. 238-314.
[302] Vgl. Charles-Robert Ageron: Une dimension de la guerre d'Algérie. Les „regroupements" de populations, in: Jean-Charles Jauffret & Maurice Vaisse (Hrsg.), Militaires et guérilla dans la guerre d'Algérie, Paris 2001, S. 349.

11 Kilogramm Gerste pro Monat bestand[303]. Gleichzeitig breiteten sich durch die schlechten hygienischen Zustände und die so gut wie nicht existierende Gesundheitsversorgung Krankheiten wie Tuberkulose aus und ließen die Kindersterblichkeit in die Höhe schnellen. So beschrieb Finanzinspekteur Michel Rocard in einem internen Bericht von 1958 den Zustand der sanitären Einrichtungen in den Umsiedlungslagern wie folgt: „Die sanitäre Situation ist ganz allgemein erbärmlich. [...] In einem [Umsiedlungs-]Dorf, in welchem 900 Kinder erfasst wurden, stirbt ungefähr eins pro Tag. [...] Eine empirische Gesetzmäßigkeit wurde festgestellt: wenn eine Umsiedlung 1.000 Personen erreicht, stirbt ungefähr ein Kind alle zwei Tage"[304].

Herzstück der neuen Maßnahmen unter Mollet war jedoch die Verabschiedung des Gesetzes der Sonderbefugnisse (*pouvoirs spéciaux*) durch die französische Nationalversammlung am 16. März 1956, welche einen Meilenstein in der Militarisierung der französischen Algerienpolitik darstellte. Es stattete die Regierung mit außergewöhnlichen Vollmachten aus, um die territoriale Unversehrtheit und die Integrität Frankreichs sicherzustellen. Laut diesem Gesetz „[verfügt] die Regierung [...] in Algerien, über die weitreichendsten Vollmachten, um jede außerordentliche Maßnahme zu treffen, welche die Umstände gebieten, in Hinblick auf die Wiederherstellung der öffentlichen Ordnung, zum Schutz der Personen und Güter und des Staatsgebietes"[305]. Das Gesetz erlaubte der Regierung durch Dekrete zu regieren, ohne das Parlament zu konsultieren, und ermöglichte die Substitution ziviler Behörden durch das Militär, eine Maßnahme, welche insbesondere während der Schlacht von Algier Anwendung fand. Die Truppen zur Implementierung dieses Gesetzes wurden mit den Unabhängigkeitserklärungen Tunesiens und Marokkos im März 1956 freigesetzt und schufen damit die Voraus-

---

[303] Vgl. Ageron: Une dimension de la guerre d'Algérie, S. 332-336.
[304] Michel Rocard: Rapport de Michel Rocard sur les camps de regroupement, in: Pierre Vidal-Naquet (Hrsg.), Les crimes de l'armée française, Paris 1975, S. 147-148.
[305] Journal officiel de la République française, Loi n° 56-268 (16 mars 1956), URL: http://legifrance.gouv.fr/jopdf/common/jo_pdf.jsp?numJO=0&dateJO=19560317&numTexte=&pageDebut=02591&pageFin=
(Stand: 01.04.2015).

setzung für die massive Aufstockung der militärischen Präsenz von 200.000 auf 400.000 im Juli 1956. Diese Aufstockung wurde von einer Reform der militärischen Kommandostrukturen begleitet, welche die drei Divisionen Algiers, Orans und Constantines zu Armeekorps werden ließ. „Zur Dezentralisierung der Entscheidungsfindung und um die Geschwindigkeit der Umsetzung zu erhöhen, [wurde] die Autonomie der Verantwortlichen der einzelnen Einheiten offiziell bestätigt"[306].

Das Erstarken der Militärs und die Schlacht von Algier

Unter Guy Mollet begann gleichzeitig auch eine politische Annäherung zwischen den Kriegsparteien, um den Algerienkrieg durch direkte Verhandlungen zu beenden. Der Regierungschef beauftragte – nach einem Treffen im März 1956 zwischen seinem Außenminister Christian Pineau und dem ägyptischen Präsidenten Gamal Adbel Nasser in Kairo – seinen Parteikameraden der SFIO Joseph Begarra, erste geheime Verhandlungen mit den externen Repräsentanten der FLN aufzunehmen[307]. Im April fanden Treffen in Kairo statt, im September in Rom und Belgrad. Doch eine weitere Zusammenkunft kam nicht zustande. Ein Vorbereitungstreffen in Tunis am 22. Oktober zwischen Sultan Mohammed V. von Marokko, der FLN und dem tunesischen Präsidenten Habib Bourguiba zur Ausarbeitung einer Verhandlungslösung wurde vom französischen Militär sabotiert. Der Flug von Rabat nach Tunis wurde über Algerien auf Befehl General Frandons, Luftwaffenchef in Algerien, abgefangen, die Anführer der FLN gefangen genommen und Guy Mollet vor vollendete Tatsachen gestellt[308].

Die Militärs verfolgten zu diesem Zeitpunkt bereits eine eigene Agenda, in welcher eine politische Kompromisslösung keinen Platz hatte. Verkörpert wurde diese Logik durch General Raoul Salan, welcher im Dezember 1956 zum Kommandeur der 10. Militärregion ernannt wurde und sich von den Generalen Dulac, Goussault,

---

[306] Robin, Escadrons de la mort, S. 85.
[307] Vgl. Claire Marynower, Joseph Begarra. Un socialiste oranais dans la guerre d'Algérie, Paris 2008, S. 89-91.
[308] Robin, Escadrons de la mort, S. 87-88.

Allard, Massu sowie dem *Lieutenant-Colonel* Trinquier – alles Anhänger der Doktrin des revolutionären Krieges – beraten ließ. Sie „revolutionierten" den Krieg in Algerien im doppelten Sinne des Wortes, insbesondere während der Schlacht von Algier.

Die Verlagerung der terroristischen Angriffe der ALN nach Algier ab September 1956 markierte den Beginn dieser blutigsten Episode des Algerienkrieges. Der Kampf um die algerische Hauptstadt begann am 7. Januar 1957 durch die Befugnisübertragung des Präfekten Serge Barret an General Jacques Massu, Kommandeur der 10. Fallschirmjägerdivision, im Rahmen des Gesetzes der Sonderbefugnisse vom März 1956, welches den Fallschirmjägern Polizeibefugnisse übertrug[309]. Massu und seine Truppen hatten nun u.a. das Recht, Sperrgebiete zu schaffen, das Versammlungsrecht einzuschränken, Hausdurchsuchungen zu jeder Tageszeit zu veranlassen sowie Geldstrafen auszusprechen, und dies ohne jeglichen richterlichen Beschluss.

Die „Schlacht" blieb vor allem wegen ihrer immensen Gräueltaten, dem Verschwinden von tausenden Personen und dem massiven Einsatz der Folter in Erinnerung[310]. Zudem kamen hier erstmals Konzepte der Französischen Schule zur Kontrolle und Mobilisierung der Bevölkerung zur Anwendung. Dies ergab sich einerseits durch die neuen Freiheiten, welche das Militär mit dem Gesetz der Sonderbefugnisse im März 1956 genoss, und andererseits durch die Besetzung von Schlüsselstellen im französischen Staats- und Militärapparat durch Anhänger der Doktrin der revolutionären Kriegführung. Trinquier war eine der Hauptfiguren der neuen Vorgehensweise des Militärs und trug maßgeblich dazu bei, dass die bisher rein passive Rolle der von Frankreich kontrollierten Bevölkerung in eine aktive umgemünzt wurde. Trinquier baute – zunächst in Algier und ab 1958 schließlich auch in Oran und Constantine – das konterrevolutionäre Mittel des städtischen Schutzdispositivs auf (*Dispositif de*

---

[309] Vgl. Patrick Kessel, Guerre d'Algérie. Écrits censurés, saisis, refusés, 1956-1960-1961, Paris 2002, S. 27.
[310] Vgl. Pierre Vidal-Naquet (Hrsg.), Les crimes de l'armée française. Dossier réuni par Pierre Vidal-Naquet, Paris 1975, S. 71-93; Vidal-Naquet (Hrsg.), La raison d'état, S. 104-210.

protection urbaine – DPU) und orientierte sich dabei an das aus Indochina bekannte Modell der parallellaufenden Hierarchien. Das Dispositiv bestand aus einer Neuordnung des öffentlichen Raumes und aus einer minutiösen Erfassung der Einwohner der Stadt. Algier wurde dafür zunächst in Viertel aufgeteilt, welche in Häuserblöcke und schließlich in Häuser bzw. Häusergruppen unterteilt wurden. Diese Zuordnung wurde schließlich farblich auf die Häuserfassaden aufgetragen und doppelte sich durch eine gleichzeitige Erfassung der Einwohner[311]. Jedem Bewohner einer Wohnung oder eines Hauses wurde ein personalisierter Ausweis ausgestellt mit seinem Namen, seinem Foto und seinem Wohnort, bestehend aus dem „Buchstaben der Stadt, der Quartiernummer, dem Buchstaben des Häuserblocks und der Nummer des Hauses bzw. der Häusergruppe"[312]. Jede geographische Einheit wurde mit lokalen Chefs besetzt: „der erste Chef der aufzustellenden Hierarchie wird der natürliche Chef sein: der Familienchef. Er wird für alle Einwohner seiner Wohnung oder seines Hauses verantwortlich gemacht und wird eine ständig aktualisierte Liste mit sich führen [...]. Eine Ebene höher [...] der Chef einer Häusergruppe (oder eines Gebäudes, oder einer Etage in einem Gebäude), welcher für eine gewisse Zahl an Familienchefs verantwortlich sein wird, maximal vier oder fünf. Wenn die Erfassung schließlich beendet ist und ein enger Kontakt mit der Bevölkerung hergestellt wurde, wird man zur Auswahl des Chefs des Häuserblocks übergehen. [...] Dieser kann für ein dutzend Häusergruppen-Chefs verantwortlich gemacht werden"[313]. Diese horizontal-territoriale Organisation, welche die Einwohner nach ihrer geographischen Verteilung organisierte, wurde gleichzeitig – wie bei der Vietminh – durch eine horizontal-individuelle gedoppelt, welche die Menschen nach ihrem Alter, Geschlecht, Beruf und ihren Freizeitaktivitäten organisierte. „Systemfeinde" und eingeschleuste subversive Elemente ließen sich somit für die Armee leichter ausfindig machen, denn

---

[311] Die napoleonische Armee soll diese Methoden bereits bei der Befriedung des Rheinlands eingesetzt haben.
Siehe: Pierre Pellissier, La bataille d'Alger, Paris 1995, S. 42.
[312] Marie-Catherine Villatoux, La défense en surface. Le contrôle territorial dans la pensée stratégique française d'après-guerre (1945-1962), Paris 2009, S. 72-73.
[313] Trinquier, La guerre moderne, S.27.

mit „dieser Organisation [wurde] es möglich, eine genaue Definition des ‚Gesetzlosen' zu geben: jedes Individuum, welches innerhalb einer bestimmten Frist dieser [Organisation] nicht beigetreten [war]"[314]. Entsprechend einfach war es nun auch, Personenkontrollen durchzuführen und „Ortsfremde" ausfindig zu machen. Yves de La Bourdonnaye, während des Algerienkriegs *Capitaine* des 1. Kolonialen Fallschirmjägerregiments, beschrieb das System wie folgt: „Das war eine geniale Idee. Nachts organisierten wir Überraschungskontrollen: wenn wir auf einen Typen stießen, der nicht auf der Karteikarte des Hauses erfasst war, nahmen wir ihn mit! Oder im Gegenteil, wenn einer fehlte, versuchten wir herauszufinden, wo dieser geblieben [war]"[315]. Mit der Herausgabe der *Instruction pour la pacification en Algérie* im Dezember 1959 unter General Maurice Challe wurde das System der DPU schließlich systematisiert und offiziell auf ganz Algerien ausgeweitet, auch auf die ländlichen Gebiete.

Maßnahmen zur physischen Mobilisierung der Bevölkerung

Wichtigster Bestandteil der aktiven Mobilisierung der Bevölkerung war für die französische Armee – entsprechend den Prinzipien der Doktrin des revolutionären Krieges – die bewaffnete Beteiligung der Algerier selbst an ihrer Verteidigung. „Die französische Armee bildete bis zu fünf verschiedene Kategorien von Hilfskräften, welche spezifischen Einheiten entsprachen: die *Harkis* [...]; die GMPR (Mobile Gruppen der Feldpolizei [*Groupes mobiles de police rurale*]) welche 1958 zu GMS [wurden] (Mobile Sicherheitsgruppen [*Groupes mobiles de sécurité*]); die Makhzens, welche mit den SAS verknüpft [waren] [...]; die GAD (Selbstverteidigungsgruppen [*Groupes d'autodéfense*]); die Aasès schließlich"[316]. Von den insgesamt 150.000 Algeriern, die an der Seite der Franzosen kämpften, machten die paramilitärischen Einheiten namens *Harka* die größte Gruppe aus. Sie bestanden aus uniformierten algerischen Zivilisten unter französischem Befehl und

---

[314] *Ibid*, S.28.
[315] Robin, Escadrons de la mort, S. 111.
[316] Francois-Xavier Hautreux: L'usage des harkis et auxiliaires algériens par l'armée française, in: Abderrahmane Bouchène [et al.] (Hrsg.), Histoire de l'Algérie à la période coloniale. 1830-1962, Paris 2012, S. 519-525.

wurden – wie die zum Schutz der SAS aufgestellten Makhzens – erstmals im Aurès-Gebirge auf Initiative von General Parlange gegründet. *Harkas* bestanden in der Regel aus 50 bis 60 *Harkis* und konnten sowohl die Gendarmerie, als auch die Fallschirmjäger oder Kommandoeinheiten im Kampf gegen die ALN unterstützen. Die wohl berühmteste *Harkis*-Einheit war das Jagdkommando Georges unter dem Kommando von *Capitaine* Georges Grillot, welches hauptsächlich aus ehemaligen Mitgliedern der FLN und ALN bestand, die in französischen Umerziehungs- bzw. Indoktrinierungslagern umgepolt wurden[317]. Ihnen gelang es, aufgrund ihrer Kenntnisse der Rebellenorganisation die ALN zu infiltrieren und dort sogenannte Schläfer zu platzieren, welche das Kommando mit Informationen speiste. „Innerhalb von 10 Monaten [...] eliminierte das Kommando die politisch-administrative Organisation [der Rebellen] zu 80% und erzielte im Gefecht außergewöhnliche Ergebnisse"[318].

Maßnahmen zur psychologischen Mobilisierung der Bevölkerung

Diese Beteiligung der algerischen Bevölkerung an der Seite Frankreichs geschah nicht immer freiwillig. Sie war auch ein Ergebnis des intensiven Einsatzes psychologischer Mittel, welche mit Verlauf des Krieges perfektioniert und immer weiter ausgebaut wurde. Waren diese Mittel vor 1955 noch reine Hilfswerkzeug der unterschiedlichen Teilstreitkräfte, so läutete der Algerienkrieg den Aufstieg – und Fall – einer eigenen Truppengattung ein, welche alsbald als „wahrhaftiger Staat in der Armee"[319] bezeichnet werden konnte.

Die französische Armee kam mit der psychologischen Kriegführung bereits während des Zweiten Weltkrieges in Berührung,

---

[317] Zur Entstehungsgeschichte des Kommandos siehe: Pascal Le Pautremat: Le commando Georges. De la contre-guérilla à la tragédie (1959-1962), in: Guerres mondiales et conflits contemporains n° 213 (2004), S. 95-103.
[318] Maurice Faivre, Les combattants musulmans de la guerre d'Algérie. Des soldats sacrifiés, Paris 2000, S. 69.
[319] So Pierre Messmer, welcher als eine seiner ersten Amtshandlungen als neuer Verteidigungsminister im Februar 1960 die 5. Büros auflöste.
Zitiert nach: Villatoux: Les 5e Bureau en Algérie, S. 399.

zunächst als „Opfer" der feindlichen Propaganda Nazi-Deutschlands und schließlich als Akteur der *Psychological Warfare*, Kriegführung in welche die Franzosen von den Alliierten ab 1942 unterrichtet wurden. Mit Beginn des Kalten Krieges und der Bestimmung der Sowjetunion als neuer Feind ging in Frankreich die Furcht der „Fünften Kolonnen" um, also der Angst vor der Infiltrierung subversiver Elementen in Vorbereitung einer kommunistischen bewaffneten Machtübernahme. Breite Teile der französischen Bevölkerung waren von einer „wahrhaftigen Psychose eines subversiven Komplotts"[320] befallen und sahen sich durch die Wahlergebnisse der französischen kommunistischen Partei PCF, den insurektionellen Streiks von 1947 und 1948 sowie internationalen Ereignissen wie der ersten Berlinkrise oder die Machtergreifung Maos in ihrer Analyse bestärkt, dass die Sowjetunion eine expansive Politik betreibe, von der auch Frankreich betroffen sei. Die traumatischen und verstörenden Erfahrungen der insgesamt über 2.000 französischen Soldaten, welche im Indochinakrieg gefangengenommen und in Indoktrinierungslagern der Vietminh umerzogen wurden, dienten einigen Militärs als weitere gewichtige Argumente, um den Krieg gegen den internationalen Kommunismus mit gleichen Mitteln zu führen und entsprechend den Aufbau ähnlicher psychologischer Kapazitäten zu fordern.

Dies geschah schließlich ab März 1955 mit der Renaissance der in Indochina einst aufgelösten Büros zur psychologischen Kriegführung in Gestalt der Regionalbüros für psychologische Aktion (*Bureau régional d'action psychologique*), welche den jeweiligen Divisionen in Algier, Oran und Constantine zugeordnet wurden. Im Juli 1955 verdeutlichte eine Direktive die Aufträge der elf Außenstellen in den Unterdivisionen: „Unterstützung der Moral der französischen Truppen; auf die ländliche muslimische Bevölkerung einwirken, ,um ihr Vertrauen in Frankreich aufrechtzuerhalten' und ein ,Gefühl der Revolte gegen die Rebellen' hervorzurufen (auf gleiche Weise die französischen Bevölkerungsteile überzeugen); die Rebellenbanden

---

[320] Paul Villatoux: L'institutionnalisation de l'arme psychologique pendant la guerre d'Algérie au miroir de la Guerre froide, in: Guerres mondiales et conflits contemporains n°208 (2002), S. 38.

durch Direktmaßnahmen demoralisieren"[321]. Der Aufbau dieser Regionalbüros bot für die politischen Entscheidungsträger nur Vorteile: die Missionen der Büros konnten mit wenig Material und wenig Personal durchgeführt werden, hatten gleichzeitig jedoch das Potenzial, mehrere Tausend Menschen auf einmal zu erreichen. Hierfür bedurfte es lediglich einiger Lautsprecher, Stifte und Schreibmaschinen sowie einer zwei- bis dreiwöchigen Ausbildung von wenigen Soldaten im Ausbildungszentrum von Arzew.

Bis 1956 führten die Regionalbüros hauptsächlich klassische psychologische Aktionen durch, wie das Verteilen von Flugblättern – allein im Jahr 1956 über 4 Millionen –, die Ausgabe innerhalb der Armee von Broschüren oder die Durchführung von Informationsveranstaltungen über Algerien, seine historischen, kulturellen und soziologischen Charakteristika sowie dem dortigen humanitären Auftrag Frankreichs. Nach dem Massaker des 20. August 1955 und der Neuorientierung der französischen Politik in Algerien wurden neue Einheiten geschaffen, welche, unterstützt von Ethnologen, direktere psychologische Aktion auf die algerische Bevölkerung ausüben sollten. Zwei Direktiven des Algerienministers Robert Lacoste führten zur Gründung im Juni 1956 von drei Lautsprecher- und Flugblattkompagnien (*Compagnies de haut-parleurs et de tracts* – CHTP), welche den drei Divisionen zugeteilt wurden. Durch öffentliche Vorträge an Versammlungsorten wie Marktplätzen oder einfach durch Stadtfahrten mit dem Lautsprecherwagen erreichten die Soldaten der CHTP die Bevölkerung und verbreiteten Informationen, aber auch Gerüchte, um die franco-algerische Einheit sowie das Ideal eines „neuen und französischen Algeriens" in die Bevölkerung zu tragen. Dieses Ideal wurde – den Prinzipien der DGR entsprechend – an das jeweilige menschliche Umfeld angepasst. „Die Einheit funktioniert in Verbindung mit den Truppen des geographischen Einsatzgebietes, von welchen sie alle nützlichen Informationen zur Ausführung ihrer Mission bekommt, die Analyse der psychologischen Situation habe vor Ort zu erfolgen"[322]. Kern der Aussage war, dass Wohlstand und eine Verbesserung der Lebensbedingungen nur

---

[321] Villatoux: Les 5e Bureau en Algérie, S. 401.
[322] *Ibid*, S. 403.

mit Frankreich möglich sei und eine Unabhängigkeit – mit Verweis auf Tunesien und Marokko – der Weg zu Armut und Chaos sei. Im Gewand eines kolonialen Humanismus' versuchte man die gemeinhin als zurückgeblieben betrachtete algerische Bevölkerung davon zu überzeugen, dass eine Selbstverwaltung wegen der angeblichen Unterentwicklung der algerischen Bevölkerung und den nicht vorhandenen politischen Erfahrungen gar nicht möglich sei. Die Verbreitung dieser Botschaften geschah insbesondere mithilfe der Lautsprecher, welche – entsprechend den tschachotinischen Methoden zur „Vergewaltigung der Massen"[323] – exzessiv und bis zum Überdruss der Bevölkerung eingesetzt wurden.

Zeitgleich zu den CHTP entstanden sogenannte „Wanderoffiziere" (*Officiers itinérants*), geschaffen, um in Propagandasitzungen die Moral der Truppe zu stärken und um die algerische Bevölkerung zu „entgiften" und umzuerziehen. Ab Dezember 1956 sollten diese Offiziere außerdem die Umsetzung der politischen Direktiven und der konterrevolutionärer Maßnahmen kontrollieren[324]. Eine gesonderte Rolle kam außerdem, neben den Vorführungen von Propagandafilmen durch den Kinematographischen Dienst, dem Kostenlosen Hilfsmedizinischen Dienst zu, welcher sowohl medizinische als auch soziale Hilfeleistung anbot.

Mit Voranschreiten des Krieges und nicht zuletzt durch den wachsenden Einfluss Lacheroys auf Verteidigungsminister Bourgès-Manoury veröffentlichte Ende Juli 1957 das Verteidigungsministerium die *Instruction provisoire sur l'emploi de l'arme psychologique* (TTA 117), welche unter der Aufsicht von Jacques Hogard verfasst wurde[325] und erstmals eine klare Unterscheidung zwischen psychologischer Mobilisierung und Kriegführung erstellte. Zeitgleich zur Herausgabe der Veröffentlichung entstanden auch die 5. Büros, welche nicht nur im Generalsstab und in Algerien sondern auch in den französischen Streitkräften in Deutschland angesiedelt wurden. Die Büros wurden zunächst mit der Nachrichtenbeschaffung sowie der psychologi-

---

[323] Vgl. Serge Tchakhotine, Le viol des foules par la propagande politique, Paris 1939.
[324] *Ibid*, S. 404.
[325] Vgl. Raffray, La doctrine Hogard, S. 16, 24.

schen Mobilisierung betraut, während die 2. und 3. Büros für die psychologische Kriegführung zuständig waren.

3.4. Der Algerienkrieg von 1958 bis 1962

Opération Résurrection

Als am 15. April 1958 die Regierung Félix Gaillards aufgrund ihrer Algerienpolitik und mit ihr die IV. Republik in ihre zwanzigste institutionelle Krise stürzte, wurden auf der anderen Seite des Mittelmeers Forderungen nach einem Militärregime immer lauter. Unter dem Eindruck der Hinrichtung von drei französischen Gefangenen durch die FLN und der darauf folgenden Massendemonstrationen ließen die Generale Allard, Massu und Salan ihre Fallschirmjäger den Sitz des Generalgouverneurs einnehmen und gründeten gemeinsam mit den Obristen Trinquier und Thomazo einen *Comité de Salut Public* (Wohlfahrtausschuss), welcher die Macht in Algerien an sich riss. In einem Telegramm forderten sie Frankreichs Präsidenten René Coty auf, eine neue Regierung zu bilden. Den Regierungschef schlugen sie kurz danach vom Balkon des Sitzes des Generalgouverneurs selbst vor: General de Gaulle. Doch die Institutionen ließen sich zunächst nicht erpressen. Die Nationalversammlung einigte sich unter dem Druck der Ereignisse in den frühen Morgenstunden des 14. Mai auf Pierre Pflimlin als neuen Ministerpräsidenten und entschieden, den Putschisten von Algier die Stirn zu bieten. Unterdessen bereiteten Salan und seine Vertrauten jedoch bereits eine militärische Operation vor, um Paris einzunehmen und De Gaulle – welcher weiterhin zurückhaltend blieb – mit eiserner Hand durchzusetzen. Die Operation *Résurrection* sah vor, dass „5.000 Fallschirmjäger auf dem Flugfeld von Villacoublay, südwestlich von Paris landen würden; Massu und Trinquier würden, natürlich, mit der ersten Welle ankommen und sich dann in aller Geschwindigkeit Miquel in einem in den Invaliden aufgebauten operativen Hauptquartier anschließen. Andere Teile des Kommandos würden dann den Eiffelturm besetzen um die Kommunikationen zu kontrollieren, während die Elitetruppen des 3. Kolonialen Fallschirmjägerregiments [von Oberstleutnant Bigeard] zentrale Stellen wie das Innenministerium und die Zentrale der Gewerkschaft CGT und der Kommunistischen Partei ‚neutralisieren' würden. Zur gleichen Zeit würde Oberst Gribius, Kommandeur der 2. Gepanzerten Kampfgruppe bei Rambouillet, als Unterstützung mit seinen Panzern in Paris einfallen. [...] Nach der Besetzung der Schlüsselstellen der Hauptstadt war beabsichtigt, dass General Massu und Miquel einen überzeugten Präsidenten Coty per Helikopter nach Colombey fliegen würden, und De Gaulle vor vollendete Tatsachen zu stellen"[326]. Mit der Einnahme Korsikas durch die Fallschirmjäger Massus am 24. Mai begann schließlich die erste Phase der Operation. Korsika sollte als strategischer Brückenkopf zwischen Algerien und der Hauptstadt für die zweite Phase der Operation dienen und erhöhte somit noch einmal den Druck auf alle Beteiligten.

Am 27. Mai, als die Nachrichtendienste vermeldeten, dass die zweite Phase von *Résurrection* noch in der gleichen Nacht starten würde, erklärte De Gaulle öffentlich den Beginn der Regierungsbildung. Präsident Coty erreichte am Folgetag schließlich ein Ultimatum der Putschisten mit der Forderung, De Gaulle am 29. Mai bis 15.00 Uhr zum neuen Regierungschef zu ernennen; bei Nichtbeachtung würde die militärische Operation um 01.00 Uhr morgens in der darauffolgenden Nacht fortgeführt. Noch am Morgen des 29. Mai rief Coty De Gaulle auf, eine Regierung zu bilden.

De Gaulles neue Algerienpolitik und der Plan Challe

Als De Gaulle am 30. Mai von der Nationalversammlung beauftragt wurde, eine Regierung zu bilden und eine neue Verfassung auszuarbeiten, hatten die Militärs zwar einen – ehemaligen – Militär an die Macht gebracht, doch ahnten sie nicht, dass De Gaulle eine eigene Algerienpolitik verfolgen würde. Mit seinem Zuruf „ich habe euch verstanden" vom 4. Juni 1958 in Algier ließ er die Franzosen Algeriens und das Militär noch im Dunkeln, doch spätestens die Ankündigung eines Referendums über die Zukunft Algeriens in seiner Fernsehansprache vom 16. September 1959 machte den Anhänger Französisch-Algeriens deutlich, dass sie auf das falsche Pferd gesetzt hatten. De Gaulle kündigte drei verschiedene Abstimmmöglichkei-

---

[326] Horne, A Savage War of Peace, S.294.

ten ab: „Entweder die Spaltung [...], eine Spaltung welche ein entsetzliches Elend herbeiführen würde, ein grauenvolles politisches Chaos, ein allgemeines Schächten, und bald eine kriegerische Diktatur des Kommunismus'. [...] Oder die komplette Franzisierung [...]. Oder die Regierung der Algerier durch die Algerier, unterstützt von der Hilfe Frankreichs und in enger Union mit ihr [...]"[327].

Um seine Politik durchsetzen zu können begann De Gaulle nach dem Putsch der Generale am 13. Mai 1958 eine strukturelle und personelle Reform des Militärs. „*La grande Zohra*" – wie De Gaulle spöttisch von den Anhänger Französisch-Algeriens genannt wurde – ließ zahlreiche Militärs versetzen und entlassen, insbesondere die Hauptfiguren der Operation *Résurrection*. Salan und weitere Anführer des begonnenen Putsches von 1958 bekamen ein Aufenthaltsverbot für Algerien und exilierten sich ins faschistische Spanien Francos.

De Gaulle wollte jedoch den militärischen Druck auf die FLN für spätere Verhandlungen aufrechterhalten. Er ernannte General Maurice Challe zum Oberbefehlshaber der französischen Truppen, welcher mit seinem *Plan Challe* die härteste Phase des Algerienkrieges einläutete. Der Plan sah die komplette Vernichtung der FLN vor und stützte sich hierfür insbesondere auf die psychologische Kriegführung.

Erste Strukturen für diese Art der Kriegführung wurden bereits zu Anfang des Krieges geschaffen, zunächst 1955 mit dem Ausbildungszentrum für die Befriedung und die Gegenguerilla (*Centre d'instruction de la pacification et de la contre-guérilla*, CIPCG) in Arzew und schließlich 1958 mit der Eröffnung des Trainingszentrums für subversive Kriegführung (*Centre d'entraînement à la guerre subversive* - CEGS). Im CIPCG – beaufsichtigt von den 5. Büros und geleitet von Colonel André Bruge, einem ehemaligen Gefangenen der Umerziehungslager der Vietminh – wurden über 7.000 Offiziere und Unteroffiziere in den Themenfeldern „psychologische Mobilisie-

---

[327] Charles de Gaulle: Discours sur l'autodetermination de l'Algérie (16.09.1959), URL: http://www.charles-de-gaulle.org/pages/l-homme/accueil/discours/le-president-de-la-cinquieme-republique-1958-1969/discours-sur-l-autodetermination-de-l-algerie-16-septembre-1959.php (Stand: 01.04.2015).

rung", "psychologische Kriegführung", "Zerstörung bewaffneter Banden", "Zerstörung der Rebelleninfrastruktur", "politische Nachrichtenbeschaffung", "Polizeiaktionen" und "Antiterrorkampf" unterrichtet. "Um 1960 beinhaltet[e] das Programm des Zentrums in Arzew drei Ausbildungsbereiche: die Natur des militärischen Konflikts, der soziopolitische Kontext des Krieges mit seiner internen und externen Dimension, und die Theorie des revolutionären Krieges und seine Anwendung"[328]. Unter den Lehrbeauftragten befand sich auch Charles Lacheroy, welcher 1956 von seinem Förderer und Verteidigungsminister Maurice Bourgès-Manoury zum Hauptverantwortlichen für die psychologische Kriegführung im französischen Verteidigungsministerium ernannt wurde und als solcher u.a. die Zensur in Frankreich leitete[329]. Auf Initiative von Verteidigungsminister Jacques Chaban-Delmas wurde 1958 schließlich das Trainingszentrum für subversive Kriegführung im Beisein des Schriftstellers Jean Lartéguy eröffnet und *Colonel* Marcel Bigeard mit der Leitung betraut. In der sogenannten *"École Bigeardville"* wurden Offiziere in vier- bis sechswöchigen Kursen in der revolutionären Kriegführung von Lacheroy und weitere Indochinaveteranen unterrichtet. Die Kurse beinhalteten neben Instruktionen zur Bekämpfung der politisch-militärischen Organisation der Rebellen, zur Durchführung von Polizeiermittlungen und der Aufdeckung subversiver Netzwerke auch Kurse zur Nachrichtengewinnung, in welchen den Offizieren die Durchführung einer "humanen Folter" beigebracht wurde[330].

Das 5. Büro

Angewandt wurde dieses Wissen insbesondere von den Offizieren des 5. Büros, geleitet vom ehemaligen Putschisten und Stellvertreter

---

[328] Mahfoud Bennoune: La doctrine contre-révolutionnaire de la France et la paysannerie algérienne. Les camps de regroupement (1954-1962), in: Sud/Nord n° 14 (2001), S. 55.
[329] Siehe: Anne-Catherine Schmidt-Trimborn: Introduction, in: Charles Lacheroy. Discours et conférences, Anne-Catherine Schmidt-Trimborn (Hrsg.), Metz 2012, S. 24-25.
Bzw. Thénault, Histoire de la guerre d'indépendance algérienne, S. 144.
[330] Siehe: Robin, Escadrons de la mort, S. 132-135.
Bzw. Vidal-Naquet (Hrsg.), Les crimes de l'armée française, S. 115-118.

Lacheroys *Colonel* Jean Gardes. Das Büro war ein zentraler Bestandteil des *Plan Challe* und erfuhr ein starke Ausdehnung seiner Kompetenzen: es übernahm die Beziehungen der Armee zur Presse und wurde zum wichtigsten Bindeglied zwischen der Armee und der algerischen Bevölkerung. Besonders die letzte Rolle interpretierten die Offiziere des 5. Büros sehr extensiv und begannen fortan, wie eine Art parallele Hierarchie oder politisches Büro innerhalb der Armee, die Militärbehörden zu doppeln und ihnen ihr Vorgehen vorzuschreiben. „Hauptsächlich geschaffen um der Subversion zu begegnen [...], [nahmen] die 5. Büros einen globalisierenden Ansatz bei der Leitung der Streitkräfte an, [da] jede Entscheidung sowie jede Aktion einen psychologischen Effekt auf die Bevölkerung haben [konnte]"[331]. Für die Offiziere des 5. Büros war jeder Soldat ein Propagandist, welcher sowohl negative als auch positive Effekte auf die Bevölkerung haben konnte. Entsprechend fühlten sich die 5. Büros nicht mehr nur der psychologischen Mobilisierung, sondern allen Missionen der französischen Armee verpflichtet.

Das 5. Büro griff durch seine Beteiligung an der Organisation der Bevölkerung zudem massiv in das gesellschaftliche Gefüge ein. Mit der strukturellen Organisation der Jugendlichen, der Veteranen und der Frauen, wollte die französische Armee die Risikogruppe der 18- bis 50-Jährigen – also alle Personen im kampffähigen Alter – innerhalb der algerischen Bevölkerung erreichen. In Ausbildungszentren erhielten die Verantwortlichen der Douar und die Veteranen eine administrative, militärische und staatsbürgerliche Instruktion, während die Jugendlichen – zwischen 12 und 20 Jahren – neben einer staatsbürgerlichen Bildung auch in sportliche Aktivitäten eingebunden wurden. Von der Organisation der algerischen Frauen versprach sich die Armee besonders viel. „Über 2.000 Frauen dienten in den Rängen der ALN um 1956 als Krankenschwestern, Kuriere und [kamen] anderen nicht-kämpfenden, meistens logistischen Verpflichtungen [nach]. Frauen hatten eine vitale Rolle während der Schlacht um Algier gespielt, setzten Boykotte und Streiks durch, organisierten Demonstrationen, schmuggelten Waffen und Nachschub, legten Bomben, verbreiteten Propaganda, [...] bis zu dem

---

[331] Villatoux: L'institutionnalisation de l'arme psychologique, S. 43.

Punkt, dass sie zum ‚Lebensnerv der Maquis' wurden"[332]. Die Soldaten des 5. Büros waren der Überzeugung, dass durch Emanzipation die algerischen Frauen „in Anbetracht ihrer unterdrückten Stellung, auf natürliche Weise auf [...] Seiten [der Franzosen] sein würden"[333]. Sozialmedizinische Teams unterrichteten die algerischen Frauen in Hygiene und Haushaltspflege und organisierten Zusammenkünfte, in denen Frauen ihre Meinung ausdrücken sollten. Diese emanzipatorischen Maßnahmen betrafen auch das Bildungsangebot, die Öffnung des öffentlichen Arbeitsmarkts und die Stärkung der Frauen bei ehelichen Belangen.

„Für einen möglichst hohen Wirkungsgrad der psychologischen Kriegführung und der Propaganda, vor allem aber für den Aufbau ‚paralleler Hierarchien' durch Aussonderung verdächtiger und die gezielte Förderung loyaler Kräfte aus der Bevölkerung, schien kein Rahmen geeigneter als die Abgeschiedenheit und strikte Kontrolle in den Umsiedlungslagern. In ihnen konnte eine Beeinflussung durch die Unabhängigkeitsbewegung auf ein Minimum begrenzt werden, während sich gleichzeitig Kontrolle und Manipulation durch eine Kombination aus Strafen und Belohnungen maximieren ließen"[334]. Neben den Umsiedlungslagern boten auch die Gefangenenlager Algeriens, welche im Rahmen des Notstandsgesetzes von 1955 entstanden waren, einmalige Möglichkeiten, jene Methoden anzuwenden, welche bereits in den französischen politischen Umerziehungslagern ab 1951 in Indochina ihre Früchte getragen und zum Überlaufen von über 9.000 Gefangenen geführt hatten. Ab Juli 1956 wurden sowohl in den Beherbergungszentren, in welche einfache Verdächtige gebracht wurden, als auch in den militärischen Internierungslagern diese Techniken der Gehirnwäsche von Offizieren der 5. Büros eingesetzt. Ziel dieser Methoden, welche sich „auf den Leistungen der menschlichen und Massenpsychologie stützen", war es, aus den Gefangenen „entschlossene Partisanen dieser [französischen] Sache"[335] zu machen. Der Weg zum Einsatz an der Seite

---

[332] Porch: Counterinsurgency, S. 190.
[333] Galula, Pacification in Algeria, S. 105.
[334] Feichtinger: Ein Aspekt revolutionärer Kriegführung, S. 263-264.
[335] In einem Artikel vom 23. Januar 1958 zitiert die Zeitung Le Monde aus der *Notice sur l'action psychologique dans les camps d'hébergement.* Sie wurde von *Lieutenant-*

Frankreichs führt über drei Phasen: nach einer Isolierung des Gefangenen, welche ihn brechen soll, wird auf Grundlage einer neuen Ideologie ein kollektives Bewusstsein geschaffen, welches ihn zur Selbstkritik und schließlich zum Engagement führen soll. Nach erfolgreicher „Umerziehung" wurden sogenannte Freiheitslisten ausgehängt, auf welchen die Namen der Entlassenen standen. Gefangene, die nicht auf der Liste standen, konnten entlassene Kameraden der Illoyalität beschuldigen, um ihren Platz in der Freiheit einzunehmen.

Für die „Umerzogenen" fand die Armee unterschiedliche Einsatzmöglichkeiten. Einmal öffentlich gemacht, blieb vielen nichts anderes übrig, als sich den *Harkas* oder anderen Einheiten anzuschließen und zum Vorzeigeobjekt der Propagandaabteilung der Armee zu werden. Die erfolgreiche Indoktrinierung konnte allerdings auch geheim gehalten bleiben, um die ehemaligen Gefangenen als Informanten einzusetzen oder um sie als verdeckte Agenten in den politisch-militärischen Apparat der Rebellen einzuschleusen. An diesen Desinformations-Kampagnen, welche auch unter den Begriffen *„bleus de chauffé"* bzw. *„bleuite"* bekannt sind, nahmen auch die Offiziere Prestat und Saint Macary – auch unter ihrem Pseudonym Ximénès bekannt – teil[336]. „Unter dem Befehl von *Colonel* Godard, konzipierten der *Capitaine* Léger und seine kleine Mannschaft eine Operation, die darin bestand, mutmaßliche Überläufer [...] – von denen man vermutete, dass sie, sobald sie zur FLN geschickt werden, das französische Lager wieder aufgeben würden – von der Existenz anderer Überläufer auf allen Ebenen der politisch-militärischen

---

colonel André Bruge verfasst, einem ehemaligen Gefangenen der Umerziehungslager der Vietminh.
Le Monde: Une notice officielle fixe les règles de l'action psychologique ‚dans les camps d'hébergement' (23.01.1958), URL: http://www.lemonde.fr/archives/article/1958/01/23/une-notice-officielle-fixe-les-regles-de-l-action-psychologique-dans-les-camps-d-hebergement_2303382_1819218.html?xtmc=camps&xtcr=4 (Stand: 01.04.2015).
[336] Francois Géré: Contre-insurrection et action psychologique. Tradition et modernité, in: IFRI. Focus stratégique n° 25, Paris 2010, S. 17, URL: http://www.ifri.org/sites/default/files/atoms/files/fs25gere.pdf (Stand: 01.04.2015).

Infrastruktur zu überzeugen. So verrieten sie lupenreine Kämpfer, und schleusten Verdächtigungen und Verratensängste in die ganze *Wilaya* [Verwaltungsbezirk] ein. Der Erfolg übertraf alle Erwartungen"[337]. Die darauffolgenden internen Säuberungen und Folterorgien seitens der FLN kosteten allein in der *Wilaya* 3 von Amirouche Ait Hamouda über 2.000 Menschen das Leben.

Die Rückkehr der Putschisten

Trotz der militärischen Erfolge in Algerien erhoben sich aus dem spanischen Exil einst vergessene Geister und das Schreckgespenst des Bürgerkrieges erschien erneut bedrohlich nahe. Bereits im Januar 1960 kündigte Massu – damals Kommandant der 10. Militärregion und Präfekt Algiers in Personalunion – in einem Interview mit der Süddeutschen Zeitung neue Ungehorsamkeiten des Militärs an. „Die Armee hat nicht erwarten können, daß [sic!] General de Gaulle eine solche Politik treiben würde. [...] Die größte Enttäuschung war für uns, daß [sic!] General de Gaulle ein Mann der Linken geworden ist. [...] Die Armee hat die Macht. Sie hat sie bisher nicht gezeigt, weil die Gelegenheit hierzu noch nicht gegeben war. Die Armee würde aber in einer bestimmten Situation ihre Macht einsetzen"[338]. Das Interview kostete Massu seinen Posten und die Strafversetzung nach Metz.

In Spanien beließen es die einstigen Verschwörer jedoch nicht bei leeren Drohungen. Ende Januar 1961 gründete General Salan gemeinsam mit Jean-Jacques Susini und Pierre Lagaillarde eine militärische Geheimorganisation mit dem Namen „Organisation geheime Armee" (*Organisation armée secrète* – OAS), in Anlehnung an die *Armée secrète* des französischen Widerstands während des Zweiten Weltkriegs. Die OAS wurde zum Sammelbecken für alldiejenigen, die bereit waren, Algerien auch gegen den Willen der Bevölkerung und mit Waffengewalt als Teil von Frankreich zu bewahren. Die Bewegung – ein dezentrales Netzwerk bestehend aus anonymen und bekannten Unterstützern sowie gewaltbereiten Elementen, die von

---

[337] Géré, La guerre psychologique, S. 243.
[338] Zitiert nach: Der Spiegel, Massu-Interview. Die letzte Kugel, in: Spiegel n° 6 (03.02.1960), S. 38.

einem Hohen Rat unter den Generalen Salan, Jouhaud, Gardy, den Obristen Gardes und Godard sowie den Zivilisten Susini und Pérez geleitet wurden – schöpfte ihre Kraft aus drei verschiedenen Strömungen: den Faschisten, den Traditionalisten und den Nationalisten[339]. Während die Faschisten um die Gebrüder Sidos die „französische Rasse" und die „weiße Zivilisation" verteidigen wollten, glaubten die Traditionalisten und Nostalgiker des Petainismus' – zu denen laut Sylvie Thénault auch Charles Lacheroy gehörte –, dass es nur einem autoritären Staat wie die Regime von Vichy oder von Salazar zuzutrauen sei, Algerien als Teil Frankreichs zu behalten. Die Nationalisten wiederum verteidigten die Idee der territorialen Integrität und hielten die „eingegangenen Verpflichtungen" den Algeriern gegenüber hoch. Zu den Anhängern der letzten Strömung werden neben zahlreichen Politikern wie Jacques Soustelle, Robert Lacoste, André Morice oder Maurice Bourgès-Manoury auch Akademiker wie der Soziologe Raoul Girardet oder der Historiker Francois Bluche gezählt. Um die Loslösung Algeriens zu verhindern, griff die OAS all jene an, die die Unabhängigkeit aktiv oder passiv unterstützten und wandten dafür jene revolutionären Methoden an, welche sie in Algerien einst verurteilten und bekämpften. Wie die FLN wandte auch die OAS terroristische Mitteln zur Durchsetzung ihrer politischen Ziele an: Einschüchterungen, Morddrohungen, Mordanschläge und Bombenattentate. Prominente Unterstützer der algerischen Sache entkamen Anschlägen der OAS in ihren privaten Unterkünften oder an ihren Arbeitsplätzen nur mit Glück, darunter Intellektuelle wie Jean-Paul Sartre oder André Malraux, aber auch Politiker wie Francois Mitterrand und sogar Präsident Charles De Gaulle. Sie agierten sowohl in Algerien als auch in der Metropole und ließen Bomben an Knotenpunkte wie der Gare de Lyon oder dem Flughafen Paris-Orly explodieren. Im April 1961 nahm das 1. Fremdenregiment der Fallschirmjäger – hauptsächlich bestehend aus ehemaligen SS-Angehörigen und ungarischen Faschisten – schließlich den Sitz des Generalgouverneurs ein, sowie den Flughafen, das Rathaus und die Rundfunkanstalt von Algier. Wie 1958 bereiteten erneut Kräfte innerhalb des Militärs – angeführt von den Generalen Salan, Jouhaud,

---

[339] Vgl. Thénault, Histoire de la guerre d'indépendance algérienne, S.245-246.

Challe und Zeller – eine Invasion auf Paris vor. Doch dieses Mal folgte die Armee und insbesondere die Wehrpflichtigen ihren Rufen nicht.

Das Ende der Doktrin des revolutionären Krieges
Nach Verhandlungen zwischen der FLN, in Person von Krim Belkassem, und der französischen Regierung, repräsentiert vom damaligen Minister für algerische Angelegenheiten Louis Joxe, wurden am 18. März 1962 schließlich die Verträge von Evian geschlossen, welche dem Algerienkrieg ein Ende setzte. Man einigte sich auf eine sofortige Waffenruhe, die Unabhängigkeit Algeriens und eine Fortsetzung der wirtschaftlichen und sozialen Entwicklung Algeriens mithilfe französischer Gelder, dem sogenannten *Plan de Constantine*. Im Gegenzug verpflichtete sich Algerien, die europäische Bevölkerung zu schützen und erlaubte Frankreich, das Saharagebiet für 6 Jahre zu nutzen. De Gaulle hatte seinen Plan durchsetzen können.

Doch die Neuausrichtung unter De Gaulle betraf nicht nur die Algerienpolitik, sondern die ganze französischen Sicherheits- und Verteidigungspolitik. Die Neuausrichtung markierte den Anfang vom Ende der *Guerre révolutionnaire* und die beginnende Demontage der zu ihrer Durchführung aufgebauten Institutionen in Algerien. De Gaulle hatte verstanden, dass das imperiale Zeitalter zu Ende ging, in welchem Großmächte sich durch die Unterdrückung fremder Völker und dem Besitz großer Kolonialreiche definierten. Mit dem Anbruch des atomaren Zeitalters definierten sich Großmächte nun durch den Besitz von Atombomben; nur sie konnten im Zeitalter der Blockkonfrontation die nationale Souveränität, eine blockfreie Selbstbestimmung und die Größe eines Landes garantieren[340]. Um diese eigenständige, nationale atomare Kapazität aufzubauen, beendete De Gaulle mit seinem Amtsantritt 1958 auch die nukleare Zusammenarbeit mit der Bundesrepublik Deutschland und Italien, welche im November 1957 zwischen Jacques Chaban-Delmas, Franz

---

[340] Zur Entstehungsgeschichte der französischen Atombombe siehe: Dominique Mongin: Genèse de l'armement nucléaire français, in: Revue historique des armées n°262 (2011), S. 9-19.

Josef Strauß und Paolo Emilio Taviani vertraglich festgehalten wurde[341].

Die Verlagerung des Hauptaugenmerks der französischen Sicherheits- und Verteidigungspolitik auf atomare Kapazitäten und die Formulierung der Doktrin der *Dissuasion* beendete auch die Vorrangstellung der Doktrin des revolutionären Krieges innerhalb der Streitkräfte, welche mit der Machtübernahme De Gaulles einen langsamen Tod starb. Ab 1959 wurde sowohl in der *Revue de Défense Nationale* als auch in der *Revue Militaire d'Information* eine neue redaktionelle Linie verfolgt und Themen des revolutionären Krieges marginalisiert. Dies bestätigte auch der ehemaliger Chefredakteur der RMI Lucien Poirier: „Ich verließ Paris 1960 für die tunesische Grenze. Mein Vorgänger Robert Doumic nahm seinen Platz an der Spitze der RMI wieder ein, als der Algerienkrieg mehr und mehr zu einem franco-französischen Konflikt ausartete. [...] Neu übernommen, kam die Zeitschrift wieder zu klassischeren Themen zurück und zu einem politisch korrekteren Ton. Schließlich, 1964 (oder 1965?) wurde sie zum unerwarteten Opfer einer allgemeinen Bereinigung der militärischen Veröffentlichungen"[342].

Diese neue politische Ausrichtung hatte sich auch auf die militärische Operation zum Ende des Algerienkrieges selbst ausgewirkt. De Gaulle ließ die Operationen in Algerien zwar weiter fortsetzen und den militärischen Druck auf die Rebellen unter Challe erhöhen, doch begann zeitgleich auch ein langsamer Rückbau der totalitären Strukturen und Praktiken des Militärs. Nach der Fertigstellung des Berichts über die Umsiedlungslager durch Michel Rocard – welcher im April 1959 durch die Tageszeitung *Le Monde* teilweise an die Öffentlichkeit gelangte – mussten zukünftige Umsiedlungen durch den Generaldelegierten des Generalgouverneurs erlaubt werden. Im Februar 1960 ließ Verteidigungsminister Pierre Messmer die 5. Büros auflösen, einige Monate später auch Regimenter wie das *11ème Choc* und die *Détachements opérationnels de protection* (DOP), welche für ihre „Überzeugungsarbeit" bei Verhören berüchtigt waren. Mit dem En-

---

[341] Vgl. Dominique Mongin: Aux origines du programme atomique militaire français, in: Matériaux pour l'histoire de notre temps n° 31 (1993), S. 20-21.
[342] Poirier, Le Chantier stratégique, S. 236.

de offensiver Operation ab Mai 1961, welches die militärischen Aktionen der französischen Armee auf die Selbstverteidigung und die Terroristenverfolgung beschränkte, begann schließlich – nur teilweise und widerwillig von der Armee befolgt – auch die „Entsiedlung" der umgruppierten Bevölkerung.

Um schließlich auch das revolutionäre Gedankengut aus der Armee zu bekommen, ließ de Gaulle die Ränge der Armee – auf demokratische Weise – säubern und Ausbildungszentren wie das CEGS schließen. „Dies wurde 1959 von einem mit Argentinien unterzeichneten Sicherheitspakt gefolgt, um einige der fanatischeren Anti-terror-Befürworter in den südlichen Teil Südamerikas zu verbannen"[343], welche unter den dortigen Militärdiktaturen eine neue Blütephase erlebten[344].

3.5. Transatlantischer Wissenstransfer

Auch in den USA waren französischen Offiziere mit ihren Kampferfahrungen in asymmetrischen Konflikten sehr gefragt. Unter der Kennedy-Administration fand zeitgleich zu den Umstrukturierungen in Frankreich eine Umschreibung der Militärdoktrinen der Armee statt, allerdings in die von Frankreich aus gesehen entgegengesetzte Richtung. Und so führte unter anderen Paul Aussaresses – „der Henker"[345], welcher in den 1970er Jahren die brasilianischen Streitkräfte und die chilenischen Streitkräfte Pinochets in subversiver Kriegführung unterrichtete – als Instrukteur am *Special Warfare Center* von Fort Bragg in North Carolina US-amerikanische Offiziere in die Theorien der französischen Aufstandsbekämpfung ein. Als Grundlage hierfür bediente er sich unter anderen des noch unveröffentlichten Buches *La guerre Moderne* seines Kriegskameraden Roger Trinquier. „Die Unterrichte von Aussaresses waren schlicht und einfach

---

[343] Porch: Counterinsurgency, S. 199.
[344] Vgl. Robin, Escadrons de la mort, S. 199-410.
[345] Sofiane Ait Iflis: Paul Aussaresses, le bourreau, est mort, in: Le Soir d'Algérie (5. Dezember 2013), URL: http://www.courrierinternational.com/article/2013/12/05/paul-aussaresses-le-bourreau-est-mort (Stand: 01.04.2015).

Kurse zum revolutionären Krieg, wie sie Lacheroy oder Bigeard in den Ausbildungszentren in Algerien vorgebracht hatten"[346].

Auch in den US-amerikanischen Think Tanks begann man sich mit dem Thema zu beschäftigen. So organisierte die RAND Corporation vom 16. bis 20. April 1962 ein Symposium zum Thema „Counterinsurgency"[347] mit zahlreichen Vortragenden, unter denen sich neben Koryphäen wie der US-Amerikaner General Edward G. Lansdale und der britische *Lieutenant Colonel* Frank E. Kitson, auch ein gewisser David Galula, *Lieutenant-colonel* der französischen Marineinfanterie, befand. Als Botschaftsmitarbeiter an der Seite des französischen Militärattachés Jacques Guillermaz in Peking, war Galula dank seiner Mandarinkenntnisse kurz nach dem Zweiten Weltkrieg erstmals als Militärbeobachter an der Seite der Truppen Chiang Kaisheks mit dem revolutionären Krieg in Berührung gekommen. Nur wenige Jahre später sah er als Militärbeobachter des Sonderausschusses der Vereinten Nationen für den Balkan diese Kriegführung erneut angewandt, dieses Mal von der griechischen Volksbefreiungsarmee ELAS. Zurück in Asien, musste er als Militärattaché in Hongkong (1951-1956) aus nächster Nähe das Scheitern Frankreichs im Indochinakrieg miterleben, ein Krieg, dem auch vielen seiner Klassenkameraden von St. Cyr zum Opfer fielen. Ab 1956 führte Galula das 45. Koloniale Infanteriebataillon in der Kabylei und hatte dort die Aufgabe, als Kompagniekommandeur den Djebel Aissa Mimoun zu befrieden[348].

Als er nach dem Algerienkrieg im April 1962 schließlich als Experte für Aufstands- und Guerillabekämpfung zum Symposium

---

[346] Vgl. Elie Tenenbaum, L'influence française sur la stratégie américaine de contre-insurrection. 1945-1972, Masterarbeit IEP Paris 2010, S. 98.

[347] Stephen T. Hosmer, Sibylle O. Crane, Counterinsurgency. A Symposium, April 16-20, 1962, Santa Monica 1963.
Einzusehen unter:
http://www.rand.org/content/dam/rand/pubs/reports/2006/R412-1.pdf (Stand: 01.04.2015).

[348] Zu den Befriedungsmaßnahmen Galulas im Algerienkrieg, welche teilweise im Widerspruch zu seiner eigenen Theorie stehen, siehe:
Grégor Mathias, Galula in Algeria. Counterinsurgency Practice versus Theory, Santa Barbara 2011.

der RAND eingeladen wurde, konnte er dem Plenum seine Beobachtungen und Erfahrungen aus einer Vielzahl unterschiedlicher Kriege mitteilen. „Er zeichnete sich in diesem Forum so sehr aus, dass der Vorsitzende, Dr. Stephen T. Hosmer, Galula aufforderte, eine detaillierte, profunde Studie über Aufstandsbekämpfung für die RAND zu schreiben"[349]. Seine Studie *Pacification in Algeria* wurde 1963 veröffentlich und bot den Auftakt für ein weiteres englischsprachige Buch – *Counterinsurgency Warfare: Theory and Practice* –, in welchem Galula 1964 eine umfassende Theorie der Aufstandsbekämpfung aufstellte, welche ihm 40 Jahre später die Bezeichnung „Clausewitz der Aufstandsbekämpfung"[350] einbrachte. Dass Galula 1967 trotzdem in kompletter Anonymität in Frankreich starb, seine zwei englischsprachigen Werke zur Aufstandsbekämpfung bis 2006 in totale Vergessenheit geraten waren und erst 2008 ins Französische übersetzt wurden, hatte zwei Ursachen: zum einen war Galula im Algerienkrieg ein einfacher Kompagniekommandeur, welcher wenig operative Erfahrung in einer – für den Algerienkrieg – eher unspektakulären Gegend gesammelt hatte. „Das zweite bemerkenswerte Element, welches das erste erklärt, ist, dass Galulas militärische Schriften wenig innovativ waren. Sie beruhen auf mehr als ein Jahrhundert gut dokumentierter französischer Erfahrungen mit irregulärer Kriegführung und Aufstandsbekämpfung in Nordafrika und anderswo. Was in den Vereinigten Staaten 1964 und 2006 erneut als revolutionär galt, war in Frankreich eher evolutionär: ein Ergebnis von mehr als 130 Jahren kolonialer Kampagnen, welche 1830 in Algerien begannen und 1962 in Algerien endeten und in einer idiosynkratrischen Debatte in den späten 1950er und frühen 1960er Jahren gipfelte. [...] Viele von Galulas Schriften wiederholten in Englisch nur das, was in Französisch schon lange Allgemeingut war"[351].

Und dennoch wurde Galula 2005 inmitten der schlimmsten Zeiten des Irakkriegs wiederentdeckt und ein Jahr später zur zentralen Leitfigur des Feldhandbuches *Counterinsurgency* FM 3-24 – der

---

[349] Galula, Pacification in Algeria (Bruce Hoffman, Vorwort zu Galula 2006: VII).
[350] David Galula, Contre-insurrection. Théorie et pratique, Paris 2008, (David Petraeus/John Nagl, Vorwort zu Galula 2008:V).
[351] Thomas Rid: The Nineteenth Century Origins of Counterinsurgency Doctrine, in: Journal of Strategic Studies Vol. 33, n° 5 (Oktober 2010), S. 731.

sogenannten COIN-Doktrin – empor gehoben[352]. Mehr als vierzig Jahre nach dem Ende des Algerienkrieges waren Galulas Hinweise zu psychologischen Operationen, zur zivil-militärischen Zusammenarbeit und zur zentralen Bedeutung der Bevölkerung bei Aufständsbekämpfungseinsätzen eine „Revelation"[353] für US-amerikanische Militärs, welche ihre eigenen asymmetrischen Erfahrungen letztmalig mit dem *Small Wars Manual* von 1940 zu einer Doktrin verarbeitet hatten. In *Pacification in Algeria* umgibt sich Galula – zu Unrecht – mit der Aura eines weißen Ritters in der dunklen Nacht, welcher es schaffte, inmitten von Kriegsverbrechen, Folter Bevölkerungskonzentrierung und Massenerschießungen eine saubere Aufstandsbekämpfungskampagne zu führen. In bester *Small wars*-Tradition – in welcher Taktik das A und O ist – lässt er seine Anhänger daran glauben, dass die richtige Befolgung seiner taktischen Vorgaben die Formel zum Sieg sei. Und so hatte Galula auch eine Brückenfunktion zwischen dem US-Militär und den französischen Erfahrungen im Algerienkrieg, da er es „den Autoren von FM 3-24 [ermöglichte], die häufigen innovativen taktischen Anpassungen der französischen Armee in Algerien von ihrem Kontext aus Rassismus, Brutalität und der Implosion der französischen zivil-militärischen Beziehungen zu isolieren"[354]. Dass sich Galula nicht aus seinem historischen Kontext isolieren ließ und mit der Aufmerksamkeit um seine Person und seine Werke *Pacification in Algeria* sowie *Counterinsurgency Warfare* auch das Interesse an Kolonial- und Dekolonialisierungskriegen explosionsartig zunahm, zeigt die Masse an neuen Werken und Wiederveröffentlichungen zu dem Thema ab 2005[355]. Entsprechend wurde

---

[352] Siehe Fußnote 15
[353] Ann Marlowe, David Galula. His Life and Intellectual Context, 2010, S. 3.
[354] Porch: Counterinsurgency, S. 175.
[355] Bspw. Bernard Fall, Street Without Joy. The French Debacle in Indochina, Mechicsburg 2005 (erstmalig 1963 veröffentlicht); John J. McCuen, The Art of Counter-Revolutionary War. The Strategy of Counterinsurgency, St. Petersburg 2005 (erstmalig 1966 veröffentlicht); Ted Morgan, My Battle of Algiers. A Memoire, New York 2005; John A. Nagl, Learning to Eat Soup with a Knife. Counterinsurgency Lessons from Malaya and Vietnam, Chicago 2005; Robert Thompson, Defeating Communist Insurgency, St. Petersburg 2005 (erstmalig 1966 veröffentlicht); John J. Tierney Jr., Chasing Ghosts. Unconventional Warfare in Ameri-

auch der erfolglose Algerienkrieg neben der Britischen *Emergency* in Malaya (1948-1960) und dem nordirischen Konflikt (1969-1998) zu einem der drei historischen Fallbeispiele, auf welche die Autoren von FM 3-24 rekurrieren. Sie verweisen in der Bibliographie des Feldhandbuches auf zahlreiche dieser „Klassiker" und reihen sich somit eindeutig in die neo-klassische Strömung der Aufstandsbekämpfung ein, welche Aufständen zeit- und raumübergreifende Konstanten zuschreiben. In den Augen der Anhänger der *Neoclassical COIN* können mit den Methoden der Aufstandsbekämpfung des 19. und 20. Jahrhundert, welche beispielsweise im Algerienkrieg angewandt wurden, auch Aufstände des 21. Jahrhunderts bewältigt werden, wie im Irak. Ist die COIN-Doktrin somit eine Fortschreibung der Doktrin des revolutionären Krieges? Dies ist der Gegenstand des zweiten Teils dieses Buches.

---

can History, Washington 2006; Alistair Horne, A Savage War of Peace, New York 2006 (erstmalig 1977 veröffentlicht).

Teil II

Die US-amerikanische COIN-Doktrin

Einleitung

Als im März 2003 die USA im Verbund mit einer Koalition aus 35 weiteren willigen Nationen – gestützt von falschen nachrichtendienstlichen Informationen – in den Irak einmarschierten, sollte nach den Plänen der damaligen Bush-Administration der Beginn eines neuen Nahen Ostens eingeläutet werden. Zehn Jahre später wissen wir, dass die Invasion des Zweistromlandes nicht nur eines der abenteuerlichsten und kostspieligsten Kriege[356] war, den die USA jemals geführt hatten, sondern auch eines der verlustreichsten. Den Schätzungen einer Studie der US-amerikanischen Brown University[357] zufolge starben seit 2003 über 130.000 Zivilisten an den direkten Folgen des Krieges. Sie sind mit mehr als 70 Prozent der Todesopfer die Hauptleidtragenden eines Konflikts, welcher auch nach dem Abzug der US-Truppen bis heute in Form eines latenten Bürgerkriegs weitergeführt wurde. Zu den zivilen Opfern kommen über viereinhalbtausend gefallene US-Soldaten, zehntausend irakische Sicherheitskräfte und über dreißigtausend getötete Aufständische hinzu. Über die Hälfte der zivilen Todesopfer starben in den ersten drei Jahren nach der Invasion, erst 2007 konnte die Tendenz der jährlichen Zunahme der Opferzahlen umgekehrt werden[358].

Das brutale und rücksichtslose Vorgehen der US-Truppen in den ersten Jahren nach der Invasion trug maßgeblich dazu bei, diese Zahlen in die Höhe schnellen zu lassen und einen Aufstand entstehen zu lassen. Das US-Militär vermochte es nicht, sich der veränderten Natur des Krieges anzupassen und brachte die Bevölkerung –

---

[356] Die Kosten werden auf über 2 Billionen US-Dollar geschätzt.
Vgl. Brown University, 'Cost of War' Project. Iraq War: 190.000 lives, $2.2 trillion (2013), Brown University, URL:
http://news.brown.edu/pressreleases/2013/03/warcosts
(Stand: 01.04.2015).
[357] Brown University, 'Cost of War'.
[358] Statista, Zivile Todesopfer im Irakkrieg bis 2015. Anzahl der dokumentierten zivilen Todesopfer im Irakkrieg von 2003 bis 2015 (2015), URL: http://de.statista.com/statistik/daten/studie/163882/umfrage/dokumentierte-zivile-todesopfer-im-irakkrieg-seit-2003/ (Stand: 01.04.2015).

der Dreh- und Angelpunkt eines jeden Aufstandes – gegen sich auf. Dass sich ab 2007 die Sicherheitslage trotzdem besserte, ist – neben den bitteren Erfolgen der ethnischen Säuberungen der sunnitischen und schiitischen Milizen sowie zahlreichen Abmachungen zwischen den Sicherheitskräften der Koalition der Willigen und den Aufständischen – insbesondere auf die Einführung einer neuen militärischen Doktrin[359] ab Dezember 2006 zurückzuführen. Sie institutionalisiert jene Anpassungen und Innovationen, welche von einigen Militärs ab 2005 im Irak auf informelle Weise unternommen wurden und baut auf den Erfahrungen, Lehren und Prinzipien zahlreicher historischer militärischer Kampagnen auf, welche nunmehr zu den Klassikern der Aufstandsbekämpfung gezählt werden. Mit der Ernennung von David Petraeus zum Kommandeur der multinationalen Streitkräfte im Irak im Januar 2007 wurde diese von ihm mitverfasste *Counterinsurgency*-Doktrin (auch COIN-Doktrin oder COIN) in Form des Feldhandbuches[360] FM 3-24 zum Leitfaden für das Handeln der US-Truppen im Irakkrieg, eine Doktrin, welche die Bevölkerung ins Zentrum der aufstandsbekämpfenden Maßnahmen stellt.

Dieser zweite Teil des vorliegenden Buches möchte im vierten Kapitel zunächst die Entstehungsgeschichte dieser Doktrin darlegen,

---

[359] Das NATO-Glossar von 2008 definiert eine Doktrin wie folgt: „Fundamental principles by which the military forces guide their actions in support of objectives. It is authoritative but requires judgement in application",
NATO, AAP-6 (2008). NATO Glossary of Terms and Definitions (English and French) (2008), URL:
http://www.fas.org/irp/doddir/other/nato2008.pdf (Stand: 01.04.2015).
Zum gleichen Thema siehe: Harald Høiback, What is Doctrine, in: Journal of Strategic Studies 34 – 6 (2011), S. 879-900.

[360] „Die Field Manuals (FM) oder Feldhandbücher enthalten verbindliche Vorschriften unter anderem zu Organisation, Struktur und Taktik im Gefecht sowie zu Waffenkunde und -handhabung, aber auch zur Behandlung gefangener Gegner", Jeremy Harding: Bleibende Schäden. Die Überlebenden von Guantánamo, in: Le Monde diplomatique (2009), Nr. 9062, URL: http://www.monde-diplomatique.de/pm/2009/12/11.mondeText1.artikel,a0045.idx,14
(Stand: 01.04.2015).
Siehe auch Daniel Engber: What Are Army Field Manuals? How-to guides for interrogation, laser injury prevention, and other useful skills (2005), URL:
http://www.slate.com/articles/news_and_politics/explainer/2005/11/what_are_army_field_manuals.html (Stand: 01.04.2015).

welche aufs engste mit dem Verlauf des Irakkriegs verbunden ist. Kapitel fünf wird anschließend den Inhalt der Doktrin vorstellen und sich hierfür der Fragen bedienen, welche bereits die Analyse der Doktrin des revolutionären Krieges im vorausgegangenen Teil geleitet haben. Dieses Kapitel bildet schließlich die Grundlage für das sechste Kapitel, in welchem schließlich die beiden vorgestellten Doktrinen entsprechend den zuvor aufgestellten Kategorien auf Parallelen und Unterschiede miteinander verglichen werden.

4. Die Entstehung der COIN-Doktrin

Die Operation *Iraqi Freedom* begann am 20. März 2003 mit der Bombardierung ausgewählter Ziele in Bagdad und strebte den Sturz des irakischen Machthabers Saddam Hussein in einem mehrphasigen Feldzug an[361]. Die ersten drei Phasen des *Operation Plans* (OPLAN) 1003V vom Februar 2003 sahen die Einsatzvorbereitungen, die Durchführung von Luftangriffen und Bodenoffensiven sowie die letztendliche Bezwingung oder Kapitulation der irakischen Streitkräfte vor. Die vierte und letzte Phase des OPLAN war der Nachkriegszeit gewidmet. Sie sah die Unterstützung einer irakischen Übergangsregierung und -verwaltung durch die USA vor, die aus Exilirakern bestehen und in einem nahtlosen Übergang die Geschicke des Landes leiten sollte. Weiterhin war ein gemeinsames Vorgehen der US-Truppen und neu zu schaffender paramilitärischer Einheiten bei der Aufrechterhaltung der Rechtsstaatlichkeit, der Sicherheit und beim Aufbau und Erneuerung lebenswichtiger Infrastrukturen und Dienstleistungen vorgesehen.

Nach der Einnahme des Landes und der offiziellen Beendigung der Kampfhandlungen am 1. Mai 2003 traf die US-amerikanische *Coalition Provisional Authority* (CPA), welche das administrative Vakuum in der Nachkriegszeit zunächst füllte, zwei folgenschwere Entscheidungen. Um einen wirklichen Neuanfang an Tigris und Euphrat zu ermöglichen, beschloss US-Botschafter Paul Bremer in seiner Funktion als Leiter der CPA in seiner ersten Order[362] die *De-Ba'athification* der irakischen Gesellschaft – ganz nach dem Vorbild der Entnazifizierung Nachkriegsdeutschlands. Betroffen waren zwischen fünfzehn und dreißigtausend ehemalige Baathisten – also Mitglieder der Einheitspartei Baath unter Saddam Hussein – welche aus allen politischen Ämtern und aus allen Stellen

---

[361] Nora Bensahel [et al.], After Saddam. Prewar Planning and the Occupation of Iraq, RAND Corporation, Santa Monica CA 2008, S. 5 – 10.
[362] CPA, Coalition Provisional Authority Order Number 1. De-Ba'athification of Iraqi Society (2003), URL: http://www.iraqcoalition.org/regulations/20030516_CPAORD_1_De-Ba_athification_of_Iraqi_Society_.pdf (Stand: 01.04.2015).

der Verwaltung entlassen wurden[363]. So fanden sich von einem Tag auf den anderen Ministerien, Krankenhäuser und andere öffentliche Einrichtungen ohne Leitung wieder, da vor dem Machtwechsel für eine Karriere im öffentlichen Dienst eine Parteimitgliedschaft unerlässlich war. Mit der zweiten Order[364] wurde der gesamte irakische Sicherheitsapparat aufgelöst – darunter auch die Grenzpolizei, was eine durchlässige irakisch-syrische Grenze zur Folge hatte – und somit fast eine halbe Million Menschen, meist mit Kampferfahrung, ohne Ersatzbeschäftigung auf die Straße gesetzt. Der Mitte Juli von den USA eingesetzte Regierungsrat, bestehend aus Schiiten, Sunniten, Kurdenführern und Exilirakern, hatte sich dem Vetorecht Paul Bremers zu beugen, zumal die CPA in ihrer ersten Regulation die Ausübung der vorübergehenden Regierungsgewalt für sich beanspruchte[365]. Durch die Auflösung der irakischen Sicherheitskräfte und den schleppenden Wiederaufbau einer neuen irakischen Armee – sie bestand zunächst aus gerade einmal 700 Soldaten, von denen 300 die Armee im Dezember 2003 wegen zu niedriger Löhne verließen[366] – wurden die US-Truppen mit der Aufgabe betraut, die Sicherheit im Land zu gewährleisten.

---

[363] Spiegel Online, Das unterschätzte Chaos. Bush Nachkriegskonzept zerfällt (2003), URL: http://www.spiegel.de/politik/ausland/das-unterschaetzte-chaos-bushs-nachkriegskonzept-zerfaellt-a-249278.html (Stand: 01.04.2015).
[364] CPA, Coalition Provisional Authority Order Number 2. Dissolution of Entities (2003), URL:
http://www.iraqcoalition.org/regulations/20030823_CPAORD_2_Dissolution_o f_Entities_with_Annex_A.pdf (Stand: 01.04.2015).
[365] CPA, Regulation Number 1
[366] Dieter Reinhardt: Wiederaufbau oder Bürgerkrieg im Irak, in: Christoph Weller, Ulrich Ratsch, Reinhard Mutz, Bruno Schoch & Corinna Hauswedell (Hrsg.), Friedensgutachten 2004, Berlin 2004, S. 73.

4.1. Die Zeit der Orientierungslosigkeit: der Irakkrieg bis 2005

Konventionelle Kriegführung unter General Sanchez

Problematisch bei der Sicherung des Landes war, dass die *US Army* und das *Marine Corps* für einen konventionellen Hightech-Krieg trainiert und ausgerüstet waren, nicht aber um polizeiähnliche Funktionen oder Aufgaben einer *Constabulary Force* zu übernehmen. Für die Kampfhandlungen während der Invasion aber auch für das erste Jahr der Nachkriegszeit war das Field Manual *FM 3-0 Operations*[367] die doktrinelle Grundlage für das Vorgehen der US-Truppen. Das zentrale Konzept dieses Field Manuals war die *Maneuver Warfare*, eine Kriegführung, die in der Bewegung stattfindet und massive Feuerkraft gegen einen klar identifizierten, regulären Gegner ausübt[368]. Zur Befriedung des Nachkriegsiraks erwies es sich schnell als überholt und nicht adäquat, da Aufständische von Zivilisten kaum zu unterscheiden sind und sie (zumindest im Irak) von Bevölkerungszentren aus operieren. In diesen „Neuen Kriegen" steht außerdem der politische Charakter des Konflikts im Vordergrund und nicht

---

[367] Einen Monat vor Beginn der Invasion im März 2003 veröffentlichte die US Army das Field Manual *FM 3-07 Stability Operations and Support Operations*, welches auf FM 3-0 aufbaut und detaillierter auf Counterinsurgency-Operationen eingeht. Im Vorwort dieses Field Manuals wird angemerkt: „This manual discusses distinct characteristics of stability operations and support operations, together with doctrinal foundations that facilitate their accomplishment. It amplifies FM 3-0 Chapters 9 and 10. FM 3-07 is conceptual, aiming more at broad understanding than at details of operations". FM 3-07 ist in seinen Ausführungen allerdings zu allgemein und geht auf zu viele Typen von Operationen ein, um das Handeln der Soldaten in Counterinsurgency-Operationen leiten zu können, zumal davon ausgegangen wurde, dass die US Kräfte typischerweise als helfende Hand im Hintergrund agieren und in solche Operationen nicht selbst involviert werden würden.
Vgl. US Army, FM 3-0. Operations, Washington 2001; US Army, FM 3-07 (FM 100-20). Stability Operations and Support Operations, Washington 2003; Austin Long, Doctrine of Eternal Recurrence. The US Military and Counterinsurgency Doctrine, 1960-1970 and 2003-2006, RAND Counterinsurgency Study Paper 6 (Occasional Paper), Santa Monica CA 2008, S. 21.
[368] Vgl. Martin van Creveld [et al.], Air Power and Maneuver Warfare, Alabama 1994, S. 1-20.

der militärische Aspekt. Doch wurde dieser neuen Konfliktform unter der Führung von *Lieutenant General* Ricardo Sanchez, Befehlshaber der US Truppen im Irak in der unmittelbaren Nachkriegszeit, nicht Rechnung getragen. Während seiner gesamten Amtszeit wurde kein Kampagnenplan ausgearbeitet; die Divisionskommandeure verfielen so in alte Handlungsmuster und setzten den Fokus einseitig auf die militärische Konfrontation mit dem Feind und jenen, die als solche angesehen wurden.

So machten sich die US-amerikanischen Soldaten insbesondere in den ersten Nachkriegsjahren durch ihre rüde Vorgehensweise und ihre „verhängnisvolle Unkenntnis lokaler Sitten und Gebräuche"[369] bei der irakischen Bevölkerung schnell unbeliebt. Besonders die massive Waffengewalt und die *Cordon-and-search operations*[370] riefen in der einheimischen Bevölkerung Unmut hervor. Innerhalb weniger Monate entwickelte sich ein realer Aufstand, dessen Ursachen lange verkannt wurden. Das Weiße Haus und das Pentagon interpretierten dies zunächst als ein temporäres und terroristisches Phänomen, welches keiner weiteren Beachtung verdiene und für die US-amerikanischen Pläne im Irak weder relevant sei noch eine Gefahr repräsentiere. Noch im Juli 2003 versicherte Verteidigungsminister Donald Rumsfeld der internationalen Presse, dass man es im Irak lediglich mit vereinzelten Gewalttakten zu tun hat. Plünderer, Kriminelle, Überbleibsel des baathistischen Regimes, ausländische Terroristen und iranische Handlager seien fünf verschiedene „Sachen", so Rumsfeld, die noch lange keinen Guerillakrieg oder einen organisierten Widerstand darstellen würden[371]. Das US-Militär konzentrierte sich lange auf die Suche nach Saddam Hussein und seinen Gefolgsleuten in den sunnitischen Gebieten, da Washington davon ausging, dass sich mit einer Gefangennahme oder der Eliminierung dieser

---

[369] Der Spiegel: Irak. Debakel in Bagdad, in: Der Spiegel 23 (2003), S. 101.

[370] Bei *Cordon-and-search* Operationen wird ein bestimmtes Gebiet von Soldaten abgeriegelt, bspw. ein Wohnhaus oder ein Stadtteil, um dieses Gebiet schließlich nach Waffen oder Personen zu durchsuchen.

[371] Chicago Tribune: Setting record straight on guerilla war and quagmire (2003), URL:
http://articles.chicagotribune.com/2003-07-03/features/0307020345_1_guerrilla-war-human-shields-quagmire (Stand: 01.04.2015).

vermeintlichen Strippenzieher des Aufstands die Lage im Lande normalisieren würde[372]. Aus dieser politischen Analyse heraus ergab sich für den Rest des Zweistromlandes keine einheitliche militärische Vorgehensweise. Aufgrund des fehlenden Kampagnen-Plans unter Sanchez bekämpfte jeder Truppenführer jene von Rumsfeld angesprochenen, vereinzelten Gewaltakte in seinem Operationsgebiet auf seine Art[373]. Entgegen allen Prinzipien der Aufstandsbekämpfung wurde militärische Gewalt unverhältnismäßig eingesetzt und Iraker bei bloßem Verdacht festgenommen[374]. Typisches Beispiel hierfür war die *4th Infantry Division* (4th ID) unter dem Kommando von *Major-General* Raymond Odierno, welche 2003 in ihrem Einsatzgebiet im Norden von Bagdad wahllos und rücksichtslos agierte[375]. So wurden bspw. aus Prinzip alle Männer im wehrpflichtigen Alter gefangengenommen und verhört, mit der Begründung, man könne sich hinsichtlich ihrer Gesinnung nicht sicher sein. Neben Machtdemonstrationen wie dem Sprengen von Wohnhäusern kam es auch zum verstärkten Einsatz der Artillerie in Wohngebieten, eine Waffengattung, die laut Odierno „eine wesentliche Rolle in Aufstandsbekämpfungs-Operationen spielt"[376].

Dieses Vorgehen führte bei der irakischen Bevölkerung konsequenterweise zu einer minimalen Bereitschaft, mit den US-amerikanischen Besatzern als Übersetzer, ortskundige Mitarbeiter oder gar Informanten zusammenzuarbeiten[377]. Zu guter Letzt fühlte sich auch noch die sunnitische Minderheit, unter Saddam Hussein

---

[372] Michael Ware (Regie), The Insurgency. Chapter Two - Zarqawi [film] (2006), PBS-Frontline, URL: http://www.pbs.org/wgbh/pages/frontline/video/flv/generic.html?s=frol02s4b8q78&continuous=1 (Stand: 01.04.2015).

[373] Peter Mansoor: Army, in: Thomas Rid & Thomas A. Keaney (Hrsg.), Understanding Counterinsurgency. Doctrine, operations, and challenges, London 2010, S. 79; Thomas E. Ricks, Fiasco. The American Military Adventure in Iraq, New York 2006, S. 392.

[374] Brian Burton & John Nagl: Learning as we go. The US army adapts to counterinsurgency, July 2004 – December 2006, in: Small Wars & Insurgencies 19-3 (2008), S. 304.

[375] Ricks, Fiasco, S. 232-234.

[376] *Ibid*, S. 234.

[377] *Ibid*, S. 194.

die herrschende ethnische Gruppe, durch die schiitische Mehrheit des Landes benachteiligt und griff zu den Waffen. Schließlich erhoben sich auch noch radikale schiitische Elemente unter der Führung des radikalen irakischen Geistlichen Muqtada al-Sadr gegen die Koalitionstruppen und gründeten eigene Milizen.

Innerhalb weniger Monate erwuchs somit aus den vereinzelten Gewaltakten ein handfester Aufstand, der nicht mehr wegzureden war. Immer neue Morde, Selbstmordanschläge und Sprengfallen, Razzien, Luftanschläge und Scharmützel trieben die Opferzahlen tagtäglich in die Höhe. Bereits 2004, also ein Jahr nach der Invasion, hatten über zwölftausend Zivilisten ihr Leben verloren[378].

General Caseys Kampagnen-Plan

Im Sommer 2004 sollten Neubesetzungen und institutionelle Änderungen die Wende im Irakkonflikt bringen. Es galt die Sicherheitslage zu stabilisieren und neues Vertrauen zu schaffen. Zum einen wurde Sanchez durch den Viersterner *General* George Casey und der Korpsstab *Combined Joint Task Force 7* durch ein neu eingerichtetes multinationales Hauptquartier ersetzt: die *Multi-National Force-Iraq* (MNF-I). Diese neu eingesetzte strategische Ebene sollte der gewachsenen Herausforderung Rechnung tragen und ein einheitliches Vorgehen aller Truppen im Irak ermöglichen. Ende Juni 2004 wurde die Verantwortung für das Land offiziell an eine neue irakische Interimsregierung übergeben und die ineffiziente CPA aufgelöst. Von nun an koordinierte Botschafter John Negroponte in Zusammenarbeit mit Casey die zivilen Wiederaufbaumaßnahmen und die militärischen Operationen im Irak. Unter diesem Binom bildete das *State Department* und das US-Militär zum ersten Mal eine funktionierende Einheit.

Caseys Kampagnenplan beruhte u.a. auf der *National Security Presidential Directive*[379] vom 11. Mai 2004, in der Präsident Bush das Ende der *Coalition Provisional Authority* für Juni 2004 beschlossen hat-

---

[378] Statista, Zivile Todesopfer im Irakkrieg.
[379] The White House: National Security Presidential Directive (2004), URL: http://www.fas.org/irp/offdocs/nspd/nspd051104.pdf
(Stand: 01.04.2015).

te und somit auch die Wiedererlangung der Souveränität des neuen irakischen Staates. Noch wichtiger war die Rede am *U.S. Army War College*, in der Präsident Bush zwei Wochen später die Selbstverwaltung des Landes durch eine irakische Regierung auch in den Bereichen Stabilität und Sicherheit verlangte. Ziel der USA müsse es sein, „einem Freund Kraft zu geben – einer freien, repräsentativen Regierung, welches seinem Volk dient und in ihrem Namen kämpft"[380], so Bush. In fünf Schritten sollte dieses Ziel erreicht werden: Übergabe der Verantwortung an eine souveräne irakische Regierung; US-Hilfe bei der Schaffung von Sicherheit und Stabilität im Irak; weiterer Ausbau der irakischen Infrastruktur; Förderung internationaler Hilfe; Abhaltung freier, nationaler Wahlen.

Um diese Selbstverwaltung auch effektiv umzusetzen, sollte es den irakischen Sicherheitskräften ermöglicht werden, vor allem bei der Aufstandsbekämpfung mit Unterstützung der US-amerikanischen Truppen eigenverantwortlich zu handeln, um später in diesem Bereich unabhängig agieren zu können. Dies war ein wichtiges Anliegen von Verteidigungsminister Donald Rumsfeld. In einem vertraulichen Gespräch mit Casey im Mai 2004 äußerte der Verteidigungsminister die Sorge, die US-Streitkräfte würden, von dem Bedürfnis getrieben, die Mission so schnell wie möglich abzuschließen, so viel wie möglich selber in die Hand nehmen und somit die Präsenz der USA im Irak verlängern[381]. Dies berge jedoch die Gefahr, dass die USA erneut in eine ähnliche Situation wie in Bosnien hineinrutschen[382]. Er bat Casey deshalb darum, diesen Gedan-

---

[380] George W. Bush: Remarks by the President on Iraq and the War on Terror (2004), URL: http://georgewbush-whitehouse.archives.gov/news/releases/2004/05/20040524-10.html (Stand: 01.04.2015).
[381] George W. Casey, Strategic Reflections. Operation Iraqi Freedom July 2004–February 2007, Washington 2012, S. 13-14.
[382] Die Mission in Bosnien, aber auch in Haiti und Somalia waren für die Republikaner und insbesondere die Neokonservativen Antibeispiele für den Einsatz der US-Truppen und sollten unter der Bush-Administration auf keinen Fall zu einer Blaupause für den Irak werden. Bereits im Präsidentschaftswahlkampf im Jahr 2000 machten George W. Bush und seine Sicherheitsberaterin Condoleezza Rice keinen Hehl aus ihrer Abneigung gegenüber den Stabilisierungseinsätzen der Clinton-Administration.

ken in seine Planung miteinzubeziehen. Dieser von Rumsfeld formulierte Grundgedanke veranlasste Casey und seine Berater, das Gravitationszentrum des Konflikts nicht in der Bevölkerung zu sehen, wie es in der Counterinsurgency-Theorie sonst üblich ist, sondern in der Legitimität der irakischen Regierung. Diese Legitimität galt es durch freie Wahlen erst noch zu etablieren; die bisherige irakische Übergangsregierung wurde noch durch die US-Zivilverwaltung CPA unter Paul Bremer im Juni 2004 ohne vorherige Wahlen eingesetzt. Casey wurde außerdem von General Abizaid – als Kommandeur des *US Central Command* Caseys direkter Vorgesetzter – beauftragt, die Sicherheitslage mit Blick auf die Wahlen für die irakische Nationalversammlung, bei gleichzeitigem Aufbau loyaler Sicherheitskräfte und Institutionen zu verbessern, ohne dabei aber die irakische Souveränität zu missachten[383]. In seinem Kampagnen-Plan vom 5. August legte Casey die Aufgaben der US-Streitkräfte deshalb wie folgt fest: „*In partnership with the Iraqi Government, MNF-I conducts full spectrum counterinsurgency operations to isolate and neutralize former regime extremists and foreign terrorists and organizes, trains and equips Iraqi security forces in order to create a security environment that permits the completion of the UNSCR 1546 process on schedule*"[384]. Die US-Truppen sollten sich somit neben der Ausbildung der irakischen Sicherheitskräfte hauptsächlich auf die Bekämpfung der Aufständischen konzentrieren. Diese Art der Aufstandsbekämpfung wird im Fachjargon auch *enemy-centered counterinsurgency*, also feindzentrierte Aufstandsbekämpfung, genannt[385].

Vgl. David Ucko, The New Counterinsurgency Era. Transforming the U.S. Military for Modern Wars, Washington 2009, S. 50-52.

[383] Casey, Reflections, S. 20.

[384] MNF-I, MNF-I campaign plan. Operation Iraqi Freedom–Partnership: From Occupation to Constitutional Elections, Baghdad 2004.

[385] Zur Unterscheidung von feindzentrierter und bevölkerungszentrierter Aufstandsbekämpfung, siehe:
Dave Kilcullen: Two Schools of Classical Counterinsurgency (27.01.2007), Small Wars Journal, URL: http://smallwarsjournal.com/blog/two-schools-of-classical-counterinsurgency (Stand: 01.04.2015).

Das Field Manual Interim und seine praktische Umsetzung

Das konzeptionelle Pendant zu den personellen Veränderungen war die Veröffentlichung einer neuen militärischen Einsatzdoktrin namens *Army's Field Manual Interim FMI 3-07.22 Counterinsurgency Operations*. Sie trat im Oktober 2004 in Kraft, also nur einige Monate nach dem Antritt von Casey, und sollte einen Paradigmenwechsel hin zur Aufstandsbekämpfung einleiten.

Laut FMI 3-07.22 besteht die hauptsächliche Aufgabe der US-Truppen in der Herstellung von Stabilität durch Gewaltanwendung gegen feindliche Kräfte[386]. Die operative Umsetzung dieser *enemy-centered Counterinsurgency*, wurde bspw. in der *Operation Phantom Fury* zur Wiedereroberung der irakischen Stadt Falludscha erprobt[387]. Laut Kampagnen-Plan von Casey galt es, noch vor den irakischen Parlamentswahlen in Januar 2005 *safe havens* zu zerstören, und Falludscha war damals eine der größten Trutzburgen der Aufständischen. Die Schlacht um Falludscha markierte den wahrhaftigen Einzug der Belagerung als Kriegsmittel in die moderne Kriegführung[388]. Vor dem eigentlichen Beginn der Operation wurde die Stadt acht Wochen lang aus der Luft und von der Artillerie beschossen. Die Stadt wurde von der Wasser- und Energieversorgung abgeschnitten und Nahrungsmittellieferungen wurden nicht mehr in die Stadt gelassen[389]. Jean Ziegler, damaliger Sonderermittler der Vereinten Nationen, verurteilte die Benutzung einer Hungerblockade als Kriegsmethode scharf und sprach von einer Zuwiderhandlung gegen das humanitäre Völkerrecht[390]. Ungefähr zwei Drittel der 300.000 Einwohner Falludschas folgten der Aufforderung der Koalitionstrup-

---

[386] US Army, FMI 3-07.22. Counterinsurgency Operations, Washington 2004, S. 3-9.
[387] Noahmax, Army's Insurgent Manual Author Speaks (2004), Defensetech, URL: http://defensetech.org/2004/11/17/armys-insurgent-manual-author-speaks/ (Stand: 01.04.2015).
[388] Zum Verlauf der Operation siehe: Armée de Terre, Les Fantômes Furieux de Falloujah. Opération Al-Fajr/Phantom Fury (Juillet-Novembre 2004), Cahier du retex, Paris 2006.
[389] Mike Marqusee, A name that lives in infamy (2005), The Guardian, URL: http://www.guardian.co.uk/world/2005/nov/10/usa.iraq (Stand: 01.04.2015).
[390] BBC News, US troops 'starve Iraqi citizens' (2005), URL: http://news.bbc.co.uk/2/hi/4344136.stm (Stand: 01.04.2015).

pen, die Stadt zu verlassen; dies war den Männern im wehrpflichtigen Alter jedoch nicht erlaubt[391]. Laut Mike Marqusee, Mitbegründer der britischen Nichtregierungsorganisation Iraq Occupation Focus, befanden sich zu Beginn der Operation sechshundert bis sechstausend Aufständische in der Stadt, was bedeutet, dass die große Mehrheit der verbliebenen Zivilisten waren[392]. Bei dem Vormarsch der Bodentruppen in die Stadt wurde Falludscha zur *Free-Fire-Zone* erklärt[393]: Soldaten durften nun wahllos auf jeden schießen, der sich bewegte. Wurden die Truppen beim Vormarsch durch die Stadt aus einem Gebäude heraus angegriffen, wurde es durch Luft- oder Artilleriebeschuss oder durch Bulldozer zum Einsturz gebracht[394]. Innerhalb von einer Woche wurden so 65% der Gebäude der Stadt und mehr als die Hälfte der 55 Moscheen zerstört oder stark beschädigt[395].

Die Koalitionstruppen konnten zwar die Gefangennahme oder Tötung von ca. zweitausend Aufständischen vermelden und die Operation als militärischen Erfolg verbuchen, doch waren die politischen Konsequenzen desaströs. Einerseits verurteilten Medien, NGOs und internationale Organisationen wie die Vereinten Nationen aber auch der britische Koalitionspartner das Vorgehen der US-Amerikaner scharf, u.a. wegen dem diskriminationslosen Einsatz

---

[391] AP, US Won't Let Men Flee Fallujah (2004), Foxnews.com, URL: http://www.foxnews.com/story/2004/11/13/us-wont-let-men-flee-fallujah/ (Stand: 01.04.2015); Dahr Jamail, Iraq War Vet: „We Were Told to Just Shoot People, and the Officers Would Take Care of Us" (2010), Truthout, URL: http://www.truth-out.org/archive/item/88912:iraq-war-vet-we-were-told-to-just-shoot-people-and-the-officers-would-take-care-of-us (Stand: 01.04.2015).
[392] Vgl. Mike Marqusee, A name that lives in infamy.
[393] Patrick Cockburn, Toxic legacy of US assault on Fallujah 'worse than Hiroshima' (2010), The Independent, URL: http://www.independent.co.uk/news/world/middle-east/toxic-legacy-of-us-assault-on-fallujah-worse-than-hiroshima-2034065.html (Stand: 01.04.2015).
[394] Markus Reisner: Fallujah. Kampf um eine irakische Stadt (II), in: Truppendienst 298 (2007), URL: http://www.bundesheer.at/truppendienst/ausgaben/artikel.php?id=1371 (Stand: 01.04.2015).
[395] Cliff Kindy, The One Percenters (2005), URL: http://www.uruknet.info/?p=10461 (Stand: 01.04.2015).

von Gewalt und chemischer Waffen wie Napalm, Phosphorbomben und Uran-ummantelter Munition[396], welche noch in den Jahren nach der Operation zahlreiche Missbildungen bei Neugeborenen und erhöhte Krebsraten hervorriefen[397]. Andererseits erfuhr die Aufstandsbewegung im Irak nach brutalen Operationen wie jener in Falludscha einen massiven Aufschwung, der sich u.a. an den gestiegenen Opferzahlen im Jahr 2006 ablesen lässt[398]. Falludscha, eine Stadt, dessen Geschichte bis ins babylonische Zeitalter zurückreicht und aufgrund ihrer vielen Moscheen auch als „Stadt der Moscheen" bezeichnet wurde, war für viele Iraker und weite Teile der muslimischen Welt ein heiliger Ort. Die Zerstörung dieser Stadt wurde zum Symbol des angeblichen Kreuzzuges der USA gegen den Islam.

4.2. Die Wende von 2005

Erste Ansätze des Umdenkens

Operationen wie *Phantom Fury* waren nicht das geeignete Mittel zur Aufstandsbekämpfung. Die Gewalt im Land nahm weiterhin zu und Casey sah sich gezwungen, seine Vorgehensweise zu ändern. Casey verstand die Zunahme der Gewalt als eine Folge der massiven Präsenz der US-amerikanischen Truppen, welche von der irakischen Bevölkerung nunmehr als ein Antikörper in der irakischen Gesellschaft verstanden werde. Um die Visibilität der Truppen zu verringern, ordnete er den Rückzug der US-Streitkräfte in riesige Militärbasen – sogenannte Super-FOBs (*Forward Operating Bases*) – außer-

---

[396] Cockburn, Toxic Legacy; bzw. Stern.de, Irak. USA verteidigen Einsatz von Phosphor (2005), URL: http://www.stern.de/politik/ausland/irak-usa-verteidigen-einsatz-von-phosphor-549762.html (Stand: 01.04.2015).
[397] Eline Gordts, Iraq War Anniversary. Birth Defects And Cancer Rates At Devastating High in Basra And Fallujah (2013), Huffington Post, URL: http://www.huffingtonpost.com/2013/03/20/iraq-war-anniversary-birth-defects-cancer_n_2917701.html (Stand: 01.04.2015); Michael Greiner, Schleichender Tod (2011), Der Freitag, URL: http://www.freitag.de/autoren/der-freitag/schleichender-tod (Stand: 01.04.2015).
[398] Iraqbodycount.org, Zivile Todesopfer im Irakkrieg bis 2013.

halb der Stadt an[399] und isolierte die Streitkräfte somit noch stärker von der irakischen Bevölkerung. Die US-Streitkräfte – welche im Frühjahr 2006 von 138.000 Soldaten auf 108.000 verringert werden sollten – verließen diese Basen nur noch für Patrouillen und nächtliche Razzien und konnten so weder nachrichtendienstliche Informationen noch ein allgemeines Gespür für die Stimmung im Land gewinnen. Gleichzeitig waren die irakischen Sicherheitskräfte noch immer nicht in der Lage, die Sicherheit des Landes alleine zu bewältigen; das Trainingsprogramm hatte erst Mitte 2004 unter der Leitung von *Lieutenant-General* David Petraeus wieder begonnen. Von Dezember 2004 bis Dezember 2005 konnten so zwar über 200.000 irakische Sicherheitskräfte ausgebildet werden, doch nur ein kleiner Teil davon war auch wirklich einsatzbereit[400]. Die Bush-Administration hielt jedoch an ihren Übergangsplänen und an der Arbeitsteilung zwischen irakischen Sicherheitskräften und dem US Militär fest, auch wenn es den irakischen Kräften unmöglich war, Gebiete zu halten, die zuvor vom US Militär erobert wurden.

Doch Casey hatte auch erkannt, dass das bisherige Vorgehen der US-Soldaten, welches mehr von konventioneller Kriegführung und weniger von Prinzipien der Aufstandsbekämpfung geleitet war, ebenfalls zur Verschlechterung der Sicherheitslage geführt hatte. Entsprechend baute er das *Counterinsurgency Center for Excellence* (auch COIN-Academy genannt) im Norden Bagdads auf, in welchem während eines für jeden im Irak kommandierenden Offizier obligatorischen fünftägigen Kurses über Theorien der Aufstandsbekämpfung, Gefangenenverhöre oder ganz banale Dinge wie das gemeinsame Abendessen mit einem Scheich unterrichtet wurde[401]. „Der Ansatz der COIN-Ausbildung [war] durchaus situationsgemäß, aber die

---

[399] Thomas E. Ricks, The Gamble. General David Petraeus and the American Military Adventure in Iraq, 2006-2008, New York 2009, S. 12 – 13; David Ucko, Innovation or Inertia. The US Military and the Learning of Counterinsurgency, in: Orbis 52-2 (2008), S. 303.
[400] ISPK, The Development of US Counterinsurgency Doctrine, Kiel 2011, S. 11.
[401] Thomas E. Ricks: US Counterinsurgency Academy Giving Officers a New Mind-Set (2006), Washington Post, URL: http://www.washingtonpost.com/wp-dyn/content/article/2006/02/20/AR2006022001303.html (Stand: 01.04.2015).

konkrete Ausführung litt unter erheblichen Schwächen: die Ausbildung war völlig unzureichend, zu oberflächlich und zu kurz. Vielen Einheiten der US Army verfolgten weiterhin einen *kinetic approach*, die Suche und Vernichtung des Feindes"[402].

Dass dennoch eine Abkehr von der *enemy-centered Counterinsurgency* hin zu einer *population-centered Counterinsurgency* im Irak gelang, ist auf die Eigeninitiative einzelner Kommandeure zurückzuführen, welche ab 2005 neue Wege der Aufstandsbekämpfung ausloteten.

Nur wenige Militärs brachten bereits zu Anfang des Irakkriegs die notwendigen Kenntnisse oder die Bereitschaft mit, sich der neuen Kriegsform anzupassen. Einer der wenigen war *Major-General* David Petraeus, welcher seine Doktorarbeit über die Auswirkung des Vietnamkrieges auf die militärische Beratung der politischen Entscheidungsträger schrieb[403] und bereits 2003 grundlegende Prinzipien der Aufstandsbekämpfung anwandte. Damals begann seine *101st Airborne Division* (101st) nach der Einnahme Mosuls im Norden Iraks direkt mit dem Wiederaufbau der Wirtschaft und der Sicherheit. Petraeus verfolgte hierbei eine Strategie, die auf drei Prinzipien basierte[404]: eine rasche Errichtung von Wiederaufbauprogrammen, eine verstärkte politische Beteiligung der Iraker und die Vermeidung von Kollateralschäden in der Zivilbevölkerung bei militärischen Operationen, beispielsweise durch die Erfindung der *Cordon-and-knock* Operationen, eine Alternative zu den bei Irakern sehr unbeliebten aber von US-Einheiten oft praktizierten *Cordon-and-search* Operationen. Bei *Cordon-and-knock* Operationen wird das Haus eines Verdächtigen wie bei *Cordon-and-search* Operationen zunächst umstellt, doch wird im Anschluss nicht die Tür eingetreten und das

---

[402] Sebastian K. Buciak: Anatomie eines Innovationsprozesses. Die US Army als lernende Organisation im 3. Golfkrieg, in: Thomas Jäger (Hrsg.), Die Welt nach 9/11. Auswirkungen des Terrorismus auf Staatenwelt und Gesellschaft, Wiesbaden 2011, S. 598.

[403] David H. Petraeus, The American military and the lessons of Vietnam. A study of military influence and the use of force in the post-Vietnam era, Princeton 1987.

[404] Diese drei Prinzipien wurden von Petraeus nach seinem Einsatz in folgendem Artikel auf vierzehn erweitert:
David H. Petraeus: Learning Counterinsurgency. Observations from Soldiering in Iraq, in: Military Review Jan-Feb (2006).

Haus durchsucht, sondern an die Tür geklopft und der Betroffene freundlich darum gebeten, sich zu ergeben. In Anbetracht der hohen Bedeutung, die dem Schutz der Privatsphäre und des Eigenheims in der irakischen Gesellschaft beigemessen wird, setzte die 101st selbst bei möglichen Kriminellen auf Kooperationsbereitschaft, damit diese ihren Familien eine nächtliche Hausdurchsuchung ersparen konnten[405].

Vereinzeltes Umdenken ab 2005

Solch ein umsichtiges Vorgehen blieb zunächst lange eine Ausnahme bei den US-Truppen im Irak, kulturelle Aspekte sowie die Einbindung der Bevölkerung hatten bis 2005 so gut wie keinen Platz in der US-amerikanischen Kriegführung im Irak. Wie im Algerienkrieg auch entstand das Umdenken innerhalb des Militärs zunächst durch sogenannte *Warrior-scholars*, welche die bisher praktizierte Kriegführung reflektierte und nach neuen Wegen der Aufstandsbekämpfung suchten.

Ein viel beachtetes und beschriebenes Beispiel für diese neue Vorgehensweise ist die Kampagne von *Colonel* Herbert R. McMaster im nordwestlichen Tal Afar mit 250.000 Einwohnern[406], welcher im Gegensatz zu seinem Vorgesetzten Casey das US-Militär nicht als Teil des Problems, sondern als Teil der Lösung im Irak verstand. Wie andere Städte im Zweistromland wurde auch Tal Afar von Aufständischen kontrolliert. Nach einer Truppenreduzierung im Jahr 2004, in der auf den Abzug einer Division die Versetzung einer Kompanie erfolgte, hatten über Syrien kommende Aufständische die Stadt einnehmen können[407], da nie genügend Soldaten vorhanden

---

[405] Ricks, Fiasco, S. 227-231.
[406] Ricks, Gamble, S. 60-61; Ricks, Fiasco, S. 420-424; Michael Ware (Regie), The Insurgency. Chapter four - A Long, Slow Process [film] (2006), PBS-Frontline, URL:
http://www.pbs.org/wgbh/pages/frontline/video/flv/generic.html?s=frol02s4b5q78&continuous=1 (Stand: 01.04.2015).
[407] Ricks, Gamble, S.60; George Packer, Letter from Iraq. The Lesson of Tal Afar (2006), The New Yorker, URL:
http://www.newyorker.com/archive/2006/04/10/060410fa_fact2 (Stand: 01.04.2015).

waren, um Städte nach sogenannten Säuberungsaktionen der Koalitionstruppen dauerhaft zu sichern. Dies änderte sich mit der Versetzung des *3rd Armored Cavalry Regiment* (3rd ACR) in den Nordwesten Iraks im Mai 2005. Statt eine großangelegte Offensive zu beginnen, wahllos junge Männer zu verhaften und sich anschließend wieder zurückzuziehen, wie dies bspw. in Falludscha und anderswo praktiziert wurde, wählte das 3rd ACR unter *Colonel* McMaster eine andere Herangehensweise. Diese begann bereits bei den Vorbereitungen auf den Einsatz in Fort Carson in den USA, als der promovierte Militärhistoriker McMaster seinem Regiment das Studium zweier Bibliographien aufgab[408]. Sie bestanden aus Büchern und Artikeln zur Geschichte und Theorie der Aufstandsbekämpfung – unter anderem das Buch von Alistair Horne *A Savage War of Peace* über den Algerienkrieg sowie die Anthologie Gerard Chaliands von 1982 über Guerillastrategien[409], welche zahlreiche Texte der *École française* beinhaltet – sowie Einführungen zur irakischen, arabischen, islamischen Kultur und Geschichte des Islams. Auch in der Praxis zeigte sich der Ansatz des 3rd ACR gänzlich unkonventionell. Nach der Versetzung in den Nordwesten Iraks konzentrierte sich McMaster zunächst auf die Rückzugsgebiete der Aufständischen außerhalb Tal Afars. Er sicherte die syrische Grenze und blockierte so den weiteren Nachschub an Material und Kämpfern. Städte wie Al-Ba'aj, ein Vorort von Tal Afar, wurden eingenommen und durch den Aufbau eines kleinen Außenpostens der irakischen Sicherheitskräfte gesichert. Die nun dauerhafte militärische Präsenz sollte mögliche Rückzugsorte für die Aufständischen unzugänglich machen. Dies waren die zwei ersten Phasen der später formulierten „*Clear, Hold and Build*"-Strategie, jenem Beinamen, den McMasters Kampagne in Tal Afar bekam und welche sehr an die französische Kolonialkriegsmethode

---

[408] US Army, Brave Rifles Articles Reading List for Operation Iraqi Freedom, URL:
http://usacac.army.mil/cac2/cgsc/carl/resources/biblio/3acrart.pdf
(Stand: 01.04.2015); US Army, Brave Rifles Reading List for Operation Iraqi Freedom, URL:
http://usacac.army.mil/cac2/cgsc/carl/resources/biblio/3acrbook.pdf
(Stand: 01.04.2015).
[409] Gerard Chaliand, Guerilla Strategies. An Historical Anthology from the Long March to Afghanistan, London 1982.

der *Tâche d'huile* erinnert. Bei der Rückeroberung der Stadt im September 2005 wurde es der Bevölkerung freigestellt, Tal Afar zu verlassen und in nahegelegenen Camps bis zum Ende der Kampfhandlungen zu verweilen. Die Erfahrungen aus Falludscha dienten hier als Gegenbeispiel. Statt mit großem Kriegsgerät die Stadt zu bombardieren, wurde ein Stadtteil nach dem anderen hauptsächlich mit Fußtruppen eingenommen. Es wurde hierbei besonders auf die verbliebene Zivilbevölkerung geachtet. Wurden Gefechte in bestimmten Sektoren zu intensiv, wurde der Vormarsch manchmal über mehrere Tage gestoppt, um unbeteiligte Personen evakuieren zu können[410]. Die eingesetzten Soldaten etablierten während der gesamten Rückeroberung fast 30 militärische Posten in Tal Afar, um die eroberten Gebiete dieses Mal auch zu halten.

Es war besonders der neugewonnene Zugang zur Bevölkerung, der diese Kampagne so erfolgreich machte. Neben Anweisungen, jeden Iraker, einschließlich der Gefangenen, professionell und mit Respekt zu behandeln, verbot McMaster auch allzu familiäre Bezeichnungen und Kosenamen für Iraker (bspw. „Haji") und wies seine Untergeordneten an, auf religiöse und kulturelle Eigenheiten verstärkt zu achten. Dank eines dreiwöchigen Arabischkurses, den jeder Soldat in der Einsatzvorbereitung belegen musste, konnten kleine Gespräche mit der Zivilbevölkerung geführt werden. Viele Soldaten bis hinauf zu den Offizieren, lebten und schliefen in den neugebauten Vorposten inmitten der Stadt. So teilten sie das Leben der Einwohner Tal Afars und ihre Lebensbedingungen. Fiel bei den Einwohner der Strom aus, fiel er auch bei ihnen aus. Wurde irgendwo in der Stadt geschossen, hörten sie es genauso schnell wie alle anderen und konnten so schnell reagieren. Diese achtsame Vorgehensweise, gepaart mit den schlechten Erinnerungen an Al Qaida, veranlasste die Bevölkerung und sogar lokale sunnitische Scheichs, die zuvor die Aufständischen unterstützt hatten, mit den Koalitionstruppen zu kooperieren. Innerhalb weniger Monate konnte so eine zweitausend Mann starke Polizeitruppe, ein Stadtrat und ein Bürgermeister aufgestellt werden. Hinweise aus der Bevölkerung halfen, Verluste zu minimieren und Sprengfallen frühzeitig zu entfernen.

---

[410] Michael Ware, Chapter four [film].

Einige Einheiten übernahmen[411] McMasters Vorgehensweise der bevölkerungszentrierten Aufstandsbekämpfung (*population-centered counterinsurgency*), welche auch bei den politischen Entscheidungsträgern in Washington Würdigung fand. So diente sie als Vorlage für die „*Clear, Hold and Build*"-Strategie, wie sie von der damaligen Außenministerin Condoleezza Rice am 19. Oktober 2005 dem Ausschuss des Senats der Vereinigten Staaten zur Außenpolitik vorgetragen wurde[412] und sogar von Präsident Bush selbst in einer Rede vom 20. März 2006 erwähnt wurde[413].

Doch trotz seines Erfolges setzte sich McMasters Vorbild – vorerst – nicht weiter durch. Bevölkerungszentrierte Aufstandsbekämpfung stand weiterhin im eindeutigen Widerspruch zu der offiziell verfolgten Transitionsstrategie von General Casey. „Der wahre Kampf war für Casey, die Iraker darauf vorzubereiten, sich selbst zu verteidigen und zu regieren. Er paraphrasierte oft den britischen *Lieutenant Colonel* T. E. Lawrence, der innovative Pate der irregulärer Kriegführung des Anfangs des 20. Jahrhundert, besser bekannt als *Lawrence of Arabia*: ‚Besser sie machen es unvollkommen mit ihren eigenen Händen als dass du es perfekt mit deinen eigenen machst'"[414]. Zudem erschien diese Art der Kriegführung für viele

---

[411] Insbesondere die *1st Brigade Combat Team* der *1st Armored Division* (1st BCT) unter dem Kommando von *Colonel* Sean MacFarland, welche die Stadt Ramadi zurückeroberte.
Siehe: James A. Russel, Innovation, Tranformation, and War, Stanford 2011, S. 110 – 116 bzw. 65-74, 146-168.; Niel Smith & Sean MacFarland, Anbar Awakens. The Tipping Point, in: Military Review March-April (2008), S. 41 – 52

[412] Vgl. Condoleezza Rice, Opening Remarks Before the Senate Foreign Relations Committee (2005), URL:
http://2001-2009.state.gov/secretary/rm/2005/55303.htm (Stand: 01.04.2015).

[413] George W. Bush: President Discusses War on Terror and Operation Iraqi Freedom (2006), URL:
http://georgewbush-whitehouse.archives.gov/news/releases/2006/03/20060320-7.html (Stand: 01.04.2015).

[414] Bob Woodward, The War Within. A Secret White House History 2006-2008, New York 2008, S. 4-5.
Am 20. August 1917 schrieb T. E. Lawrence im Arab Bulletin:
„Do not try to do too much with your own hands. Better the Arabs do it tolerably than that you do it perfectly. It is their war, and you are to help them, not to win it

Kommandeure „in größeren, wichtigeren [Städten] wie Mosul, Kirkuk, und insbesondere Bagdad, mit seinen mehr als 6 Millionen Seelen, nicht durchführbar. Zu keiner Zeit scheint die Army ernsthaft die Umsetzbarkeit des Tal Afar-Beispiels in anderen Gegenden erwogen zu haben"[415].

4.3. Die Neuausrichtung der Irakstrategie des Weißen Hauses

Das Treffen von Camp David

Die ablehnende Haltung gegenüber einer Veränderung der operativen Kriegführung im Irak änderte sich jedoch mit Beginn des Jahres 2006. Spätestens mit dem Anschlag auf die al-Askariya Moschee in Samarra im Februar 2006, welche den heiligen Schrein und die goldene Kuppel der Moschee zerstörte und einen Gewaltausbruch schiitischer Milizen auslöste, welchem 1.300, meist sunnitische Menschen zum Opfer fielen, wurde den politischen und militärischen Entscheidungsträger in Washington bewusst, dass ein grundlegendes Umdenken stattfinden müsse. Mit dem Aufkommen schiitischer Milizen, welche es nun neben der Bekämpfung der sunnitischen Milizen, der Jagd von Terroristen und Rebellen sowie der Ausbildung der irakischen Truppen auch noch zu bewältigen gab, schien für das US-Militär die Belastungsgrenze erreicht. Der Krieg im Irak begann sich zu einem interkonfessionellen Bürgerkrieg zu verwandeln, für den die USA nicht vorbereitet waren, weder personell noch konzeptionell. Großangelegte Offensiven zur Stabilisierung Bagdads wie die Operationen *Scales of Justice*, *Together Forward I* und *Together Forward II* führten zwar zu einem kurzfristigen Abklingen der Gewalt. Doch erreichte diese wieder den gleichen Stand, sobald sich die

---

for them. Actually, also, under the very odd conditions of Arabia, your practical work will not be as good as, perhaps, you think it is".
T. E. Lawrence, Twenty Seven Articles, in: The Arab Bulletin (20. August 1917), URL:
http://wwi.lib.byu.edu/index.php/The_27_Articles_of_T.E._Lawrence (Stand: 01.04.2015).
[415] Ricks, The Gamble, S. 95.

US-Truppen wieder aus den gesäuberten Gebieten in ihre großen Basen zurückzogen. Die irakische Zentralregierung und ihre Sicherheitskräfte – meist von US-amerikanischen Nationalgardisten oder Reserveoffizieren ohne Kampferfahrungen ausgebildet – waren schlicht nicht in der Lage, die Kontrolle über ihr Land sicherzustellen und Sicherheit für ihre Bürger zu gewährleisten. Entsprechend erreichten die Opferzahlen 2006 die höchsten Werte seit Beginn der Invasion – bis Dezember starben laut offiziellen Angaben über 25.000 Menschen an den direkten Folgen des Krieges[416].

In Anbetracht der sich stetig verschlechternden Sicherheitslage organisierte Stephen Hadley – nationaler Sicherheitsberater von Präsident Bush – am 12. Juni 2006 ein Treffen des Kriegskabinetts auf Camp David. An dem Treffen nahmen, neben Präsident Bush, die US-Außenministerin Condoleezza Rice, Verteidigungsminister Donald Rumsfeld, Geheimdienstdirektor John Negroponte, der Vorsitzenden des Generalstabs General Peter Pace sowie – per Videoschaltung aus Bagdad – der Oberbefehlshaber der Koalitionstruppen im Irak General George Casey teil, um die verfolgte Irakstrategie der USA auf den Prüfstand zu stellen. Zwar billigten an diesem Tag – wahrscheinlich in Ermangelung einer wirklichen Alternative – weiterhin alle Teilnehmer, insbesondere Donald Rumsfeld, die Transitionsstrategie General Caseys[417]. Doch einigen Teilnehmern des Treffens war auch klar, dass weiterhin das Gleiche tun und dabei auf ein anderes Ergebnis hoffen nicht sehr gewinnversprechend sein könne. Und so begann im Sommer 2006 jeder für sich – das Außenministerium, der Generalsstabs und schließlich auch das Weißte Haus –, alternative Strategien zu erarbeiten.

Interne und externe Überprüfung der Irakstrategie

In weiser Voraussicht der erwartbaren Ergebnisse des Treffens von Camp David hatten bereits eine Woche zuvor Philip Zelikow, Berater von Außenministerin Rice, und Jim Jeffrey, Koordinator für die Irakpolitik im State Department, ein geheimes Memo verfasst, welches drei Optionen für eine mögliche alternative politisch-

---

[416] Statista, Todesopfer im Irakkrieg.
[417] Vgl. Woodward, The War Within, S. 9-13.

militärische Strategie auflistete. Eine von ihnen mit dem Titel „*Full Counterinsurgency*" sah eine Vorgehensweise nach dem Vorbild Mc-Masters in Tall Afar für das ganze Land vor, gepaart mit einer gleichzeitigen Aufstockung der US-amerikanischen Truppen vor Ort[418]. Einige Monate später, Ende September 2006, stellte auch General Pete Pace, Vorsitzender des US-amerikanischen Generalsstabs, die Irakstrategie auf den Prüfstand und gründete eine eigene Arbeitsgruppe, den sogenannten *Council of Colonels*. Die Mitglieder der Arbeitsgruppe – allesamt Obristen der US-Streitkräfte, unter ihnen Pete Mansoor, Tom Greenwood und Herbert R. McMaster – erarbeiteten vier Optionen, darunter ebenfalls eine Empfehlung zur Truppenaufstrockung[419].

Vor den *Midterms* von November 2006 wuchs schließlich auch im Weißen Haus der Handlungsdruck. Entsprechend begann der nationale Sicherheitsrat (NSC) Mitte Oktober 2006 unter der Leitung der stellvertretenden nationalen Sicherheitsberaterin für Irak und Afghanistan Meghan L. O'Sullivan eine interne Untersuchung, um alternative Strategien zu erarbeiten[420]. Zu diesem Zeitpunkt bröckelte bereits der Rückhalt in den Reihen der Präsidentenpartei: zahlreiche republikanische Senatoren verliehen ihrem Unmut öffentlich Ausdruck – unter ihnen John W. Warner, Vorsitzender des Streitkräfteausschusses des Senats[421], und Chuck Hagel, späterer Verteidigungsminister der zweiten Obama-Administration[422]. Es

---

[418] Vgl. *Ibid*, S. 53-56.
[419] Vgl. Steven Metz: Decisionmaking in Operation Iraqi Freedom. The Strategic Shift of 2007, in: John R. Martin (Hrsg.), Operation Iraqi Freedom Key Decisions, Carlisle 2010, S. 33, URL:
http://www.strategicstudiesinstitute.army.mil/pdffiles/pub985.pdf
(Stand: 01.04.2015).
[420] Vgl. Woodward, The War Within, S. 178 ff.; Metz: The Strategic Shift of 2007, S. 18.
[421] David S. Cloud: Senator Says US Should Rethink Iraq Strategy, in: New York Times (06.10.2006), URL:
http://www.nytimes.com/2006/10/06/world/middleeast/06capital.html?_r=0
(Stand: 01.04.2015).
[422] Chuck Hagel: Leaving Iraq, Honorably, in: Washington Post (26.11.2006), URL:
http://www.washingtonpost.com/wp-dyn/content/article/2006/11/24/AR2006112401104.html

zeichnete sich zudem ab, dass die *Iraq Study Group* – eine vom US-Kongress eingesetzte, parteiübergreifende Untersuchungskommission, welche die Situation im Irak unabhängig untersuchen und für den Präsidenten Handlungsempfehlungen formulieren sollte – einen Strategiewandel und einen Abzug der US-Truppen aus dem Irak empfehlen werde[423].

Auch außerhalb der Regierungskreise begann man, die Irakstrategie des Präsidenten in Frage zu stellen und nach Alternativen zu suchen. Für die Option des schnellen bzw. sofortigen Abzug der Truppen aus Irak optierten nicht nur demokratisch geführte Institute wie der *Council on Foreign Relations*[424], sondern auch Realisten wie Zbigniew Brzezinski, oder General William Odom, ehemaliger Direktor der National Security Agency[425].

Konservative Think Tanks versuchten hingegen, die verfolgten Kriegszwecke der Bush-Administration mit den neuen Realitäten im Irak zu verbinden, indem sie ihren Fokus auf die Suche nach einer alternativen Umsetzung legten. Hierbei taten sich insbesondere die RAND Corporation mit Studien zu vergangenen Aufständen und Wiederveröffentlichungen von Klassikern der Aufstandsbekämpfung hervor[426], sowie das American Enterprise Institute (AEI), welches eine Arbeitsgruppe mit hochkarätigen und einflussreichen Mitgliedern ins Leben rief, unter ihnen der Militärwissenschaftler Frederick Kagan und der ehemalige Generalstabschef des Heeres General John Keane.

(Stand: 01.04.2015).
[423] Vgl. James A. Baker & Lee H. Hamilton (Hrsg.), The Iraq Study Group Report, Washington 2006, S. 29-30.
[424] Vgl. Steven N. Simon, After the Surge. The Case for U.S. Disengagement From Iraq, New York 2007.
[425] Zbigniew Brzezinski: It is Time to Plan for an American Withdrawal from Iraq, in: Financial Times (18.04.2006), URL:
http://www.ft.com/cms/s/2/0becaaa4-cf03-11da-925d-0000779e2340.html
(Stand: 01.04.2015); William E. Odom: Cut and Run? You Bet, in: Foreign Policy, Vol. 54 (Mai/Juni 2006), S. 60-61.
[426] Insbesondere David Galula, Pacification in Algeria. 1956-158, Santa Monica 2006.

Die Arbeitsgruppe des AEI ging in ihrem Abschlussbericht mit der Transitionsstrategie von General Casey und seinem Vorgesetzten General John Abizaid hart ins Gericht, eine Strategie, in welcher die von den US-Truppen aufgestellten und ausgebildeten irakischen Truppen bei der Aufstandsbekämpfung auf sich alleine gestellt blieben. Sie bezweifelte einerseits, dass die Präsenz der US-Truppen wirklich eine solche Provokation für die irakische Bevölkerung und ein Hauptgrund für das Aufflammen des Aufstands sei – zumal Umfragen ergaben, dass Iraker die sich in ihren Basen zurückgezogenen US-Soldaten eher selten zu Gesicht bekamen. Ihrer Ansicht nach bestand das Problem nicht darin, dass die USA als Besatzer wahrgenommen wurden, sondern in der Tatsache, dass die USA Besatzer seien, welche die eroberte Bevölkerung nicht schütze. Sie stimmten andererseits jedoch der zweiten Hauptannahme der Abizaid-Casey-Strategie zu, wonach die Iraker ihr Land eigenständig regieren, verwalten und verteidigen müssten. Doch gebe es „einen gewaltigen Unterschied zwischen der Ausbildung von Sicherheitskräften, welche einen bereits erreichten Friedenszustand aufrechterhalten können, und der Ausbildung [von Kräften], welche in der Lage sind, komplexe und große Einsätze zur Aufstandsbekämpfung durchzuführen, wie die Situation es jetzt bedarf. Die Koalition und die irakische Regierung haben im Entstehen begriffene irakische Einheiten und Soldaten in extrem schwierige und gefährliche Situationen gebracht, welche fortgeschrittene Kommandostrukturen, ausgezeichnete Ausrüstung, Organisation, herausragende Führung und außergewöhnliche individuelle Disziplin verlangt. Indem man sich darauf konzentrierte, die Iraker darauf vorzubereiten, alle Aufgaben zu übernehmen, hat das US-Militär die Messlatte zu hoch gesetzt"[427]. Die Autoren des Berichts kommen entsprechend zu dem Schluss, dass der Hauptschwerpunkt der US-amerikanischen Bemühungen nicht mehr die Ausbildung der irakischen Truppen sein müsse, sondern bevölkerungszentrierte Aufstandsbekämpfung, welche die Sicherheit der Bevölkerung gewährleiste. Hierfür sei jedoch eine Truppenaufstockung notwendig, um nach der Säuberung von Gebieten diese auch – im Verbund mit irakischen Einheiten – halten

---

[427] Frederick W. Kagan, Choosing Victory. A Plan for Success in Iraq, 2007, S. 6.

und somit Sicherheit für die Bevölkerung gewährleisten zu können. Sicherheit sei ein unabdingbarer Grundstein für den Wiederaufbau, den wirtschaftlichen Aufschwung und nicht zuletzt den innerirakischen politischen Prozess, so die AEI-Arbeitsgruppe.

Die Midterms und der Surge

Unter dem Eindruck dieser Debatte, welche über mehrere Monate in den USA nach einer Erneuerung der Irakstrategie verlangte, und dem republikanischen Wahldebakel der *Midterms*, entschied sich Präsident Bush schließlich, Verteidigungsminister Donald Rumsfeld durch den ehemaligen Geheimdienstchef Robert Gates zu ersetzen und so den Weg für eine offizielle Neujustierung der Irakstrategie zu ebnen. Entsprechend betraute Bush am 10. November J. D. Crouch, stellvertretender nationaler Sicherheitsberater des Präsidenten, mit der Aufgabe, ihm innerhalb von 16 Tagen einen Bericht mit Handlungsempfehlungen vorzulegen[428]. Im Dezember stand schließlich die Entscheidung Bushs fest, eine Truppenaufstockung zu veranlassen – den sogenannte *Surge of forces* –, Entscheidung welche er am 10. Januar 2007 öffentlich machte:

„Es ist eindeutig, dass wir unsere Strategie im Irak ändern müssen [...] Ich habe mehr als 20.000 zusätzliche amerikanischen Truppen für den Irak verpflichtet. Die überwiegende Mehrheit von ihnen – fünf Brigaden – werden nach Bagdad versetzt. Diese Truppen werden zusammen mit irakischen Einheiten arbeiten und in ihre Formationen eingebettet sein. Unsere Truppen werden eine klar definierte Mission haben: [sie sollen] den Irakern dabei helfen, Nachbarschaften zu säubern und zu sichern, ihnen dabei helfen, die lokale Bevölkerung zu sichern und dabei helfen sicherzustellen, dass die zurückgebliebenen irakischen Streitkräfte in der Lage sind, jene Sicherheit zu gewährleisten, die Bagdad benötigt"[429].

---

[428] Vgl. Woodward, The War Within, S. 207.
[429] George W. Bush: Address to the Nation on Iraq (10. Januar 2007), in: The White House. President George W. Bush (Hrsg.), Selected Speeches of President George W. Bush. 2001-2008, S. 447-449, URL: http://georgewbush-white-

4.4. Die COIN-Community

Die Entstehung einer informellen Doktrin im Irak

Für Einige bestand die wirkliche Wende im Irakkrieg nicht die Truppenaufstockung, sondern in der veränderten Kriegführung der US-Truppen im Irak. „Der wichtigste *Surge* im Irak war nicht der *Surge of forces*, sondern der *Surge of ideas*, welcher die Handlungen unserer Kräfte im Irak leitete. Ohne diese Ideen hinsichtlich der Durchführung von Aufstandsbekämpfungsoperationen hätten wir nicht die Erfolge erzielen können, welche während des *Surge* und danach stattgefunden haben"[430], so General Petraeus rückblickend.

Dieser *Surge of Ideas* begann 2005 im Felde, über Einsatzberichte und theoretische Abhandlungen in Fachzeitschriften, sowie durch persönliche Kontakte und Email-Verkehr zwischen den Soldaten, und trug zunächst zur Etablierung einer informellen Doktrin – ein „informeller Prozess und eine informelle Struktur, um Wissen und Fertigkeiten zu teilen"[431] – bei. Auserwählte Printmedien für die militärwissenschaftliche Auseinandersetzung mit dem Thema Aufstandsbekämpfung waren die Zeitschriften *Military Review*[432] und *Parameters*[433], in denen ab 2005 besonders Offiziere, die noch im Einsatz waren oder frisch aus diesem kamen, von ihren Erfahrungen

---

house.archives.gov/infocus/bushrecord/documents/Selected Speeches George W Bush.pdf (Stand: 01.04.2015).

[430] David H. Petraeus: The Surge of Ideas. COINdinistas and Change in the U.S. Army in 2006 (6. Mai 2010), URL: http://www.aei.org/publication/the-surge-of-ideas-2/ (Stand: 01.04.2015).

[431] Keith B. Bickel, Mars Learning. The Marine Corps' Development of Small War Doctrine, 1915-1940, Colorado 2001, S. 4.

[432] Die Fachzeitschrift Military Review wird vom United States Army Combined Arms Center alle zwei Monate mit einer Auflage von 12.000 Exemplaren herausgegeben und ist in über 100 Ländern auf vier Sprachen erhältlich. Sie bietet der US Army ein Forum, welches einen offenen Gedankenaustausch über Konzepte und Doktrinen sowie taktische und operative Themen ermöglichen soll.

[433] Die Fachzeitschrift Parameters wird vom Strategic Studies Institute des United States Army War College alle vier Monate veröffentlicht. Es setzt bei seinen Publikation auf einen umfassenderen Fokus als bspw. die *Military Review* und behandelt vornehmlich Themen wie Nationale und Internationale Sicherheit, Militärstrategie sowie ethische und historische Themen.

berichteten. Während im Jahr 2004 noch magere neun Artikel mit Bezug zur Aufstandsbekämpfung in der *Military Review* und nur drei in *Parameters* gedruckt wurden, etablierte sich besonders die *Military Review* ab 2005 zum privilegierten Forum, um Belange und Erfahrungen zur Aufstandsbekämpfung zu diskutieren. In diesem Jahr wurden insgesamt 29 Artikel in 6 Ausgaben zu diesem Thema veröffentlicht, in *Parameters* immerhin elf. Neben Artikeln, in denen Autoren ihre Einsatzerfahrungen reflektierten[434], fanden auch vermehrt theoretische[435], historische[436] und sozialwissenschaftliche[437] Aufsätze zur Aufstandsbekämpfung Einzug in die *Military Review*. Unter anderen veröffentlichten die oben-genannten Kommandeure David Petraeus[438], Sean MacFarland[439], oder Travis Patriquin[440], welcher als *Captain* unter Herbert McMaster in Tal Afar eingesetzt war, ihre Erfahrungen in der *Military Review*. In den Jahren 2006 und 2008 stellte die Zeitschrift sogar zwei *COIN-Reader* mit den wichtigsten Artikeln

---

[434] In „Winning the Peace: The Requirement for Full-Spectrum Operations" berichteten die Autoren Chiarelli und Michaelis von ihren Einsatzerfahrungen in Baghdad im Jahr 2004.
Peter W. Chiarelli & Patrick R. Michaelis: Winning the Peace. The Requirement for Full-Spectrum Operations, in: Military Review July-August (2005), S. 4-17.
[435] Vgl. Kalev I. Sepp: Best Practices in Counterinsurgency, in: Military Review May-June (2005), S. 8-12; David Kilcullen: Twenty-Eight Articles. Fundamentals of Company-level Counterinsurgency, in: Military Review May-June (2006), S. 134-139.
[436] In der Juli-August-Ausgabe der *Military Review* von 2005 fand sich bspw. ein Gastbeitrag des *Colonel* Gilles Martin der französischen Armee, in dem Martin Lehren aus dem französischen Algerienkrieg herausdestillierte, die für den Irakkrieg nützlich sein könnten.
Gilles Martin: War in Algeria. The French Experience, in: Military Review July-August (2005), S. 51-57.
[437] Bspw. Montgomery McFate: Anthropology and Counterinsurgency. The Strange Story of their Curious Relationship, in: Military Review March-April (2005), S. 24-38.
[438] Petraeus: Learning Counterinsurgency, S. 45-55.
[439] Smith & MacFarland: Anbar Awakens, S. 65-76.
[440] Travis Patriquin: Using Occam's Razor to Connect the Dots. The Ba'ath Party and the Insurgency in Tal Afar, in: Military Review January-February (2007), S. 28-37.

zusammen, die sie in den letzten Jahren zum Thema Aufstandsbekämpfung veröffentlicht hatte⁴⁴¹.

Neben diesem traditionellen Medium der Wissensverbreitung wurden auch neue Technologien wie das Internet genutzt, um Erfahrungen auszutauschen. So wurde für die Einsatzvorbereitung vermehrt auf die Website des *Center for Army Lessons Learned* (CALL) oder die Netzwerke Strykernet für Strykerbrigaden oder SIPRnet des Außen- und Verteidigungsministeriums zurückgegriffen, um die doktrinelle Lücke hinsichtlich der Aufstandsbekämpfung zu füllen. Das *172nd Stryker Brigade Combat Team* nutzte neben der Lektüre von Klassikern der Aufstandsbekämpfungstheorie und -praxis wie David Galula, John Nagl und David Kilcullen die CALL-Website gezielt als Alternative zur offiziellen Doktrin und versorgte sich so u.a. mit Lageberichten der Vorgängereinheit *1st Brigade, 25th Infantry Division*, ebenfalls eine Strykerbrigade⁴⁴². Weitere Informationskanäle waren nicht-offizielle Internetblogs sowie der einfache Email-Austausch oder das Abhalten von Internet-Videokonferenz mit Einheiten, die bereits vor Ort waren und die es bald abzulösen galt⁴⁴³.

Der Einfluss der COIN-Community auf das US-Militär

Ab 2005 entstand so eine wirkliche Denkschule, die sogenannte *Counterinsurgency Community*, welche nicht nur verstärkt auf zu versetzende Einheiten Einfluss nahm, sondern auch auf die Strukturen des US Militärs. Auf Initiative von James Mattis, damals *Lieutenant-*

---

⁴⁴¹ Vgl. US Army, Military Review. Counterinsurgency Reader, Special Edition (October 2006), Fort Leavenworth 2006, URL: http://www.mccdc.marines.mil/Portals/172/Docs/SWCIWID/COIN/Recent%20US%20ARMY%20Counterinsurgency%20History/Military%20Review%20Magazine%20-%20Counterinsurgency%20Reader%20I%20%28Oct2006%29.pdf (Stand: 01.04.2015); bzw. US Army, Military Review. Counterinsurgency Reader II, Special Edition (August 2008), Fort Leavenworth 2006, URL: http://www.mccdc.marines.mil/Portals/172/Docs/SWCIWID/COIN/Recent%20US%20ARMY%20Counterinsurgency%20History/Military%20Review%20Magazine%20-%20Counterinsurgency%20Reader%20II%20%28Aug2008%29.pdf (Stand: 01.04.2015).
⁴⁴² Russel, Innovation, S. 147.
⁴⁴³ *Ibid*, S. 80.

General und Kommandeur des *Marine Corps Combat Development Command* und späterer Mitverfasser des Field Manual 3-24, entstand im Mai 2005 bspw. das *Marine Corps Center for Advanced Operational Culture Learning*, um die kulturelle Dimension der Einsatzländer in die Ausbildung und somit auch in die Kriegführung miteinzubeziehen[444]. Seine Versetzungen in den Irak und nach Afghanistan hatten Mattis von der Bedeutung des sogenannten *Human Terrain* überzeugt – der sozialen, ethnischen, kulturellen, wirtschaftlichen und politischen Dimension von Aufstandsbekämpfungseinsätzen. Das neue Zentrum sollte dazu beitragen, das *US Marine Corps* mit dem nötigen sprachlichen und kulturellen Wissen und Bewusstsein auszustatten, um in fremden Länder eingesetzt zu werden[445].

Den wohl stärksten Einfluss auf das US-Militär – insbesondere die US Army – und die US-amerikanische Kriegführung hatte allerdings David Petraeus, als er Ende 2005 zum Kommandeur von Fort Leavenworth und im Januar 2007 schließlich zum Kommandeur der *Multi-National Force-Iraq* ernannt wurde. Fort Leavenworth sollte laut Petraeus der „Motor des Wandels"[446] werden und hierfür standen ihm viele Mittel zur Verfügung. Als Kommandeur des Stützpunktes konnte Petraeus die Neuorientierung der Militärdoktrin der US Army sowie Debatten zur Aufstandsbekämpfung durch die hauseigene *Military Review* anstoßen. Er beaufsichtigte 15 Ausbildungsschulen und Weiterbildungszentren – darunter u.a. das *US Army Combined Arms Center* und das *Command and General Staff College*, beides höchste Ausbildungseinrichtung für die militärische Führungsspitze der USA – und konnte somit durch die Definierung des Aufbaus und des Inhalts der Ausbildungen eine neuen Generation von Offizieren, ihre Laufbahnen und ihr militärisches Denken prägen. So beinhaltete bereits Anfang 2006, nur wenige Monate nach der Einsetzung von Petraeus, ein Drittel der über 500 Unterrichtsstunden der zehnmonatigen Fortbildung Themen zur Aufstandsbe-

---

[444] Barak A. Salmoni: Advances in Predeployment Culture Training. The US Marine Corps Approach, in: Military Review November-December (2006), S. 80.
[445] Ucko, The New Counterinsurgency Era, S. 72.
[446] Petraeus: The Surge of Ideas.

kämpfung[447]. Neben einem Tour d'Horizon der fundamentalsten Texte zur Aufstandsbekämpfung wurde während der Kurse besonders auf die Werke von David Galula eingegangen – dem „Clausewitz der Aufstandsbekämpfung"[448], wie ihn Petraeus nannte. Im Lichte von Galulas grundlegendstem Werk, *Counterinsurgency Warfare: Theory and Practice*, welches Petraeus zur Pflichtlektüre der Fortbildung erhob, wurden historische Fallbeispiele wie der Philippinisch-Amerikanische Krieg (1899-1902), der Aufstand in Malaysia (1948-1960) sowie der Algerienkrieg (1954-1962) studiert.

Petraeus krempelte auch die Trainingsszenarien der zwei Übungs- und Ausbildungszentren der US Army Fort Irwin und Fort Polk um und passte sie der irakischen und afghanischen Einsatzrealität an[449]. Petraeus war es letztendlich auch, der als Kommandeur des *US Army Combined Arms Centers* die Neuverfassung der neuen Doktrin beaufsichtigte. Er kündigte die Überarbeitung im November 2005 während einer Konferenz des *Carr Centers for Human Rights* zur asymmetrischen Kriegsführung an und versammelte alsbald eine Gruppe von Autoren, die unter der Aufsicht von *Lieutenant Colonel* John Nagl die neue COIN-Doktrin verfasste[450]. Neben der bereits erwähnten „*Clear, Hold and Build*"-Vorgehensweise von McMaster in Tal Afar und anderen Kampagnen im Irak fanden auch die Eindrücke aus Irak und Afghanistan von *Lieutenant General* Mattis sowie Petraeus' Erfahrungen beim Wiederaufbau von nationalen Sicherheitskräften Einzug in die neue Doktrin[451]. Wie im folgenden Kapitel dargelegt wird waren es insbesondere die sogenannten „*lessons learned*" vergangener Aufstandsbekämpfungskampagnen – u.a. in Algerien – und „*best practices*" französischer Aufstandsbekämpfer, welche

---

[447] Volney J. Warner & James H. Willbanks: Preparing Field Grade Leaders for Today and Tomorrow, in: Military Review January-February (2006), S. 108.
[448] David Galula, Contre-insurrection. Théorie et pratique, Paris 2008, (Petraeus/Nagl, Vorwort zu Galula 2008:V).
[449] Robert W. Cone: The Changing National Training Center, in: Military Review May-June (2006), S. 70-79.
[450] Conrad Crane: United States, in: Thomas Rid / Thomas Keaney (Hrsg.), Understanding Counterinsurgency Warfare. Doctrine, operations, and challenges, London 2010, S. 59-60.
[451] *Ibid*, S. 63-67.

die bevölkerungszentrierte Ausrichtung der neuen Doktrin maßgeblich prägten.

5. Die COIN-Doktrin

Im folgenden Kapitel wird die COIN-Doktrin ausführlich anhand jener Fragen analysiert, welche bereits an die Doktrin des revolutionären Krieges in Kapitel zwei des ersten Teils gestellt wurden. Die COIN-Doktrin hat den Anspruch, das „Führungspersonal der U.S. Army und des Marine Corps bei der Vorbereitung von Aufstandsbekämpfungsoperationen überall auf der Welt zu unterstützen"[452] und ist daher nicht auf die irakische Kriegssituation beschränkt, auch wenn sie hauptsächlich für diesen Kriegsschauplatz verfasst wurde.

Vorab muss jedoch ein wesentlicher Unterschied zur französischen Doktrin des revolutionären Krieges hervorgehoben werden. Bei der COIN-Doktrin handelt es sich um eine Militärdoktrin, welche im Rahmen der *Foreign Internal Defense* (FID) eingesetzt wird. Bei FID unterstützt ein Staat einen anderen Staat – den sogenannten Aufnahmestaat – bei der Bekämpfung eines Aufstands in seinem Land.

5.1. Weltanschauung

Die COIN-Doktrin ist ein intrinsischer Teil des seit dem 11. September 2001 geführten *Global War on Terror* (GWOT) und ist – als „lokale Anpassung im globalen Kampf gegen international agierende Terrornetzwerke"[453] – in dessen Weltanschauung eingebettet.

Die USA interpretierten die spektakulären und weltweit mediatisierten Angriffe vom 11. September 2001 auf die Zwillingstürme in New York und auf das Pentagon in Washington als eine Kriegserklärung „gegen die Vereinigten Staaten von Amerika und ihre Alliierten und gegen den Gedanken einer zivilisierten Gesellschaft"[454]. Um

---

[452] United States Department of the Army, The U.S. Army/Marine Corps Counterinsurgency Field Manual, Chicago 2007, S. lii.
[453] Jéronimo Barbin & Falk Tettweiler, Strategiewechsel in Afghanistan? Counterterrorism und Anstöße für eine deutsche Diskussion, Berlin 2012, S. 8.
[454] CIA, National Strategy for Combating Terrorism (Februar 2003), S. 1, URL:

zukünftige Terrorattacken zu verhindern, zogen die USA ihrerseits in einen Krieg, einen Krieg gegen den Terror bzw. gegen international agierende Terrornetzwerke, mit dem Ziel, die Finanzierung von Terrororganisation zu unterbinden, ihnen Zufluchtsorte zu versagen und ihre Bewegungsspielräume einzuschränken, um so einen erneuten Angriff auf die USA zu verhindern. Die Bush-Administration bettete diesen globalen Krieg in einen Diskurs ein, in welchem die USA sich als Verteidiger der freien und zivilisierten Welt gegenüber der Barbarei verstehen[455].

Hauptgegner in diesem Krieg ist die von Osama bin Laden gegründete Organisation Al-Qaida, welche seit dem Ende der 1990er Jahre die Führerschaft im weltweiten heiligen Krieg – den sogenannten Djihad – gegen den Westen beanspruche. „Im Februar 1998 kam es zu der Bildung einer Front aus verschiedenen djihadistischen Gruppierungen, [unter ihnen Al-Qaida], die sich zur ‚Internationalen Islamischen Kampffront gegen Juden und Kreuzfahrer' zusammenschlossen. Dieses Bündnis umfasste fünfzehn Gruppen aus verschiedenen muslimischen Staaten mit vielen tausend Einzelkämpfern aus mehr als fünfzig Staaten"[456]. Im Gründungsdokument dieser islamischen Front rufen Osama bin Laden und sein Stellvertreter Aiman al-Zawahiri die Muslime der Welt dazu auf, „US-Amerikaner und ihre Alliierten – Zivilisten und Militärs"[457] zu töten; es handle sich dabei um die Pflicht eines jeden Moslems. Diese Mobilisierung der muslimischen Massen habe zum Ziel, in einer ersten Phase ein islamisches Kalifat in Ägypten zu errichten, in dem die Gesetze des

---

https://www.cia.gov/news-information/cia-the-war-on-terrorism/Counter_Terrorism_Strategy.pdf (Stand: 01.04.2015).

[455] Vgl. George W. Bush: Address to the United Nations General Assembly (10. November 2001), in: The White House. President George W. Bush, Selected Speeches of President George W. Bush. 2001-2008, S. 83-85, URL: http://georgewbush-whitehouse.archives.gov/infocus/bushrecord/documents/Selected_Speeches_George_W_Bush.pdf (Stand: 01.04.2015).

[456] Peter Wichmann, Al-Qaida und der globale Djihad. Eine vergleichende Betrachtung des transnationalen Terrorismus, Wiesbaden 2014, S. 227.

[457] World Islamic Front: Jihad Against Jews and Crusaders (23. Februar 1998), URL: http://fas.org/irp/world/para/docs/980223-fatwa.htm (Stand: 01.04.2015).

Islams gelten, um schließlich, in einer zweiten Phase, „die islamische Welt in einen Djihad gegen den Westen zu führen"[458].

Paradoxerweise kam dem Irak in der globalen Strategie Al-Qaidas und seiner Partner erst mit dem Sturz Saddam Husseins und dem stetigen Zerfall des irakischen Staates durch die von den USA geführte Invasion 2003 eine herausragende Bedeutung zu. So rief Osama bin Laden im Februar 2003 die „Muslime im Allgemeinen und die Iraker im Speziellen [dazu auf], sich für den Djihad gegen diese ungerechte Kampagne vorzubereiten und sich Munition und Waffen zu besorgen"[459]. Im Oktober des Folgejahres gründete der ehemalige *Mudschahid* Musab al-Zarqawi – welcher einst gemeinsam mit Osama bin Laden in den afghanischen Bergen gegen sowjetischen Truppen kämpfte – einen irakischen Ableger von Al-Qaida (Al-Qaida im Irak – AQI), mit dem Ziel, die USA aus dem Irak und anschließend aus der ganzen islamischen Welt zu vertreiben, um schließlich ein Kalifat im Zweistromland zu errichten. Von diesem Kalifat aus solle der Kampf in die Anrainerstaaten Iraks und schließlich gegen Israel getragen[460] und der Irak somit zu einem „Zufluchtsort und [eine] Ressource für die nächste Etappe in ihrer Offensive gegen Amerika [werden]. Demzufolge war der Irak [für die USA] wichtig, weil Al-Qaida [das Land] als wichtig erachtete"[461]. Entsprechend wurde der Irak in der *National Strategy for Victory in Iraq* zur „zentralen Front im globalen Krieg gegen den Terror"[462] erho-

---

[458] Laura Mansfield, His Own Words. A Translation of the Writings of Dr. Ayman Al Zawahiri, 2006, S. 113.
[459] FBIS: Compilation of Usama bin Ladin Statements 1994-January 2004 (Januar 2004), S. 251, URL: http://fas.org/irp/world/para/ubl-fbis.pdf (Stand: 01.04.2015).
[460] So Aiman al-Zawahiri in einem Brief an Musab al-Zarqawi am 9. Juli 2005:
Aiman al-Zawahiri, Letter from al-Zawahiri to al-Zarqawi (11. Oktober 2005), URL: http://fas.org/irp/news/2005/10/letter_in_english.pdf (Stand: 01.04.2015); vgl. auch: Douglas Jehl/Thom Shanker: Al Qaeda Tells Ally in Iraq to Strive for Global Goal, in: The New York Times (7. Oktober 2005), URL: http://www.nytimes.com/2005/10/07/politics/07zarqawi.html (Stand: 01.04.2015).
[461] Metz: The Strategic Shift of 2007, S. 7.
[462] NSC, National Strategy for Victory in Iraq, Washington 2005, S. 1, URL: https://www.hsdl.org/?view&did=457955 (Stand: 01.04.2015).

ben. Eine Niederlage der USA im Irakkrieg würde die Djihadisten stärken, so das Strategiepapier, und ihnen im Irak einen Basis verschaffen, von welcher aus sie Angriffe gegen die USA, ihre Interessen und Alliierten planen und nicht zuletzt das Schicksal des gesamten Nahen Osten besiegeln könnten.

Laut dem Terrorismusforscher Peter Wichmann verfolgte AQI zu diesem Zweck eine Bürgerkriegsstrategie, welche Parallelen zur Chaosstrategie von Abu Bakr Naji, einem der Hauptstrategen von Al-Qaida, aufweise[463]. Nach dieser Strategie – welche in Najis Buch *Management of Savagery* erläutert wird – sollen djihadistische Operationen Chaos in zu erobernden Gebieten verbreiten, um westliche Staaten, insbesondere die USA, in lange Kriege zu verwickeln, die sie ausbluten und aus denen sie wirtschaftlich geschwächt hervorgehen. In diesen chaotischen und unübersichtlichen Zuständen sollen sich schließlich die „guten Menschen und sogar die Weisen unter den Bösewichten nach jemandem sehnen, der diese Brutalität managt. Sie werden jede Organisation akzeptieren, gleichgültig, ob sie aus guten oder bösen Menschen besteht"[464].

Diesen heiligen Krieg Al-Qaidas und ihrer Schwesterorganisationen gegen den Westen kann man aufgrund seines ideologischen und transnationalen Charakters nach der von Irene Etzersdorfer aufgestellten Typologisierung als revolutionären Krieg bezeichnen. „Beim revolutionären Krieg handelt es sich um eine totale Kriegsform, die eine Kontinuität zwischen einem innergesellschaftlichen Krieg und einem über diesen hinausführenden internationalen Krieg herstellt. Jedoch wird er nicht im Namen eines Staates gegen einen anderen, sondern im Namen einer Ideologie geführt, die von einer politischen Avantgarde festgesetzt und exekutiert wird, während der Staat nur eine untergeordnete Entität darstellt"[465]. Laut dem jordani-

---

[463] Vgl. Wichmann, Al-Qaida, S. 274,
[464] Abu Bakr Naji, The Management of Savagery. The Most Critical Stage Through Which the Umma Will Pass (23.05.2006), S. 27, URL:
http://azelin.files.wordpress.com/2010/08/abu-bakr-naji-the-management-of-savagery-the-most-critical-stage-through-which-the-umma-will-pass.pdf
(Stand: 01.04.2015).
[465] Irene Etzersdorfer, Krieg. Eine Einführung in die Theorien bewaffneter Konflikte, Wien 2007, S. 153.

sche Journalist Fouad Hussein – welcher in seinem arabischsprachigen Buch *Al-Zarqawi: The Second Generation of Al Qaeda* die strategischen Ziele Al-Qaidas beschreibt – müsse die Machtergreifung in einem Staat lediglich als eine Zwischenetappe auf dem Weg zur „totalen Konfrontation" von eineinhalb Milliarden Muslimen mit dem Westen verstanden werden. Al-Qaida und ihre Anhänger hätten mit der Gründung ihres Kalifats letztlich nichts weniger als die Weltherrschaft vor Augen, mit dem Ziel, „die Menschheit an das Ufer der Sicherheit und in die Oase der Glückseligkeit führen"[466].

Um diesen „weltweiten revolutionären Wandel herbeizuführen"[467], würden sich Terrororganisationen wie Al-Qaida laut COIN-Doktrin auch im 21. Jahrhundert „althergebrachter Methoden des Aufstandes und des Terrorismus"[468] bedienen, um die konventionelle Überlegenheit der USA zu umgehen. Dies gelte auch für die Aufständischen im Irakkrieg, welche „sich an Elemente eines erkennbaren revolutionären Operationsplans [halten würden]"[469]. Für die Niederschlagung solcher Aufstände bedürfe es eines besonderen intellektuellen Rüstzeugs, doch würden es „westliche Streitkräfte allzu häufig [versäumen], sich eingehend mit Aufständen zu befassen. Sie unterliegen der falschen Annahme, dass Armeen, die dafür ausgebildet sind, groß angelegte konventionelle Kriege zu gewinnen, automatisch darauf vorbereitet sind, kleine unkonventionelle Kriege zu gewinnen"[470]. Laut der COIN- Doktrin handle es sich bei Aufstandsbekämpfungsoperation somit um eine andere Art Krieg, um einen Krieg, welcher nicht mit den gängigen Vorgehensweisen der Kriegführung gefochten werden könne.

---

[466] Lawrence Wright: The Master Plan. For the New Theorists of Jihad, Al Qaeda is Just the Beginning, in: The New Yorker (11. September 2006), S. 48-58; Yassin Musharbash: The Future of Terrorism. What al-Qaida Really Wants, in: Spiegel Online (12. August 2005), URL: http://www.spiegel.de/international/the-future-of-terrorism-what-al-qaida-really-wants-a-369448.html (Stand: 01.05.2015).
[467] US Army, FM 3-24, S. 3.
[468] *Ibid*, S. LII.
[469] *Ibid* (Vorwort: David H. Petraeus & James F. Amos, XLV)
[470] *Ibid*, S. LII

5.2. Idealtypus des Aufstands

Die Doktrin definiert einen Aufstand als „einen organisierten, lang anhaltenden politisch-militärischen Kampf mit dem Ziel, die Herrschaft und Legitimität einer eingesetzten Regierung, Besatzungsmacht oder anderen politischen Autorität zu schwächen und gleichzeitig die Herrschaft der Aufständischen auszuweiten". Um die politische Macht an sich zu reißen, müsse nicht nur die bestehende Autorität durch politische, informationsbezogene, militärische und wirtschaftliche Mittel gestürzt werden. „Der primäre Kampf [bestehe] darin, die Bevölkerung in einem Kampf um politische Kontrolle und Legitimität zu mobilisieren. Aufständische und die zu ihrer Bekämpfung eingesetzten Kräfte bemühen sich [deshalb] darum, öffentliche Unterstützung für ihre jeweilige Sache zu mobilisieren"[471]. Der Bevölkerung komme somit primär eine legitimitätsstiftende Rolle zu. Gleichzeitig würden die Aufständischen die Bevölkerung zum Schutz vor den aufstandsbekämpfenden Kräften und als Rückzugsraum nutzen, zur logistischen, finanziellen oder nachrichtendienstlichen Unterstützung, sowie als Rekrutenpool[472].

Für die Autoren des Field Manuals habe „insbesondere die Fähigkeit, die Unterstützung – oder zumindest die Einwilligung und Duldung der Bevölkerung zu gewinnen und aufrecht zu erhalten, [...] die größte Auswirkung auf die langfristige Wirksamkeit eines Aufstandes. Diese Fähigkeit ist in der Regel das Zentrum der Kraftentfaltung [(das sogenannte *Center of Gravity*)] der Aufständischen"[473]. Um die Menschen entsprechend zu kompromittieren und auf die Seite der Aufständischen zu bringen, gebe es laut COIN-Doktrin fünf Mittel: Überzeugung, Zwang, Reaktion auf Übergriffe, Unterstützung von außen und unpolitische Beweggründe[474]. Überzeugen könne man die Bevölkerung insbesondere durch die Formulierung einer Sache, für die es sich zu kämpfen lohne. Dabei könne es sich

---

[471] *Ibid*, S. 15.
[472] *Ibid*, S. 52, 101.
[473] *Ibid*, S. 101.
[474] *Ibid*, S. 15-17.

um „soziale, politische [oder] wirtschaftliche Missstände" handeln[475]. Überzeugen könne man die Bevölkerung auch, indem man beispielsweise Vorteile pekuniärer Natur verspreche oder Sicherheit für die Menschen gewährleiste. Auch könne die Bevölkerung durch die Verfolgung ideologischer oder religiöser Ziele mobilisiert werden. Attraktive oder überzeugende Argumente würden meist auf echte oder von den Aufständischen mittels der Propaganda künstlich hervorgebrachte gesellschaftliche Missstände zurückgehen, bspw. eine oligarchische Regierungsführung, wirtschaftliche Ausbeutung, Diskriminierung oder Rassismus.

Nicht selten werde die Unterstützung der Aufständischen durch die Bevölkerung mittels Zwängen oder Einschüchterungsversuchen in Form von Entführungen und Ermordungen regimetreuer Personen oder Familienangehöriger hervorgerufen. In ihrer passiven Form unterstütze die Bevölkerung die Aufständischen, indem sie aus Angst vor Repressalien jegliche Zusammenarbeit mit der Regierung untersagt, während die aktive Unterstützung die Form einer aktiven Bekämpfung der Regierung annehme. Nicht seltener sei auch eine Unterstützung der Rebellen aus Protest gegen bzw. aus Wut auf die Regierungsbehörden, weil diese ihr Gewaltmonopol missbraucht und Kollateralschäden verursacht habe. Die Doktrin weist deshalb darauf hin, dass militärische Führer oftmals abwägen müssen, „welche Art und welches Maß an Gewalt angewandt werden muss [...]. Eine Operation, bei der fünf Aufständische getötet werden, ist kontraproduktiv, wenn der Kollateralschaden dazu führt, dass 50 neue Aufständische rekrutiert werden"[476].

Es bestehe auch die Möglichkeit, dass sich ausländische Regierungen mittels ausreichender finanzieller Mittel und der Aufstellung einer Guerillaarmee einen Aufstand schlicht „kaufen" – wie während des zweiten Tschetschenienkrieges. Auch Nichtregierungsorganisationen können durch Spenden jeglicher Art einen Aufstand von außen anheizen und unterstützen[477]. Aufstände würden zudem Verbrecher und Söldner anziehen, die sich aus unpolitischen, rein

---

[475] *Ibid*, S. 41-42.
[476] *Ibid*, S. 45.
[477] Vgl. hierzu: Herfried Münkler, Die neuen Kriege, Hamburg 2002, S. 22.

finanziellen Gründen den Aufständischen anschließen, oder Kriminelle, welche den Mangel an Sicherheit für illegale Aktivitäten wie Entführungen und Einbrüche nutzen würden[478].

In der Regel bestehe die aufständische Organisation aus fünf Elementen: dem Führer der Bewegung, den Kombattanten, dem politischen Kader, den Helfern und der Massenbasis. Während ein Führer den Aufstand kraft seiner Persönlichkeit oder sonstiger Qualifikationen anführe und die strategischen Entscheidungen treffe, bilde der politische Kader den politischen Kern des Aufstands, welcher zu gegebener Zeit die staatliche Bürokratie des Gegners ersetze. Hauptakteure eines Aufstandes seien aber die Kombattanten, welche die militärischen Operationen durchführen und die eroberten Gebiete und Bevölkerungsteile sichern würden. Rückgrat des Aufstands seien die aktiven Sympathisanten, welche die Aufständischen durch „das Betreiben von Wohnungen, die Lagerung von Waffen und Versorgungsgütern, Kurierdiensten, passive Nachrichtengewinnung, frühzeitige Warnung bei Bewegungen der aufstandsbekämpfenden Kräfte, die Beschaffung von Geldern [oder] die Bereitstellung gefälschter oder gestohlener Dokumente [und] Kontakten [zu] potentiellen Unterstützern"[479] helfen würden. Die Helfer seien somit – zusammen mit den Anhängern aus der Massenbasis, welche oft nach erfolgreicher Indoktrinierung durch den Kader zu Kombattanten werden – nicht nur Augen und Ohren der Aufständischen, sondern auch ihre Geldgeber und Botschafter.

Gleichzeitig weist die Doktrin darauf hin, dass durch die Globalisierung und die technischen Möglichkeiten des 21. Jahrhunderts die Unterstützung auch zunehmend virtuell werden kann, insbesondere durch das Internet, welche den Zugriff auf globale Finanzsysteme und internationale Medien vereinfacht.

Aufständische können bei ihrem Kampf ganz unterschiedliche Ansätze verfolgen, z.B. den konspirativen Ansatz, welcher 1917 von Lenin während der bolschewistischen Revolution eingesetzt wurde; den militärischen Ansatz, wie Che Guevara ihn in der *Foco*-Theorie entwickelte; oder den städtischen Aufstand, wie die irische

---

[478] US Army, FM 3-24, S. 19-20.
[479] *Ibid*, S. 22.

IRA, lateinamerikanische Aufständische oder vereinzelt sogar Islamisten im Irak ihn praktizierten. Von der gewählten strategischen Vorgehensweise hänge letzten Endes auch das Kräfteverhältnis der einzelnen Elemente des Aufstandes untereinander ab. Während „bei einem konspirativen Ansatz Kombattanten und die Massenbasis keine große Rolle [spielen würde, werde] bei Aufständen mit militärischem Schwerpunkt zur Gewinnung öffentlicher Unterstützung die Bedeutung eines politischen Kaders heruntergespielt und die militärische Aktion betont"[480].

Die Autoren von FM 3-24 gehen jedoch besonders auf Maos Theorie des Volkskrieges ein, welcher der komplexeste der aufgeführten Ansätze sei. Bei Maos Theorie handle es sich um einen soliden Ansatz, welcher sowohl von Kommunisten als auch Islamisten eingesetzt werde, weil er mit der Auslösung eines langwierigen Bürgerkriegs die Aufständischen am meisten begünstige. „Die chinesischen Kommunisten verfolgten diesen Ansatz bei der Eroberung Chinas nach dem Zweiten Weltkrieg. Die Nordvietnamesen und Algerier passten ihn an ihre jeweilige Situation an. Und heutzutage schlagen ihn einige Qaida-Führer in ihren Veröffentlichungen vor. Dieser Ansatz ist komplex, und nur wenige aufständische Bewegungen der Gegenwart wenden sein volles Programm an, viele jedoch Teile davon. Dieser Ansatz ist daher nicht nur von historischem Interesse. Sich damit auszukennen kann sehr hilfreich dabei sein, manche aufständischen Bewegungen zu verstehen"[481]. Folglich wird Maos dreiphasiger politisch-militärischer Ansatz im Detail betrachtet und vorgestellt.

Die erste Phase – die sogenannte strategische Defensive – ist die latente Phase des Aufstandes, während welcher eine schlagkräftige Geheimorganisation aufgebaut werde. Eine Reihe subversiver Aktivitäten wie Propaganda, Demonstrationen, Boykotte und Sabotagen „[bereite] die Bevölkerung psychologisch auf den Widerstand gegen die Regierung oder Besatzungsmächte [vor]"[482]. Gleichzeitig würden politische Aktionsgruppen, Jugendgruppen, Gewerkschaf-

---

[480] *Ibid*, S. 20-21
[481] *Ibid*, S. 11.
[482] *Ibid*, S. 11-12

ten, Regierungsbehörden und andere Organisationen infiltriert, um weitere Unterstützung in der Bevölkerung für die Sache der Aufständischen zu generieren. In dieser Phase würden schließlich auch Kaderkräfte rekrutiert und ausgebildet sowie ein administrativer und bürokratischer Gegenstaat aufgebaut, welcher zu gegebener Zeit die Verwaltung des rechtmäßigen Staates ersetze.

In der folgenden Phase des strategischen Gleichgewichts würden die Aufständischen schließlich zu militärischen Operationen in Form von Guerillaoperationen übergehen und versuchen im politischen Bereich weiterhin das Band zwischen der Regierung und der Bevölkerung zu trennen. Letzteres geschehe hauptsächlich durch die Bereitstellung von Dienstleistungen durch den Gegenstaat, welcher seine Aktivitäten auf jene Bereiche konzentriere, die vom Aufnahmestaat vernachlässigt werden bzw. wegen der Angriffe der Aufständischen vernachlässigen muss, aber auch durch Propaganda in Form von Radiosendungen, Zeitungen, Pamphleten und Ähnlichem. Diese Maßnahmen sollen schließlich eine aktive Unterstützung der Bevölkerung für die Aufstandsbewegung generieren.

In der dritten und letzten Phase sei die aufständische Bewegung idealerweise stärker als die rechtmäßige Regierung und könne so zur strategischen Gegenoffensive übergehen. „Die aufständischen Kräfte gehen von der Guerilla- zur konventionellen Kriegführung über [...] [um] das militärische Potenzial des Feindes zu vernichten"[483]. Diese Phase nehme den Charakter eines Bürgerkrieges an und solle schließlich zum Zusammenbruch der Regierung bzw. zum Rückzug der Besatzungsmacht führen. Um die Bevölkerung, die Ressourcen des Landes und das Territorium des Staates nach erfolgreich durchgeführter Gegenoffensive unter ihre Kontrolle zu bringen, richte die Aufstandsbewegungen, welche nunmehr zur Regierung geworden ist, insbesondere eine funktionierende Zivilverwaltung und eine effektive militärische Organisation ein.

In FM 3-24 wird hervorgehoben – mit Verweis auf die algerischen Unabhängigkeitskämpfer, welche nicht zur konventionellen Kriegführung übergingen –, dass nicht alle drei Stufen der Reihe nach oder vollständig durchgeführt werden müssen. „Bricht der Wil-

---

[483] *Ibid*, S. 13

le und die Handlungsfähigkeit der Regierung frühzeitig in diesem Prozess zusammen, umso besser. Hat sie in einer späteren Phase keinen Erfolg, könnte der Aufstand zu einer früheren Phase zurückkehren"[484]. Auch wird unterstrichen, dass mit dem Übergang zu einer neuen Phase die Aktivitäten der letzteren nicht erlöschen, sondern in geringerer Intensität fortgeführt werden.

5.3. Konterrevolutionäre Maßnahmen

Politische Lösung des Konfliktes

Laut COIN-Doktrin sei ein revolutionärer Krieg – auch innerstaatlicher Krieg genannt – eine Konfliktform, welche „zu 80 Prozent aus politischen und nur zu 20 Prozent aus militärischen Aktionen bestehe"[485]. Denn im Kern würde die Aufständischen und die Aufstandsbekämpfer „zwei Seiten eines Phänomens [bilden], [...] [in welchem] jede Seite erreichen [wolle], dass das Volk ihre Regierungsführung oder Autorität als legitim akzeptiert"[486]. Der Konflikt sei also ein politischer Konflikt. Um diese Akzeptanz innerhalb der Bevölkerung zu erreichen, würden beide Seiten alle ihnen zur Verfügung stehenden Mittel nutzen – militärischer, paramilitärischer, politischer, wirtschaftlicher, psychologischer und ziviler Natur –, um den Kampf für sich zu entscheiden und Legitimität und Herrschaft über die Bevölkerung zu erreichen.

Doch nicht alle Mittel seien in diesem Konflikt gleichwertig. Es wird in der Doktrin oft darauf hingewiesen, dass „politische, soziale und wirtschaftliche Programme in der Regel von größerem Wert [seien] als konventionelle militärische Operation, wenn es darum [gehe], die eigentlichen Konfliktursachen anzugehen und einem Aufstand die Grundlage zu entziehen"[487]. Insbesondere eine gute Regierungsführung, welche unter anderen die politische Kontrolle der militärischen und polizeilichen Aktivitäten, die Durchsetzung

---

[484] *Ibid.*
[485] *Ibid*, S. 39.
[486] *Ibid*, S. 2
[487] *Ibid*, S. 54

von Rechtsstaatlichkeit sowie die Wahl von Volksvertretern beinhalte, spiele eine Schlüsselrolle bei der Herstellung von Legitimität[488]. Die Regierung wird in der COIN-Doktrin im Unterschied zur DGR als aktiver Teil der Lösung und nicht des Problems verstanden. Letztendlich müsse die Bevölkerung nämlich zu der Erkenntnis kommen, dass sie unter der rechtmäßigen Regierung eine bessere Zukunft habe als unter einem Regime der Aufständischen. „Militärische Kräfte können Gehorsam erzwingen und Gebiete sichern. Sie können jedoch nicht allein die zur Lösung der Probleme notwendige politische Einigung herbeiführen"[489]. Insbesondere der Regierung des Aufnahmestaats komme deshalb bei der Überwindung des Aufstands eine gewichtige Rolle zu und müsse „so viele Ursachen des Aufstandes beseitigen wie möglich"[490].

Das Primat der Politik wird nicht in Frage gestellt und die aufstandsbekämpfenden Kräfte werden – anders als zu Zeiten des Algerienkriegs, als sich Teile des französischen Militärs berufen sahen, gegebenenfalls die Regierung zu stürzen und zu ersetzen – einzig als ein ausführendes Element bzw. Instrument der Politik gedacht, welche die Regierung eines Landes bei der Wahrnehmung seiner Aufgaben zu unterstützen habe. Denn das langfristige Ziel der Aufstandsbekämpfung bestehe darin, „ein Land oder eine [rechtmäßige] Regierung in die Lage zu versetzen, für die Sicherheit und Rechtsstaatlichkeit zu sorgen, die den Aufbau staatlicher Sozialleistungen und das Wachsen wirtschaftlicher Aktivitäten ermöglichen"[491], eine Aufgabe, welche die Streitkräfte nur im Verbund mit anderen, nicht-militärischen Akteuren erfüllen können.

Zu Verhandlungen nimmt die COIN-Doktrin allerdings eine ähnliche Position ein wie die DGR. Wie Lacheroy, Hogard und Souyris schließen auch die Autoren von FM 3-24 eine rein politische Lösung des Konflikts – also ohne Waffengewalt und nur durch Verhandlungen und Reformen – aus, halten politische Maßnahmen auf taktischer Ebene aber dennoch für nützlich. Zum einen müsse eine

---

[488] *Ibid*, S. 170.
[489] *Ibid*, S. 151.
[490] *Ibid*, S. 2.
[491] *Ibid*, S. 2

Regierung alles tun, um einem Aufstand die Grundlage zu entziehen und der Unzufriedenheit in der Bevölkerung zu begegnen, insbesondere durch politische, soziale und wirtschaftliche Reformen. Zum anderen würden „nicht alle Islamischen Aufständischen und Terroristen für eine weltweite Revolution [kämpfen]. Einige verfolgen [sehr pragmatisch auf der Grundlage realistischer Annahmen] regionale Ziele, wie die Errichtung eines Sunnitisch-Arabisch dominierten Irak [...]. Und militante Gruppen mit nationalistischen oder religiösen Zielsetzungen streben sogar Waffenstillstände oder die Teilnahme an Wahlen an, wenn dies ihren Interessen dient"[492]. Das Field Manual ermutigt militärische Führer deshalb, die verschiedenen aufständischen Gruppen und ihre Beweggründe zu identifizieren, um gegebenenfalls mit ihnen in Verhandlungen eintreten zu können. Hervorzuheben ist hier allerdings, dass die Militärs und nicht die Vertreter der rechtmäßigen Regierung des Aufnahmestaates mit den aufständischen Gruppen verhandeln sollen.

Aufgaben des Militärs

Im Rahmen der Aufstandsbekämpfung führen die Streitkräfte im Aufnahmestaat sogenannte *full spectrum operations* durch, welche aus defensiven, offensiven und Stabilisierungsoperationen bestehen. Während „bei offensiven und defensiven Operation der Schwerpunkt darauf [liege], den Feind zu besiegen [...] [gehe es] bei Stabilisierungsoperation hingegen um die Sicherheit und den Schutz von Räumen, Ressourcen und der Bevölkerung"[493]. Dies bedeutet einerseits, dass die Streitkräfte weiterhin ihrer traditionellen Aufgabe – der Bekämpfung feindlicher Kräfte – gerecht werden müssen, sie allerdings auch für das Wohlergehen der Bevölkerung zuständig seien.

Tatsächlich sei der Schutz der Bevölkerung, laut COIN-Doktrin, sogar „die Hauptaufgabe der Streitkräfte im Rahmen der Aufstandsbekämpfung"[494], und dies aus zwei Gründen. Einerseits gelte es, die Aufständischen zu schwächen, indem man finanzielle

---

[492] *Ibid*, S. 27.
[493] *Ibid*, S. 166.
[494] *Ibid*, S. 54.

Zuwendungen erschwere, ihnen die physische Unterstützung durch die Bevölkerung entziehe und ihre Rekrutierungsversuche so weit wie möglich verhindere. Andererseits würden die aufstandsbekämpfenden Kräfte für ihre Operationen gute nachrichtendienstliche Informationen benötigen, um die nicht-uniformierten Aufständischen innerhalb der Bevölkerung ausfindig machen zu können. Diese Fähigkeit, sich inmitten der Bevölkerung verstecken zu können, sei der größte Vorteil dieser „amoralischen und oft barbarischen Feinde"[495]. „Ohne ein gutes Nachrichtenwesen sind aufstandsbekämpfende Kräfte wie blinde Boxer [...]. Mit einem guten Nachrichtenwesen sind sie dagegen wie Chirurgen"[496]. Dieser Druck, Informationen zu erhalten, dürfe sich jedoch unter keinen Umständen auf Personen entladen, welche sich in der Obhut der Aufstandsbekämpfer befinden. Die US-Soldaten hätten „die rechtliche Verpflichtung [...], alle Gefangenen und in Gewahrsam genommen Personen den Gesetzen entsprechend zu behandeln. Alle gefangen oder in Gewahrsam genommenen Personen [seien] – unabhängig von ihrem Status – menschlich und gemäß *Detainee Treatment Act* von 2005 und der Weisung des US-Verteidigungsministeriums *DODD 2310.01E* zu behandeln. Keine Person [...] [solle] der Folter oder grausamer, unmenschlicher oder erniedrigender Behandlungen oder Bestrafungen ausgesetzt werden, gemäß den Gesetzen der USA und den darin enthaltenen Definitionen"[497]. Um dies noch einmal zu verdeutlichen, bemüht die COIN-Doktrin den Algerienkrieg als abschreckendes Beispiel. „Während des algerischen Unabhänigkeitskrieges von 1954 bis 1962 entschieden französische militärische Führer, die Anwendung von Folter gegen mutmaßliche Aufständische zuzulassen [...] Am Ende untergrub das Unterlassen der Einhaltung moralischer und rechtlicher Einschränkungen von Folter gravierend die französischen Bemühungen und trug – trotz einiger signifikanter militärischer Siege – zu Frankreichs Niederlage bei"[498].

---

[495] *Ibid*, S. 52
[496] *Ibid*, S. 41.
[497] *Ibid*, S. 249.
[498] *Ibid*, S. 252.

Um die Bevölkerung davon zu überzeugen, die Streitkräfte aktiv in Form von HUMINT Quellen[499] zu unterstützten, müsse die Regierung und das Militär unter Beweis stellen, dass sie die Fähigkeiten und den Willen haben, sie dauerhaft zu beschützen bzw. sie vor Racheakten und Einschüchterungsversuchen der Aufständischen zu bewahren[500]. Wichtig sei hierbei nicht nur das objektive, sondern vornehmlich das subjektive Sicherheitsempfinden der Bevölkerung. Präsenzpatrouillen können dieses subjektive Sicherheitsempfinden steigern und Vertrauen schaffen, so die COIN-Doktrin[501].

Während es für die Aufständischen oft ausreiche, dass die Bevölkerung passiv bleibe, sei es dagegen für die Aufstandsbekämpfer notwendig, „dass die Regierung vom Großteil der nichtgebundenen Mitte [...] als legitim akzeptiert [werde]"[502]. Um diese Unterstützung zu erfahren, reiche die Schaffung eines sicheren Umfeldes oft nicht aus. Auch die Grundbedürfnisse der Bevölkerung müssten erfüllt werden. „Wann immer dies möglich ist, sollten Zivilbehörden oder Zivilpersonen mit der größten anwendbaren Expertise eine [solche] Aufgabe wahrnehmen. [Doch] in der Regel ist die Fähigkeit solcher Behörden begrenzt, in durchhaltefähiger Stärke und mit einsatzbereitem Zugang zu den notwendigen Ressourcen ins Ausland zu verlegen. Auch die im Operationsgebiet herrschende Stufe der Gewalt beeinflusst die Fähigkeit der Zivilbehörden zu operieren"[503]. Oftmals seien Streitkräfte die einzigen Akteure, welche genügend einsatzbereite Fähigkeiten besitzen, um in diesen Fällen die Versorgungslücke zu füllen. Die Streitkräfte müssten sich deshalb darauf einstellen, auch nicht-militärische Aufgaben zu übernehmen, welche in den humanitären, wirtschaftlichen, sozialen oder sogar politischen Bereich fallen[504]. Diesbezüglich zitiert die COIN-Doktrin den französischen Offizier und Algerienveteranen David

---

[499] HUMINT ist ein Akronym für *Human Intelligence* und bezeichnet die nachrichtendienstliche Informationsgewinnung durch menschliche Quellen bzw. Informanten.
[500] Vgl. *Ibid*, S. 43;
[501] *Ibid*, S. 162.
[502] *Ibid*, S. 35.
[503] *Ibid*, S. 67.
[504] *Ibid*, S. 53-55; 61.

Galula: „Soldaten auf rein militärische Funktionen zu beschränken, während dringende und überlebenswichtige Aufgaben zu erfüllen sind, für deren Wahrnehmung kein anderer zur Verfügung steht, wäre sinnlos. Der Soldat muss demnach darauf vorbereitet sein, ... ein Sozialarbeiter, Bauingenieur, ein Lehrer, ein Krankenpfleger und ein Pfadfinder zu werden. Aber nur so lange er nicht ersetzt werden kann"[505]. Denn einerseits könnten Streitkräfte diese Aufgaben meist nicht so gut bewältigen wie Zivilbehörden und andererseits erfüllen Soldaten, die zivile Aufgaben übernehmen, dann keine militärischen Aufgaben. Für die Bevölkerung sei es jedoch wichtiger, dass die Programme effektiv umgesetzt werden, als vom wem sie das seien[506].

Eine weitere Aufgabe, welche den Streitkräften zukomme – hier handelt es sich um eine Besonderheit der im Rahmen der Aufrechterhaltung der öffentlichen Sicherheit und Ordnung (*Foreign internal defense*) stattfindenden Aufstandsbekämpfung –, sei die Ausbildung der Streitkräfte des Aufnahmestaates, um den eigenständigen Schutz der Bevölkerung zu garantieren[507]. Langfristiges Ziel dieser externen Aufstandsbekämpfung sei schließlich, „die jeweilige Regierung in die Lage zu versetzen, ohne fremde Hilfe zurecht zu kommen. [...] Je eher die Hauptanstrengung [...] in die Zuständigkeit von Institutionen des Aufnahmestaates gegeben werden kann, desto besser"[508].

Für die konkrete Bekämpfung der Rebellen sieht die COIN-Doktrin drei Arten von Operationen vor: die *Combined Action* (Gemeinsame Vorgehen), die *Limited Support* (begrenzte Unterstützung) und den Dreiklang *Clear-hold-build* (Säubern, Halten, Aufbauen)[509]. Während die zwei ersten Operationsarten durch ihren integrierten Ansatz nicht für Kampfoperationen vorgesehen sind und vornehmlich im Rahmen der *Foreign internal defense* stattfinden[510], handelt es sich bei *Clear-hold-build* – Vorgehensweise welche auch *Ink-spot*- bzw.

---

[505] *Ibid*, S. 68; bzw. David Galula, Counterinsurgency Warfare. Theory and Practice, Westport 2006, S. 62.
[506] *Ibid*, S. 55.
[507] *Ibid*, S. 61
[508] *Ibid*, S. 47.
[509] *Ibid*, S. 174.
[510] Bzgl. *Combined Action* und *Limited Support* siehe FM 3-24, S. 184-187.

Oil-Spot-Strategie bezeichnet wird[511] – um die von der Doktrin präferierte Vorgehensweise zur Aufstandsbekämpfung. Die Streitkräfte verfolgen hier folgende Ziele: „Schaffung eines Umfeldes, in der die Menschen sicher sind und sich sicher fühlen; die Bevölkerung und das Gebiet fest unter die Kontrolle der Regierung zu bringen; die Unterstützung der Bevölkerung zu gewinnen"[512]. Der Beginn einer solchen Operation solle laut COIN-Doktrin von einem Gebiet aus begonnen werden, welches bereits von der Regierung kontrolliert werde. Es solle in der Regel nicht versucht werden, die Hochburg der Rebellen sofort und frontal anzugreifen, sondern von gesicherten Bereichen aus „den eigenen Einfluss auf andere Gebiete ausdehnen und diese sichern"[513]. Nach der Säuberung des Gebiets von feindlichen Kräfte könne anschließend mit der Eliminierung des politisch-militärischen Apparats der Aufständischen begonnen werden. „Solange ihre Infrastruktur existiert, rekrutieren die Aufständischen neue Kämpfer aus der Bevölkerung, versuchen die Regierung des Aufnahmestaates zu untergraben und die Bevölkerung durch Einschüchterung und Gewalt zu zwingen, sie zu unterstützen"[514]. Zwar handle es sich dabei wesentlich um eine Polizeiaufgabe, doch müsse diese Aufgabe „größtenteils von militärischen und nachrichtendienstlichen Kräften übernommen [werden], bis die Polizei und die Gerichte des Aufnahmestaates mittels geeigneter gesetzlicher Verfahren die Zuständigkeit für die Strafverfolgung in dem der Kontrolle der Aufständischen entzogenen Gebiet übernehmen können"[515].

Ist das Gebiet einmal gesäubert, müsse es auch unbedingt gehalten werden, eine Aufgabe, welche idealerweise von Kräften des Aufnahmestaates übernommen werde. „Der Erfolg hängt hierbei erstens davon ab, ob die Bevölkerung auf lange Sicht wirkungsvoll geschützt werden kann, und zweitens, ob die Präsenz der Regierung des Aufnahmestaates auf lokaler Ebene erfolgreich wiederhergestellt

---

[511] Vgl. US Army, Tactics in Counterinsurgency. FM 3-24.2, Washington 2009, S. 3-18.
[512] *Ibid*, S. 174.
[513] *Ibid*, S. 174.
[514] *Ibid*, S. 176.
[515] *Ibid*, S. 176.

wird"[516]. Hierfür soll die Verwaltung der Bevölkerung durch den Aufnahmestaat wiederaufgebaut sowie das Gewaltmonopol und die Kontrolle des Staates über das Gebiet wiederhergestellt werden. Die letzte Phase sehe schließlich Maßnahmen vor, welche die Unterstützung der Bevölkerung für die Aufstandsbekämpfung erzeuge. Hierbei sei es besonders wichtig, dass der Kontakt zur lokalen Bevölkerung wieder aufgebaut und diese geschützt werde. „Wenn die Menschen nicht davon überzeugt sind, dass sie vor Einschüchterung, Zwang oder Racheakten durch die Aufständischen sicher sind, werden sie es nicht riskieren, die Aufstandsbekämpfung offen zu unterstützen"[517]. Ist diese Unterstützung einmal erreicht, soll der Staat wieder Gemeinschaftsaufgaben übernehmen, beispielsweise die Sicherstellung der öffentlichen Daseinsversorgung, die Durchführung von Infrastrukturmaßnahmen oder den Auf- und Ausbau öffentlicher Einrichtungen. Die Verantwortung für die Aufrechterhaltung der zivilen Ordnung solle, insofern die Gewaltstufe genügend verringert wurde, so früh wie möglich in die Hände der Polizei übergeben werden. „Gelten die Polizeikräfte des Aufnahmestaates als einigermaßen kompetent und unparteiisch, ist es besser, wenn sie Razzien in städtischem Umfeld durchführen, da die Bevölkerung diese Anwendung von Gewalt wahrscheinlich als rechtmäßiger ansieht"[518].

Physische Kontrolle und Mobilisierung der Bevölkerung

Für Aufstandsbekämpfer sei es „leichter[,] einen Aufstand von seinen Ressourcen abzuscheiden und ihn somit auszuhungern, als jeden Aufständischen zu töten"[519], auch wenn letzteres weiterhin notwendig bleibe. Für einen Aufstand sei diese Ressource – wie weiter oben bereits dargelegt – die Bevölkerung, um welche zum gleichen Zeitpunkt ebenfalls die Aufstandsbekämpfer buhlen. Die Bevölkerung werde somit für beide Seiten zum Gravitationszentrum, zum Zentrum der Kraftentfaltung und Handlungsfähigkeit, also jene Macht-

---

[516] *Ibid*, S. 177.
[517] *Ibid*, S. 179.
[518] *Ibid*, S. 46.
[519] *Ibid*, S. 41.

und Regenerationsquelle, „aus welcher moralische oder physische Stärke, Handlungsfreiheit oder der Willen zu handeln entspringt"[520].

Eine der Hauptmaßnahmen, um den Aufstand seiner Ressourcen zu berauben, sei – neben den Maßnahmen zur Grenzsicherung – die physische Unterstützung des Aufstands zu unterbinden, „durch Kontrolle der Bevölkerung oder Grenzsicherung"[521]. Maßnahmen zur Bevölkerungskontrolle kämen insbesondere im Rahmen der *Clear-hold-build* Vorgehensweise zum Tragen, wie sie einst von *Colonel* McMaster in Tal Afar umgesetzt wurden[522]. Bereits in der Phase des Haltens schreibt die COIN-Doktrin eine „genaue Durchleuchtung der Bevölkerung [vor], um verbleibende Aufständische zu identifizieren und zu eliminieren und noch vorhandene aufständische Unterstützungsstrukturen zu erkennen"[523]. Diese Durchleuchtung wird in der anschließenden Phase durch den Auf- bzw. Ausbau staatlicher Verwaltungsstruktur umfassender und detailreicher. „[Es soll] unter anderem bestimmt [werden], welche Personen in einem Gebiet leben und welcher Tätigkeit sie nachgehen. Weiterhin werden gesellschaftliche Beziehungen – Familie, Clan, Stamm, zwischenmenschlich und beruflich – untersucht. Am Anfang der Kontrollmaßnahmen stehen in der Regel eine Volkszählung und die Ausgabe von Ausweisen. [...] Bei der Volkszählung wird unter anderem in Erfahrung gebracht, wer in welchem Haus lebt und wer das Familienoberhaupt der einzelnen Haushalte ist. Diese müssen Veränderungen in ihrem Bereich sofort an die zuständigen Behörden melden. Einwohnerregister enthalten Informationen über Immobilienbesitz, Beziehungen und Geschäftsverbindungen"[524]. Darüber hinaus müsse jede Person ihre Identität von zwei familienfremden Personen bestätigen lassen, um zu verhindern, dass Aufständische in den Besitz gültiger Ausweise kommen. Schließlich soll jeder Ausweis noch mit einem Code versehen werden, welcher Aufschluss über den Wohnort des Inhabers gebe.

---

[520] *Ibid*, S. 382.
[521] *Ibid*, S. 42.
[522] Vgl. *Ibid*, S. 182-184.
[523] *Ibid*, S. 179.
[524] *Ibid*, S. 180.

Die COIN-Doktrin zählt darüber hinaus noch weitere Maßnahmen zur Bevölkerungskontrolle auf. Neben der Einrichtung von Ausgangssperren und Checkpoints zur Überwachung und Durchsetzung der Maßnahmen zur Bevölkerungskontrolle werden auch die Einführung eines Passsystems, die Begrenzung der Reisezeit der Bevölkerung sowie die Begrenzung der Anzahl von Besuchern außerhalb des überwachten Gebiets empfohlen. All diese Maßnahmen sollen von Zivilbehörden oder Sicherheitskräften überwacht und durchgesetzt werden[525].

In einem großen Gebiet für Ordnung und Sicherheit zu sorgen ist meist sehr personalintensiv. Die COIN-Doktrin suggeriert hierfür eine Mindesttruppendichte – das Verhältnis von Sicherheitskräften zu Einwohner – „von 20 bis 25 Soldaten zur Aufstandsbekämpfung pro 1000 Einwohner"[526]. Auf den Irak hochgerechnet ergäbe dies eine notwendige Truppenstärke von knapp 600.000 Soldaten – dies entspricht ungefähr die Gesamtzahl der Soldaten der US Army. Eine Rekrutierung von lokalen Sicherheitskräften ist schon allein aus diesem Grund oftmals unerlässlich. Lokale Sicherheitskräfte haben zudem den Vorteil, dass sie das Land, die Sprache, die Tradition und Gepflogenheiten sowie die Gesellschaftsstruktur – welche in der Doktrin oftmals unter dem Begriff *Terrain* zusammengefasst wird – weitaus besser kennen, als dies bei ausländische Kräfte jemals der Fall sein wird.

Mit der Rekrutierung von Sicherheitskräften aus allen größeren demographischen Gruppen, aus Minderheiten sowie der Regierung feindlich gesinnten Gruppen soll zudem die Versöhnung innerhalb des Landes vorangetrieben werden. „Dadurch wird die Rechtmäßigkeit der Sicherheitskräfte weiter aufgebaut und darüber hinaus werden oftmals berechtigte Ängste solcher Gruppen überwunden"[527]. Rekrutierungsprogramme sollten auch an der „Politik der offenen Arme" teilnehmen, welche Aufständische ermutigen soll, die Seiten zu wechseln[528]. Die aufständische Bewegung werde so

---

[525] *Ibid*, S. 180.
[526] *Ibid*, S. 22-23.
[527] *Ibid*, S. 214.
[528] Vgl. *Ibid*, S. 168.

doppelt geschwächt: einerseits werden dem Aufstand nun weitere Ressourcen entzogen und der Aufnahmestaat gestärkt; andererseits könne diese Politik innere Spaltungen innerhalb der Bewegung hervorrufen[529].

Einsatz der psychologischen Waffe

Ein wichtiger Teil der Aufstandsbekämpfung spiele sich in den Köpfen der Menschen ab, eine Erkenntnis, welche sich in dem Ausspruch *„Hearts and Minds"* widerspiegelt[530]. Es sei daher wichtig, auch die Köpfe der Menschen anzusprechen, insbesondere durch psychologische Operationen, so die COIN-Doktrin. Die Streitkräfte sollen diese Art von Operation sowohl gegen die Aufständischen als auch auf die Bevölkerung ausrichten und sich dabei traditioneller und sozialer Medien bedienen, welche im 21. Jahrhundert zu einem festen Bestandteil militärischen Handlungen geworden seien.

So sollen Informationsoperationen unter anderem „die Widersprüche in der Botschaft der Aufständischen und den übertriebenen Einsatz von Gewalt oder Einschüchterung auszunutzen. Auch die Sache der Aufständischen selbst kann eine Schwachstelle sein"[531]. Amnestie-Angebote, Kompromisslösungen oder Belohnungen seien Teil dieser psychologischen Kriegführung gegen die Aufständischen. Diese Angebote sowie die Androhung von Verfolgung sollen zu Spaltungen und zur Schwächung des aufständischen Lagers führen. „Nichts ist für Aufständische demoralisierender als die Erkenntnis, dass sich Mitglieder ihrer Bewegung oder zuverlässige Anhänger in der Bevölkerung von ihnen abwenden oder Informationen an Regierungsbehörden weitergeben"[532]. Außerdem soll den Aufständischen zu jeder Zeit vermittelt werden, dass sie sich ergeben oder ihre Aktivitäten einstellen sollen. Informationsoperationen sollen außerdem „darauf abzielen, einen Keil zwischen der Führungsriege und die Basis der Bewegung zu treiben, indem Misserfolge der aufständi-

---

[529] Vgl. *Ibid*, S. 33-34.
[530] Vgl. *Ibid*, S. 294.
[531] *Ibid*, S. 32.
[532] *Ibid*, S. 34.

schen Bewegung und Erfolge der Regierung herausgestellt werden"[533].

Darüber hinaus soll auch „die Wahrnehmung hinsichtlich der Legitimität und Fähigkeit des Aufnahmestaates [...] positiv [beeinflusst werden]"[534], auf lokaler, regionaler und internationaler Ebene, durch Informationskampagnen aber auch durch die Errichtung von Institutionen, welche die Verwaltung, den Einfluss und letztlich die Legitimität der Regierung des Aufnahmestaates in entlegenere Gebiete ausbreite. Hierfür schlägt die COIN-Doktrin die Errichtung von Regionalen Wiederaufbauteams vor[535] (*Provincial Reconstruction Teams*, PRT), ein Modell für die zivil-militärische Zusammenarbeit, welche „viele Gemeinsamkeiten mit den französischen *Sections administratives spécialisées* haben"[536]. Wie die SAS bestehen auch die PRTs hauptsächlich aus Soldaten, welche zivile Aufgaben übernehmen, bspw. die medizinische Versorgung der Bevölkerung oder die Errichtung von Schulen.

Im Rahmen von *Clear-hold-build*-Operationen[537] sollen Informationsoperationen zu jeder Phase die passiven oder neutralen Bevölkerungsteile davon überzeugen, dass sie die Aufstandsbekämpfung unterstützen und ihnen Informationen weitergeben sollen bzw., dass eine Unterstützung der Aufständischen nicht in ihrem Interesse sei. Im Rahmen der Anwendung von Maßnahmen zur Bevölkerungskontrolle sollen solche Informationsoperationen schließlich dazu dienen, Aktionen wie Kontrollmaßnahmen oder Volkszählungen, sowie das Strafsystem bei Verstößen zu vermitteln und hierfür Verständnis zu schaffen.

Wichtig bei der Umsetzung dieser Art von Operation seien – bei der Aufstandsbekämpfung im Allgemeinen und bei Informationsoperationen im Speziellen – die Einheitlichkeit des Handelns und die Einheitlichkeit der vermittelten Botschaft. „Es muss [dabei nicht

---

[533] *Ibid*, S. 181.
[534] *Ibid*, S. 152.
[535] *Ibid*, S. 72-73.
[536] Bertrand Valeyre, Winning Hearts and Minds. Historical Origins of the Concept and its Current Implementation in Afghanistan, Paris 2011, S. 74.
[537] *Ibid*, S. 178-181.

nur] sichergestellt werden, dass Informationsoperationen auf allen Ebenen synchronisiert und auf strategischer Ebene in die ressortübergreifende Kommunikation eingebunden werden"[538], sondern auch, dass diese Botschaften über alle möglichen Medien gleichzeitig und schnell verbreitet werden, um der Propaganda der Aufständischen entgegenzuwirken. Hierfür „ist es vielleicht nötig, militärische Führer auf niedrigeren Ebenen mit mehr Mitteln und Kompetenzen im Informationsbereich auszustatten"[539]. Es müsse außerdem darauf geachtet werden, dass der rote Faden der Informationsoperationen durch Umfragen und Analysen auf die jeweiligen Zielgruppen und die lokale Kultur zugeschnitten werden[540].

Notwendige Anpassungen

Zur Umsetzung dieser konterrevolutionären Maßnahmen bedürfe es laut den Autoren der COIN-Doktrin einiger Anpassung, welche laut COIN-Doktrin ebenfalls auf historischen Grundsätzen der Aufstandsbekämpfung basieren.

Die wichtigste Anpassung, welche zunächst von der militärischen Institution vorgenommen werden muss, ist die Neuartigkeit der gegnerischen Kriegführung anzuerkennen, um schließlich die richtigen Anpassungen vornehmen zu können. „Lernende Organisationen beenden Aufstände; bürokratisch gegliederte Organisationen sind dazu nicht in der Lage"[541]. Diese Erkenntnis, welche in der Doktrin unter dem Begriffspaar „learn and adapt" zusammengefasst wird, ist das Ergebnis der Vergleichsstudie von John Nagl – Autor der Einleitung des Feldhandbuches 3-24[542] – über die Aufstandsbekämpfungs-Kampagne der Briten in Malaya und jener der US-Amerikaner in Vietnam[543]. „Die Streitkräfte, die Aufstände erfolgreich bekämpfen, sind in der Regel diejenigen, die in der Lage sind, sich von ihrer institutionellen Neigung zu lösen, einen konventionel-

---

[538] *Ibid*, S. 160.
[539] *Ibid*, S. 162.
[540] *Ibid*, S: 163.
[541] *Ibid*, S. LIII
[542] Vgl. Crane: United States, S. 63.
[543] Vgl. John Nagl, Learning to Eat Soup with a Knife. Lessons from Malaya and Vietnam, Chicago 2005.

len Krieg gegen Aufständische zu führen. Sie lernen, wie Aufstandsbekämpfung durchzuführen ist, und wenden dieses Wissen an"[544]. Die COIN-Doktrin definiert Aufstandsbekämpfung deshalb auch als ein Wettkampf im Lernen, einen Wettkampf, welchen militärische Organisation nur gewinnen können, wenn sie zu lernenden Organisationen werden und bestimmte organisatorische Merkmale von Organisationen übernehmen, welche bereits erfolgreiche Aufstandsbekämpfung betrieben haben. Diese Merkmale seien: die vor Ort Entwicklung von Grundsätzen der Aufstandsbekämpfung, die Einrichtung von lokalen Ausbildungszentren, die Hinterfragung der eigenen Vorgehensweise, die Zusammenarbeit und der Austausch mit Akteuren außerhalb des militärischen Bereichs, der rangübergreifende Austausch von Wissen und Informationen innerhalb des Militärs sowie die Offenheit gegenüber Vorschlägen von der örtlichen Bevölkerung[545]. Diese Vorgaben fasst die COIN-Doktrin unter dem Begriffspaar *„learn and adapt"* zusammen: „Lernen und Sich-Anpassen [ist eine] zwingende Forderung an die US-Streitkräfte für die Aufstandsbekämpfung der heutigen Zeit"[546].

Ein Grundpfeiler heutiger Aufstandsbekämpfung ist laut den Autoren der COIN-Doktrin – und insbesondere für Montgomery McFate, welche als Anthropologin maßgeblich dazu beitrug, eine kulturelle Perspektive in die Doktrin einzubringen[547] – das tiefgehende Verständnis der Gesellschaft und der Kultur, also des operativen Umfeldes, in welchem die Aufstandsbekämpfung stattfindet[548].

---

[544] US Army, FM 3-24, S. LII.
[545] *Ibid*, S. LIII.
[546] *Ibid*.
[547] Vgl. Crane: United States, S. 64.
[548] US Army, FM 3-24, S. 40, 171
Kultur wird im Feldhandbuch als ein „Netz von Bedeutungen [definiert], die von den Mitgliedern einer bestimmten Gesellschaft oder Gruppe innerhalb einer Gesellschaft geteilt werden. [Es ist] ein System gemeinsamer Überzeugungen, Werte, Bräuche, Verhaltensweisen und Artefakte, die Mitglieder einer Gesellschaft anwenden, um mit ihrer Welt und einander umzugehen", *Ibid*, S. 89.
Laut David Price ist diese Definition aus dem Buches *Cultural Anthropology* von Fred Plog und Daniel Bates plagiert worden – es handele sich dabei um eines von über zehn Plagiaten.

Kulturelles Verständnis bzw. kulturelle Intelligenz bilde „die Grundlage für die Nachrichtengewinnung und –Auswertung"[549], aber auch bei der Planung von Wirtschafts-[550]und Rekrutierungsprogrammen[551] sowie der Durchführung von Informationsoperationen[552] und Beratungstätigkeiten[553] . Um erfolgreich zu sein, sollen militärische Führer in das operative Umfeld regelrecht eintauchen, indem sie tiefgründige Kenntnisse über „die Menschen, die Topographie, die Wirtschaft, die Geschichte und die Kultur ihres Einsatzgebietes"[554] erlangen. So sollen sie verstehen, dass „in unterschiedlichen kulturellen Kontexten [...] unterschiedliche Lösungen gefordert [sind]"[555].

Dieses gemeinsame kulturelle Verständnis des Einsatzumfeldes ermögliche schließlich, *Mission command* – auftragsbezogene Führung bzw. Auftragstaktik – anzuwenden. Sie sei „für den mosaikhaften Charakter von Operationen zur Aufstandsbekämpfung bestens geeignet[,] [denn] die militärischen Führer vor Ort haben die beste Kenntnis über ihre jeweilige Lage"[556]. Bei *Mission command* handelt es sich um eine dezentralisierte Vorgehensweise, bei welcher militärische Führer ihnen unterstellte Soldaten ermächtigen, über die Einzelheiten der Auftragsdurchführung selbst zu entscheiden. Um den Auftrag im Sinne des übergeordneten militärischen Führers umsetzen zu können, müsse der untergeordnete Soldat nicht nur Initiative und Urteilsvermögen unter Beweis stellen, sondern insbesondere über ein gutes Verständnis des Einsatzumfeldes verfügen. In Anbetracht der Tatsache, dass in Aufstandsbekämpfungsmissionen „Entscheidungen auf der taktischen Ebene strategische Konsequenzen haben"[557] können, legt Anhang A der Doktrin militärischen Führern

---

Vgl. David Price: Pilfered Scholarship Devastates General Petraeus's Counterinsurgency Manual (30. Oktober 2007), URL: http://www.counterpunch.org/2007/10/30/ (Stand: 01.04.2015).
[549] US Army, FM 3-24, S. 80.
[550] *Ibid*, S. 171.
[551] *Ibid*, S. 214.
[552] *Ibid*, S. 163.
[553] *Ibid*, S. 227.
[554] *Ibid*, S. 239.
[555] *Ibid*, S. 242.
[556] *Ibid*, S. 47.
[557] *Ibid*, S. 50.

deshalb nahe, innerhalb der Truppe sowohl über politische als auch über interkulturelle Einsatzberater zu verfügen[558]. Sie sollen die Entscheidungen der *strategic corporals* mit den politischen Zielen der Aufstandsbekämpfung verbinden. Auftragstaktik ermögliche somit nicht nur Anpassungsfähigkeit und Reaktionsschnelligkeit, sondern fördere darüber hinaus auch die Initiative der Unterstellten und den Lernprozess[559].

Oberstes Gebot bei der Aufstandsbekämpfung bleibe jedoch die Einheitlichkeit des Handelns, denn „militärische Anstrengungen [...] [seien] nur dann wirksam, wenn sie in eine umfassende Strategie integriert werden"[560]. Zur Erreichung dieser einheitlichen Vorgehensweise müsse „die Führung aller an einem Aufstandsbekämpfungseinsatz beteiligten US-Regierungsorganisationen [...] über ein offizielles Führungssystem von einem einzigen Führer ausgeübt werden"[561]. Bei einer Zusammenarbeit mit Nicht-Regierungsorganisationen müsse durch Koordinierung, Kompromisse und Überzeugung ebenfalls eine gewisse Einheitlichkeit des Handels hergestellt werden.

---

[558] *Ibid*, S. 291.
[559] *Ibid*, S. 47.
[560] *Ibid*, S. 53.
[561] *Ibid*, S. 56.

6. Vergleich der Doktrinen

Im folgenden Kapitel werden die Doktrin des revolutionären Krieges und ihre Anwendung im Algerienkrieg hinsichtlich ihrer theoretischen und institutionellen Vorgaben mit der COIN-Doktrin verglichen. Der Kategorisierung während der Analyse der Doktrinen entsprechend wird der Vergleich ebenfalls sieben Punkte umfassen, welcher in Parallelen und Unterschiede aufgeteilt wird. Diese abschließende vergleichende Betrachtung der Doktrinen soll eine Antwort auf die eingangs gestellte Fragestellung ermöglichen, nämlich:

Welche theoretischen und institutionellen Überschneidungen können zwischen der französischen Doktrin des revolutionären Krieges, welche im Algerienkrieg Anwendung fand, und der US-amerikanischen COIN-Doktrin ausgemacht werden?

6.1. Die Weltanschauungen

Parallelen

Die Aufstandsbekämpfer verbinden den Ausgang der geführten Kriege – Algerien wie Irak – mit dem weiteren Schicksal ihrer Länder. Während Algerien die „letzte Verteidigungslinie"[562] im Kampf gegen den Kommunismus darstellte, entschied sich „die Sicherheit Amerikas [...] von dem Ausgang des Kampfes in den Straßen von Bagdad"[563].

Doch den französischen und US-amerikanischen Aufstandsbekämpfern ging es um weitaus mehr als nur die Verteidigung des eigenen Landes. Beide Länder sahen sich an der Speerspitze des

---

[562] Allard, Vérités sur l'affaire algérienne, S. 11.
[563] George W. Bush: Address to the Nation on the Fifth Anniversary of 9/11 (11. September 2006), in: The White House President George W. Bush (Hrsg.), Selected Speeches of President George W. Bush. 2001-2008, S. 426, URL: http://georgewbush-white-house.archives.gov/infocus/bushrecord/documents/Selected_Speeches_George_W_Bush.pdf (Stand: 01.04.2015).

Kampfes der freien Welt, als Verteidiger der Zivilisation gegen die „Barbarei"[564]. Sie verteidigten somit in Algerien und im Irak nicht nur sicherheitspolitische Interessen, sondern ebenso Werte, welche von der westlichen Staatengemeinschaft geteilt aber von den „Barbaren" scheinbar nicht respektiert, wenn nicht sogar verachtet wurden. Als Außenstehende dieser Wertegemeinschaft und in Anbetracht ihrer militärischen Unterlegenheit haben sowohl die Kommunisten als auch die Terroristen eine Kriegführung betrieben, welche von den Aufstandsbekämpfern als außerhalb des Kriegsrechts befunden wurde. Beide Gegner kämpfen asymmetrisch, mit terroristischen Mitteln und Guerillaoperationen, und würden nicht davor zurückschrecken, die Zivilbevölkerung als Unterschlupf und als Kriegsmittel in ihrem Kampf zu missbrauchen.

Unterschiede

Trotz dieser zahlreichen Parallelen gibt es auch einige Unterschiede in den Weltanschauungen der DGR und der COIN-Doktrin. Diese betreffen einerseits natürlich die unterschiedliche Natur der Gegner: während Frankreich sich im Krieg gegen den internationalen säkular-ideologischen Kommunismus wähnte, verstehen sich die USA seit dem 11. September in einem Krieg gegen international agierende religiös-ideologische Terrornetzwerke wie Al-Qaida.

Der kommunistisch-revolutionäre Krieg wurde außerdem, laut der DGR, von staatlichen Strukturen aus gelenkt – den Regierungen in Moskau und Peking –, ein Merkmal, welches nicht auf die Terrornetzwerke zutrifft, deren Aktionen weder von staatlichen Strukturen ausgehen noch gelenkt werden. Daraus ergibt sich auch, dass es sich beim Krieg im Irak – anders als im Algerienkrieg – nicht

---

[564] Lacoste: Directive Générale, S. 13; Chassin, Réflexions stratégiques, S. 509; bzw. The White House President George W. Bush (Hrsg.), Selected Speeches of President George W. Bush. 2001-2008, S. 70, 76, 480, 85, 93, 117, 397, 423, URL: http://georgewbush-white-house.archives.gov/infocus/bushrecord/documents/Selected_Speeches_George_W_Bush.pdf (Stand: 01.04.2015).

um einen Stellvertreterkrieg, sondern um eine direkte Konfrontation mit dem eigentlichen Feind handelt.

6.2. Die Idealtypen des Aufstands

Parallelen

Sowohl in der DGR als auch in der COIN-Doktrin macht die Beschreibung des Aufstands den geringsten Teil der Ausarbeitungen aus. Beide Doktrinen stützen sich bei der Beschreibung ihrer idealtypischen Aufstandsmodelle gänzlich bzw. hauptsächlich auf die mao'sche Theorie des Volkskrieges. Demnach würden die Aufständischen einen mehrphasigen Ablauf verfolgen und die Bevölkerung ins Zentrum ihrer Kampfhandlungen stellen.

Auch wenn der mao'sche Aufstandsverlauf der COIN-Doktrin mit seine drei Phasen den idealtypischen Aufstandsverläufen von Lacheroy, Hogard und Souyris in der DGR formell nicht ganz gleicht, so entspricht er ihnen jedoch inhaltlich. In beiden Doktrinen ist es für die Aufständischen notwendig, ein Aufstandsklima zu schaffen, die Bevölkerung durch subversive Tätigkeiten zu infiltrieren und eine geheime Gegenorganisation aufzubauen. Erst diese Grundlagen ermöglichen den Übergang zu offenen militärischen Aktivitäten und zur aktiven Unterstützung der Bevölkerung. Wie die Autoren der DGR verweist auch die COIN-Doktrin darauf, dass es für die Aufständischen nicht immer notwendig sei, bis zur letzten Etappe, also bis zum finalen Gegenschlag durchzuhalten, und dass die Aufständischen stets die Möglichkeit hätten, zu einer früheren Phase zurückzukehren.

Auch die Beschreibung der Ziele und Mittel der Aufständischen stimmt grundsätzlich überein. Das verfolgte Ziel der Aufständischen ist laut beiden Doktrinen der Sturz einer Regierung, um anschließend selber die Macht auszuüben. In Ermangelung staatlicher Ressourcen – da sind sich die Doktrinen ebenfalls einig – müssen sich die Aufständischen auf die Bevölkerung stützen. Es sei für den Aufstand deswegen unabdingbar, die aktive oder zumindest passive Unterstützung der Bevölkerung zu gewinnen. Der Bevölkerung komme im revolutionären Krieg nicht nur eine wesentliche Schutzfunktion vor den aufstandsbekämpfenden Kräften zu, sie fungiert auch als Rekrutenpool und erhält eine legitimitätsstiftende Rolle, so DGR und COIN-Doktrin.

Beide Doktrinen gehen außerdem davon aus, dass die Bevölkerung nicht von Beginn an auf der Seite der Aufständischen steht, sondern dass die Unterstützung für die Aufständischen erst durch Überzeugungsarbeit, Einschüchterung oder auch Zwang erreicht werde.

Unterschiede

Das Autorenteam um David Petraeus bemühte sich allerdings, die theoretische Beschreibung des idealtypischen Aufstands differenzierter vorzunehmen. Einerseits geht die COIN-Doktrin auf die inneren Strukturen und Dynamiken der aufständischen Organisation ein, eine Beschreibung, die in der DGR überhaupt nicht stattgefunden hat. Andererseits stimmt der idealtypische Verlauf des Aufstands in beiden Doktrinen nicht gänzlich überein. Lacheroy, Hogard und Souyris entwickelten ein fünf- bzw. zweiphasiges Aufstandsszenario, die US-amerikanische Doktrin dagegen ein dreiphasiges. Außerdem erwähnt die COIN-Doktrin – wenn auch nur geringfügig – neben dem mao'schen Volkskrieg auch andere Aufstandsmodelle, wie den konspirativen Ansatz, den militärischen Ansatz oder den städtischen Aufstand. Die DGR dagegen geht auf kein weiteres Aufstandsszenario ein.

Die COIN-Doktrin bemüht sich außerdem, bei der Aufstandsanalyse neue Entwicklungen, wie sie mit der Globalisierung und dem Internet entstanden sind, in ihre Analyse miteinzubeziehen. So geht die Doktrin darauf ein, dass im 21. Jahrhundert die Unterstützung der Aufständischen auch virtuell erfolgen kann, beispielsweise mithilfe der Medien oder der globalisierten Finanzsysteme. Es wird außerdem auf Entwicklungen eingegangen, welche seit den 1990er Jahren in asymmetrischen Kriegen zu beobachten sind, insbesondere die Privatisierung bzw. Kommerzialisierung des Krieges⁵⁶⁵. So wird in der COIN-Doktrin darauf verwiesen, dass Individuen auch aus rein finanziellen Motiven an einem Aufstand teilnehmen können, ein Phänomen, welches die französische Doktrin nicht betrachtete.

6.3. Politische Lösung des Konflikts

Parallelen

Sowohl für die DGR als auch für die COIN-Doktrin ist eine Lösung des Konflikts allein durch politische Maßnahmen, bspw. durch Verhandlungen, nicht möglich. Dennoch haben beide erkannt, dass in Aufstandsbekämpfungskampagnen die Ergreifung politischer Maßnahmen, beispielsweise in Form von Reformen, notwendig oder zumindest nützlich seien können, um dem Aufstand seine Grundlage zu entziehen.

Beide Doktrinen stimmen außerdem darüber ein, dass politische Maßnahmen auch von Militärs durchgeführt werden müssen. Während in der DGR das Militär ab einem bestimmten Zeitpunkt „zwangsläufig die erste Rolle annehmen und sich, wohl oder übel, um politische, wirtschaftliche und soziale Aktionen kümmern [müsse]"⁵⁶⁶, spricht sich die COIN-Doktrin dafür aus, dass militärische Führer mit aufständischen Gruppen in Verhandlungen treten sollen, wenn letztere sich dafür offen zeigen.

Unterschiede

Beide Doktrinen unterscheiden sich jedoch massiv in der Wahrnehmung der Natur des Konflikts. Während die COIN-Doktrin darauf hinweist, dass ein revolutionärer Konflikt zu „80% aus politischen [...] Aktionen bestehe", wird diese politische Natur des Konflikts von der DGR nicht als solche wahrgenommen. Laut den Autoren der US-Doktrin geht es sowohl den Aufstandsbekämpfer als auch den Aufständischen in diesem Konflikt darum, eine Herrschaft über

---

⁵⁶⁵ Vgl. Münkler, Die neuen Kriege, S. 33 ff.
⁵⁶⁶ Hogard, Le soldat, S. 214.

die Bevölkerung zu etablieren, also eine legitime Ausführung der staatlichen Gewalt, welche von der Bevölkerung auch als solche anerkannt wird. Dies war bei der DGR nicht der Fall. Im revolutionären Krieg der DGR verfolgen beide Seiten politisch-militärische Aktionen zur Etablierung von Machtbeziehungen zur Bevölkerung. Diese Wahrnehmung wirkte sich entsprechend auf den Algerienkrieg aus, in welchem es mehr darum ging, die Bevölkerung zu kontrollieren als sie für sich zu gewinnen.

In beiden Doktrinen wird auch die Rolle der politischen Entscheidungsträger sehr unterschiedlich wahrgenommen. Während die Militärs der *École française* ihren politischen Eliten sehr skeptisch gegenüberstanden und das demokratische System Frankreichs eher als Teil des Problems denn als Teil der Lösung verstanden, wird in der COIN-Doktrin immer wieder darauf hingewiesen, dass die Regierung des Aufnahmestaates und ihr Handeln einen wesentlichen Beitrag zum Erfolg der Aufstandsbekämpfung leisten kann. Die offene Infragestellung des Primats der Politik, wie sie in der DGR stattfand, findet sich in der COIN-Doktrin dementsprechend auch nicht wieder. Die US-Doktrin macht eindeutig fest, dass militärische Kräfte zwar „Gehorsam erzwingen und Gebiete sichern [können]. Sie können jedoch nicht allein die zur Lösung der Probleme notwendige politische Einigung herbeiführen". Das US-Militär ist sich somit der Begrenztheit seiner militärischen Macht bewusst, während die französischen Militärs sich in der Lage sahen, eine ähnliche Rolle wie das Militär in totalitären Regimen einzunehmen.

Diese unterschiedlichen Konzeptionen der zivil-militärischen Beziehungen wirkten sich entsprechend auf die Kriegführung in Algerien und im Irak aus. Während das französische Militär im Verlauf des Algerienkrieges mit immer weiteren Machtbefugnissen ausgestattet wurde und zur Durchsetzung der eigenen Algerienpolitik sogar mehrere Putschversuche gegen die französischen Regierung unternahm, war das Primat der Politik über die US-Streitkräfte zu jedem Zeitpunkt des Irakkriegs – auch nach 2007 – gesichert[567].

---

[567] Vgl. Carnes Lord, Proconsuls. Delegated Political-Military Leadership from Rome to America Today, New York 2012, S. 186-227.

6.4. Aufgaben des Militärs

Parallelen

Die DGR und die COIN-Doktrin sind sich darin einig, dass das Militär Aufgaben übernehmen muss, welche über das traditionelle Verständnis hinausgehen. Sowohl Hogard, Lacheroy und Souyris, als auch die Autoren der COIN-Doktrin halten es für notwendig, dass Streitkräfte zusätzlich zu ihren militärischen Aktionen auch wirtschaftliche, soziale, psychologische und sogar politische Maßnahmen durchführen müssen.

Beide Doktrinen stimmen darüber ein, dass militärische Operationen zur Befriedung aufständischer Gebiete – im Rahmen der Methode der *Tâche d'huile* als auch bei der *Clear-hold-build*-Vorgehensweise – von gesicherten Gebieten ausgehen müssen. Mit diesen Operationen soll einerseits die Kontrolle der Streitkräfte über bestimmte Gebiete wiederhergestellt werden. Andererseits müsse – in Anbetracht der zentralen Bedeutung der Bevölkerung für die Aufständischen – das Hauptziel dieser Maßnahmen der Schutz bzw. die Kontrolle der Bevölkerung und die Zerstörung des politisch-militärischen Apparats der Aufständischen sein. Die Kontrolle bzw. Unterstützung der Bevölkerung könne am besten durch eine ständige Präsenz der Streitkräfte erreicht werden[568]. Dies ist für die Aufstandsbekämpfer in beiden Doktrinen eine Prämisse für eine erfolgreiche Aufstandsbekämpfung, da sie einerseits die Aufständischen ihrer Ressourcen beraube und mit ihrer Hilfe auch die Wiederherstellung des revolutionären Apparats verhindert werde.

Aufgrund der zentralen Bedeutung der Bevölkerung für diese Art Konflikt wird sowohl in der DGR als auch in der COIN-Doktrin darauf hingewiesen, dass Streitkräfte stets die psychologische Wirkung ihrer militärischen Operationen auf die Zivilisten in ihr Kalkül mit einbeziehen müssen. Militärische Gewalt sei kein Selbstzweck und mache nur Sinn, wenn sie die Eroberung der Bevölkerung erleichtere.

---

[568] Vgl. Hogard: Guerre Révolutionnaire et Pacification, S. 18; bzw. US Army, FM 3-24, S. 185.

Unterschiede

COIN-Doktrin und DGR sind sich zwar darin einig, dass Streitkräfte auch nicht-militärische Aufgaben übernehmen müssen, doch unterscheidet sich die Begründung für die Wahrnehmung solcher Aufgaben grundsätzlich. Die Militärs der *École française* misstrauen anderen staatlichen Institutionen, weil sie eine Unterwanderung durch pro-kommunistische Strömungen innerhalb dieser Institutionen durch die sogenannte Fünfte Kolonne befürchteten. Sie bezweifelten zudem, dass außer dem Militär anderen staatlichen Organisationen bewusst sei, dass der Dritte Weltkrieg bereits begonnen habe.

In der COIN-Doktrin wird die Übernahme von nicht-militärischen Aufgaben dagegen mit fehlenden zivilen Fähigkeiten und Personal begründet. Trotz dieser Einschränkungen müssten die Grundbedürfnisse der Zivilbevölkerung dennoch gewährleistet werden, dies gebiete „der menschliche Anstand und das Kriegsvölkerrecht"[569]. Das Militär sei deshalb oftmals die einzige Organisation, welchem schnell verlegbares Personal in ausreichender Anzahl zur Verfügung stehe, Personal welches zudem in Gebieten operieren könne, in denen keine angemessene Sicherheitslage garantiert sei. Für die Bevölkerung sei es zudem wichtiger, dass ihre Grundbedürfnisse gestillt seien, als von wem sie es seien.

Eine weitere Aufgabe des Militärs, welche besonders in der COIN-Doktrin hervorgehoben wird, ist die Informationsbeschaffung. Für die US-Doktrin ist die Bevölkerung eine zentrale Informationsstelle über die Aufständischen, da letztere inmitten dieser operieren. Um diese für die Aufstandsbekämpfung notwendigen Informationen zu bekommen, findet eine Art Tauschhandel zwischen den Streitkräften und der Bevölkerung statt, in welchem erstere Schutz vor den Aufständischen gewährleisten sowie ihre Grundbedürfnisse stillen, während letztere dafür Informationen über die Aufständischen an die Streitkräfte weitergeben. Mit diesem zentralen Element der Aufstandsbekämpfung – die Identifizierung der Aufständischen in der Masse der Bevölkerung – beschäftigten sich die Autoren der DGR nicht. Es kann vermutet werden, dass die französischen Streitkräfte dieses doktrinelle Vakuum deshalb mit jener Methode füllten,

---

[569] US Army, FM 3-24, S. 68.

welche bereits seit über einem Jahrhundert in Algerien praktiziert wurde: der Folter.

6.5. Physische Kontrolle und Mobilisierung der Bevölkerung

Parallelen

Die DGR und die COIN-Doktrin halten es für eine notwendige konterrevolutionäre Maßnahme, die Bevölkerung an ihrer eigenen Verteidigung zu beteiligen. Die Notwendigkeit einer solchen Maßnahme entstehe einerseits durch die Endlichkeit des militärischen Personals – keine Armee besitzt genügend Kräfte, um ein ganzes Land effektiv und ganzflächig besetzen zu können. Andererseits besitze die Bevölkerung den großen Vorteil, das *Milieu* bzw. *Terrain* – also das soziale und kulturelle Umfeld – viel besser zu kennen, als es nicht lokale Aufstandsbekämpfer jemals könnten. Darüber hinaus schwäche eine solche Mobilisierung der Bevölkerung die Aufständischen – Aufstand und Aufstandsbekämpfung sind schließlich auch ein Wettlauf beider Seiten um die gleichen Ressourcen, insbesondere Rekruten, welche nur begrenzt vorhanden sind.

Um sicherzustellen, dass die Bevölkerung nicht durch Aufständische vereinnahmt werde, drängen beide Doktrinen auf die physische Kontrolle der Bevölkerung. Die Doktrin des revolutionären Krieges wollte „Gleiches mit Gleichem"[570] bekämpfen und forderte entsprechend den Aufbau parallellaufender Hierarchien nach kommunistischem Vorbild, eine konterrevolutionäre Maßnahme, welche ihre anschaulichste Umsetzung in den *Dispositifs de protection urbaine* Roger Trinquiers während der Schlacht von Algier fand. Die COIN-Doktrin folgt Trinquiers Beispiel und fordert ebenfalls den Aufbau koerzitiver administrativer Maßnahmen, in Form einer genauen Kartographierung des Einsatzgebietes, gepaart mit einem Überwachungssystem aus Ausweisen, Ausgangssperren und Checkpoints, um den Bevölkerungsfluss im Gebiet zu verwalten.

---

[570] Lacheroy: Une arme du Viet Minh, S. 53.

Unterschiede

Ein wesentlicher Unterschied bei der Bevölkerungskontrolle betrifft die aufzubauenden Institutionen zu ihrer Durchführung[571]. In der DGR werden Sammel- bzw. Umsiedlungslager als probates Mittel zur Bevölkerungskontrolle vorgebracht, Institutionen welche keine Entsprechung in der COIN-Doktrin finden. Allgemein wird eine Entwurzelung der Bevölkerung, wie sie von der DGR eingebracht wurde und zu Zeiten des Algerienkrieges massiv stattfand, nicht als bewährtes Mittel der Aufstandsbekämpfung vorgegeben.

Ein weiterer Unterschied betrifft den Umgang mit aufständischen Kämpfern. In der COIN-Doktrin werden die aufstandsbekämpfenden Kräfte mehrmals aufgefordert, eine „Politik der offenen Arme" zu betreiben. Diese Politik, verbunden mit Amnestieangeboten, sollen Aufständischen einen Anreiz geben, sich den aufstandsbekämpfenden Kräften anzuschließen – eine Vorgehensweise, welche sich radikal von den Indoktrinierungslagern der Franzosen unterscheidet.

6.6. Einsatz der psychologischen Waffe

Parallelen

Für beide Doktrinen müssen die Maßnahmen zur Aufstandsbekämpfung nicht nur auf die Körper der Bevölkerung, sondern auch auf ihren Geist ausgerichtet sein. Psychologische Operationen haben deshalb in beiden Doktrinen einen besonderen Platz und richten sich sowohl auf das eigene Lager als auch gegen die Aufständischen.

Es gelte zunächst, die Bevölkerung davon zu überzeugen, dass sie unter der rechtmäßigen Regierung eine bessere Zukunft haben werde als unter einem Regime der Aufständischen. In der DGR soll dies durch Reformmaßnahmen geschehen, die eine neue

---

[571] Institutionen im Sinne von „auf Dauer angelegte [Einrichtung] zur Regelung, Herstellung oder Durchführung bestimmter Zwecke". Vgl. Schubert / Klein, Das Politiklexikon, S. 147.

Ordnung schaffe bzw. eine neue Lebenswelt, welche den Menschen materiellen Fortschritt bringe. Die COIN-Doktrin legt dagegen einen großen Wert auf eine gute Regierungsführung, mit legitimierten Volksvertretern und einer funktionierenden Wirtschaft. Es gelte auch, die Verwaltung der Regierung auf das ganze Land auszubreiten, bspw. mithilfe der SAS bzw. PRTs.

Die psychologischen Operationen – welche in der COIN-Doktrin hauptsächlich als Informationsoperationen bezeichnet werden – sollen zudem Verständnis für die Maßnahmen der Streitkräfte im Rahmen der Aufstandsbekämpfung herstellen und die notwendigen Opfer bzw. Maßnahmen zur Bevölkerungskontrolle verständlich machen.

Diese Operationen richten sich auch gegen die Aufständischen. Sie sollen die Widersprüche in den Botschaften der Aufständischen offenlegen, ihre Ideologie entmystifizieren sowie die Regierung, ihre Werte und Ideale in ein positives Licht stellen. Besonders wichtig bei dieser Art von Operation ist die Einheitlichkeit der Themen und Botschaften, welche auf höchster politischer Ebene definiert werden müssten. Beide Doktrinen weisen aber darauf hin, dass diese einheitliche Botschaft anschließend an das jeweilige Umfeld und die lokale Kultur angepasst werden müsse.

Unterschiede

Die Autoren der DGR – insbesondere Souyris – waren große Anhänger psychologischer Operationen, deren Effektivität sie während des Indochinakrieges selbst erlebt hatten. Die Anwendung der psychologischen Waffe war deshalb nicht nur in der Theorie, sondern auch während des Algerienkrieges eine tragende Säule der französischen Aufstandsbekämpfung, auch in der Metropole. In der COIN-Doktrin haben Informationsoperationen nicht den gleichen Platz und richten sich auch nicht auf die eigenen Streitkräfte. Die US-Streitkräfte sollen darüber hinaus nicht versuchen, mittels dieser Waffe und diesem Wissen Einfluss auf ihr Heimatland auszuüben, welches – anders als in der DGR – nicht als Ort subversiver Aktivitäten des Feindes gesehen wird. Die US-Doktrin schlägt zudem noch weitere Techniken vor, um den Feind zu schwächen bzw. zu demoralisieren, insbesondere Kompromiss- und Amnestieangebote.

6.7. Notwendige Anpassungen

Parallelen

Sowohl die COIN-Doktrin als auch die DGR fordern einige Anpassungen, um die oben genannten Maßnahmen umsetzen zu können. Ihre Forderungen überschneiden sich in mehreren Punkten.

Zum einen fordern beide Doktrinen die Anpassung an die Kriegführung des Gegners – eine Forderung welche in Frankreich besonders nach dem Indochinakrieg virulent war. Eine ähnlich intensive Debatte fand in den Jahren 2005 und 2006 in den USA statt, als die US-Streitkräfte die Kontrolle über den Irak verloren. Im Zuge dessen prägte insbesondere John Nagl – einer der Hauptautoren der COIN-Doktrin – den Ausspruch *„learn and adapt"* mit Verweis auf das US-Militär.

Eine weitere Forderung, welche in beiden Doktrinen vorzufinden ist, betrifft die zivil-militärischen Beziehungen bei der Aufstandsbekämpfung. Gemäß der politisch-militärischen Natur des Konflikts müssten politische und militärische Entscheidungsträger zusammenarbeiten – gegebenenfalls zivil-militärische Stäbe einrichten, wie es in Algerien der Fall war – und eine gemeinsame Strategie entwickeln.

Schließlich fordern beide Doktrinen eine Art Subsidiaritätsprinzip für die aufstandsbekämpfenden Kräfte. Um möglichst schnell und vor Ort auf neue Entwicklungen des Aufstands reagieren zu können, sollen untere Ränge befugt werden, eigenmächtig zu handeln. Militärische Führer vor Ort hätten die beste Kenntnis ihres Einsatzgebietes. Gleichzeitig befördere diese sogenannte Auftragstaktik den Lernprozess der Soldaten und stärke ihr Urteilsvermögen.

Unterschiede

Die Forderungen von Lacheroy, Hogard und Souyris, dem Militär mehr Macht – insbesondere im politischen Bereich – zuzugestehen sowie eine Politisierung der Soldaten vorzunehmen, finden sich in der COIN-Doktrin nicht wieder. Wie bereits oben erwähnt wird das Primat der Politik durch das Autorenteam um David Petraeus zu keinem Zeitpunkt in Frage gestellt. Auch die Forderungen nach strukturellen Militärreformen, welche der territorialen Hierarchien eine Vormachtstellung gegenüber der operativen einräume, finden sich nicht in der COIN-Doktrin wieder.

Gleichzeitig findet der *Cultural turn*, wie er mit der COIN-Doktrin in den US-Streitkräften stattgefunden hat und mit dem *Human Terrain System* im Irakkrieg anschließend umgesetzt wurde, keine Entsprechung in der DGR. Eine Erklärung, wieso die Forderung nach einem tiefergehenden Verständnis für die Bevölkerung des Einsatzlandes in der französischen Doktrin nicht auftauchte, hängt womöglich mit der Tatsache zusammen, dass die französischen Streitkräfte bereits seit mehr als einem Jahrhundert in Algerien stationiert waren. Entsprechende Institutionen zum Studium der Kultur und Gesellschaft Algeriens waren innerhalb der französischen Streitkräfte bereits vorhanden – beispielsweise das *Centre d'études africaines et asiatiques*, an welchem Lacheroy und Hogard einst lehrten.

7. Zwischenfazit: Das Wesen der Doktrinen

Die US-amerikanische COIN-Doktrin und die französische Doktrin des revolutionären Krieges weisen zahlreiche Überschneidungen auf, sowohl hinsichtlich der Perzeption der Zwecke, Ziele und Vorgehensweisen des Gegners als auch hinsichtlich der eigenen militärischen Maßnahmen, welche als Reaktion auf die Kriegführung des Gegners verstanden wird. Durch den zentralen Platz der Bevölkerung in der revolutionären Kriegführung des Gegners – einerseits kommunistische Bewegungen in den Augen der französischen Militärs, andererseits terroristische Netzwerke für die US-Militärs – zielen auch die konterrevolutionären Maßnahmen der Aufstandsbekämpfer hauptsächlich auf die Bevölkerung. Diese soll durch den Einsatz der psychologischen Waffe, mithilfe militärischer, wirtschaftlicher, sozialer und politischer Aktionen als auch durch Maßnahmen zur physischen Kontrolle erobert bzw. kontrolliert werden. Die Streitkräfte – welche in den Doktrinen die wichtigsten Akteure des konterrevolutionären Krieges sind – erfahren zur Durchführung dieser Maßnahmen und Programme eine Ausweitung ihrer traditionellen, hauptsächlich militärischen Rolle, zu Gunsten einer weitreichenden Kompetenzübertragung in nicht-militärischen Bereichen.

Doch auch wenn sich diese Doktrinen zur Aufstandsbekämpfung in vielen Punkten überschneiden, so kann nicht behauptet werden, dass die COIN-Doktrin eine Fortsetzung der französischen Kriegführung ist. Dafür unterscheiden sich beide Doktrinen zu stark hinsichtlich der Interpretation der zivil-militärischen Beziehungen als auch hinsichtlich des Selbstverständnisses der Streitkräfte voneinander. Im Gegensatz zur DGR bleibt in der COIN-Doktrin das Primat der Politik erhalten und die US-Streitkräfte verstehen sich nicht als ein Instrument totaler Herrschaft.

Abschließend muss noch einmal auf das Wesen selbst der Doktrinen eingegangen werden. Beide Doktrinen sind einerseits Anleitungen zur bevölkerungszentrierten Aufstandsbekämpfung, doch sind sie darüber hinaus auch Doktrinen zur „zwangsweisen

(Re-)Integration peripherer Gebiete in das westlich geprägte Weltsystem"[572]. Sowohl Frankreich in Algerien als auch die USA im Irak führten einen Krieg zur Verteidigung bzw. Expansion der (westlichen) Zivilisation, der freien Welt gegen die „Barbarei" und erklärten diesen Krieg für existenziell. Diese Kriege waren transkulturell, denn man führte sie gegen einen Gegner, dessen Kultur als andersartig perzipiert wurde. Wegen der Ungleichartigkeit der Kontrahenten und durch die Einbettung der Doktrinen in die Tradition des Kleinen Krieges mit ihrem überwiegend taktischen Fokus sollten mit den Doktrinen nicht zuletzt asymmetrische und irreguläre Kriege geführt werden. Sie sollten die Führung von Kriegen ermöglichen, welche alle Lebensbereiche der Bevölkerung – durch politische, soziale, wirtschaftliche, psychologische und nicht zuletzt militärische Maßnahmen – berühren und dadurch einen totalen Charakter annahmen. Sowohl die Doktrin des revolutionären Krieges als auch die COIN-Doktrin können deshalb als Doktrinen zur Führung von Imperialkriegen bezeichnet werden. Einen Krieg, welchen der Historiker Dierk Walter idealtypisch als einen „(a) im Zeichen der europäischen Expansion bzw. des Imperialismus (b) in der Regel von europäischen oder europäisierten Imperien als Kernmächte des westlichen Weltsystems (c) mit dem Ziel der (Re-)Integration von abhängigen Gebieten an der Peripherie unmittelbar in das jeweilige Imperium und damit mittelbar in das Weltsystem geführte[n], (d) transkulturelle[n], (e) asymmetrische[n], (f) zeiträumlich entgrenzte[n], (g) irreguläre[n], (h) totale[n] und (i) enthegte[n] Krieg"[573] definiert.

---

[572] Dierk Walter: Imperialkriege. Begriff, Erkenntnisinteresse, Aktualität (Einleitung), in: Tanja Bührer, Christian Stachelbeck & Dierk Walter (Hrsg.), Imperialkriege von 1500 bis heute. Strukturen, Akteure, Lernprozesse, Paderborn 2011, S. 9.

[573] Walter: Imperialkriege, S. 19.

Fazit

Zu Anfang dieses Buches wurden zwei Ziele formuliert: im ersten Teil sollte zunächst die französische Doktrin des revolutionären Krieges (DGR) vorgestellt, ihre Wesensmerkmale herausgearbeitet und ihr Einfluss auf die Kriegführung in Algerien verdeutlichen werden, um anschließend in einem zweiten Teil die US-amerikanische Aufstandsbekämpfungs-Doktrin COIN konzeptionell mit der DGR und der französischen Kriegführung im Algerienkrieg zu vergleichen.

Der erste Teil des Buches hat die Existenz der DGR anhand der Originalquellen dargelegt und verdeutlicht, dass die Doktrin des revolutionären Krieges die französische Sicherheits- und Verteidigungspolitik in den 1950er Jahren und das Handeln der französischen Streitkräfte im Algerienkrieg maßgeblich geprägt und geleitet hat. Diese Doktrin, welche unter dem Eindruck des Indochinakriegs und des Algerienkriegs entstand, war tief in der kommunistischen Theorie des Volkskrieges verankert und hatte zum Zweck, Aufstände kommunistischer Prägung zu bekämpfen. Bei der Bekämpfung des algerischen Aufstands trugen die französischen Streitkräften jedoch durch die Implementierung der DGR zu einer massiven Enthegung des Konfliktes bei. Der Weltanschauung der Doktrin entsprechend verstanden die französischen militärischen und politischen Entscheidungsträger den als revolutionären Krieg kommunistischer Prägung wahrgenommenen Aufstand in Algerien als einen lokalen Konflikt in der globalen Konfrontation zwischen der „freien Welt" und dem internationalen Kommunismus. Für beide Kriegsparteien war die Kontrolle der algerischen Bevölkerung von entscheidender Bedeutung, Kontrolle welche zu einem wahren Wettlauf um die „Körper" und „Seelen" der Bevölkerung mutierte. Dieser Fokus auf die Bevölkerung trug maßgeblich dazu bei, dass die überwältigende Mehrheit der Opfer im Algerienkrieg Zivilisten waren.

Der zweite Teil des Buches veranschaulichte, wie sich ein halbes Jahrhundert später US-amerikanische Offiziere von den sogenannten Lehren und Prinzipien der französischen Aufstandsbekämpfung inspirierten, um einen Ausweg aus dem Irakkrieg zu finden. Diese französischen Erfahrungen prägen zunächst auf informelle Weise das Vorgehen der US-Streitkräfte im Irak, bevor sie schließlich institutionalisiert wurden und in die sogenannte COIN-Doktrin mündeten. Die in Kapitel fünf vorgenommene Analyse der US-amerikanischen Aufstandsbekämpfungs-Doktrin COIN bildete die Grundlage für den Vergleich zwischen der Doktrin des revolutionären Krieges und der COIN-Doktrin in Kapitel sechs. Die zahlreichen Überschneidungen, die zwischen diesen beiden Doktrinen ausgemacht wurden, erlauben die Feststellung, dass es sich – vom Wesen her – sowohl bei der DGR als auch bei der COIN-Doktrin um Doktrinen zur Imperialkriegführung handelt.

Eine abschließende und ausführliche Betrachtung der Anwendung der COIN-Doktrin im Irakkrieg ab 2007 wurde nicht vorgenommen, da sie zur Beantwortung der Fragestellung nicht relevant war und zudem den Rahmen einer Masterarbeit deutlich überspannt hätte. Es soll an dieser Stelle dennoch kurz auf die Entwicklungen seit der Implementierung der COIN-Doktrin im Irakkrieg eingegangen werden. Die Ernennung von General David Petraeus – einer der Autoren der COIN-Doktrin und großer Bewunderer französischer Aufstandsbekämpfungskampagnen – zum Kommandeur MNF-I im Januar 2007 und die damit einhergehende konkrete Umsetzung der COIN-Doktrin im Felde, läutete eine rasche Verbesserung der Sicherheitslage ein. Hatten sich die Opferzahlen seit 2003 stetig nach oben entwickelt und ihren Kulminationspunkt im Jahr 2006 mit fast dreißigtausend Toten Zivilisten erreicht, ebbten die Zahlen ab 2007, ab 2008 sogar drastisch ab[574]. Die irakische Bevölkerung wurde von Petraeus gemäß der COIN-Doktrin zum „dezisiven Terrain"[575] erhoben, das es zu beschützen galt. Das Militär wurde hierfür aus den großen Militärbasen außerhalb der Städte wieder entrückt und Vorposten in den Bevölkerungszentren wurden aufgebaut. Zivile *Provincial Reconstruction Teams* (PRT) wurden mit Kampfbrigaden verschmolzen, um ein einheitliches und zivil-militärisches Vorgehen zu ermöglichen. Gleichzeitig wurde mit dem *Human Terrain System* eine

---

[574] Statista, Zivile Todesopfer im Irakkrieg bis 2015.
[575] David H. Petraeus: Multi-National Force-Iraq Commander's Counterinsurgency Guidance, in: Military Review September-October (2008), S. 210.

Struktur geschaffen, welche die Eingliederung von Sozialwissenschaftlern und insbesondere Anthropologen in die US-Streitkräfte ermöglichte, um letztere bei der Wahrnehmung des kulturellen und sozialen Umfelds der Einsatzgebiete zu unterstützen. Das Programm war nicht unumstritten und stieß insbesondere bei Wissenschaftlern auf heftigen Widerstand[576]. Im Einklang mit den Prinzipien der COIN-Doktrin wurde zur Bekämpfung des Aufstands nicht zuletzt auch verstärkt mit der lokalen Bevölkerung und irakischen Organisationen zusammengearbeitet sowie ehemalige Aufständische in die irakischen Streitkräfte aufgenommen[577].

Systematische Menschenrechtsverletzungen, wie sie im Algerienkrieg zu beobachten waren, scheinen im Irak ausgeblieben zu sein. Die großen Folterskandale, wie Abu Ghraib, fanden vor 2007 und somit vor der Umsetzung der COIN-Doktrin statt. Doch mit der Klage des *European Center for Constitutional and Human Rights* vor dem Internationalen Strafgerichtshof in Den Haag „gegen hochrangige britische Militärs sowie ehemalige Minister und Staatssekretäre wegen systematischer Folter und Misshandlung von Gefangenen im Irak zwischen 2003 und 2008"[578], gibt es erste Hinweise auf Folterpraktiken zu einer Zeit, in der die COIN-Doktrin bereits umgesetzt wurde[579]. Für eine umfassende Bewertung der Aufstandsbekämpfung im Irak muss diese zudem – entsprechend der Weltanschauung der Doktrin – in einer globalen Perspektive vorgenommen werden. So wird einerseits das *Rendition-Program* der CIA – welches das *Outsourcen* von Verhören in Länder wie Somalia oder Jemen ermöglicht – auch unter US-Präsident Barack Obama weiterhin umgesetzt[580]. Anderer-

---

[576] Vgl. Roberto J. Gonzalez: Towards mercenary anthropology? The new US Army counterinsurgency manual FM 3-24 and the military-anthropology complex, in: Anthropology Today Vol. 23, No. 3 (Juni 2007), S: 14-19.
[577] Crane, United States, S. 70.
[578] ECCHR: Voremittlungen des Internationalen Strafgerichtshofs gegen britische Militärs wegen Folter von Gefangenen im Irak (13.05.2014), URL: http://www.ecchr.de/grossbritannien.html (Stand: 01.04.2015).
[579] Vgl. auch John Goetz [et al.]: Protokolle des Grauens. Britische Soldaten sollen ihre Gefangenen in Irak systematisch gefoltert haben, in: Süddeutsche Zeitung (11./12. Januar 2014), S. 4-5 (Wochenende).
[580] Vgl. Open Society: Globalizing Torture. CIA secret detention and extraordinary rendition, New York 2013, S. 9, URL:

seits wurde unter Obama ein Wandel in der Kriegführung eingeleitet – weg von der personal- und kostenintensiven bevölkerungszentrierten COIN hin zur „billigeren" Aufstandsbekämpfung unter Einsatz von Drohnen[581] –, welcher eine globalisierte Aufstandsbekämpfung ermöglicht. So hatte sich bereits in der ersten Amtszeit Obamas die Zahl der Luftschläge durch Drohnen im Vergleich zur achtjährigen Bush-Administration mehr als verachtfacht – von 49 auf 379[582].

Zur weiteren Bewertung der COIN-Doktrin stellt sich zudem die Frage nach der Rückkoppelung dieser Kriegführung auf die US-Gesellschaft, nach ihrem Einfluss auf die nach innen und außen gerichtete Sicherheitspolitik der USA. Können die weltweiten Abhörmaßnahmen der NSA als Teil dieser globalen *Counterinsurgency*-Strategie betrachtet werden, in der jeder Erdbewohner – wie einst die Iraker – als potentielle Bedrohung wahrgenommen wird und unter Generalverdacht steht? Und wie wirkt sich die Aufrüstung und Bewaffnung der US-Sicherheitsbehörden mit militärischem Material aus den Kriegen in Afghanistan und Irak auf das Verhalten der US-amerikanischen Polizisten und auf ihren Umgang mit US-Bürgern aus[583]?

---

http://www.opensocietyfoundations.org/sites/default/files/globalizing-torture-20120205.pdf (Stand: 01.04.2015).
[581] Zum Einsatz von Luftstreitkräften zur Aufstandsbekämpfung siehe auch: Beatrice Heuser: Rebellen, Partisanen, Guerilleros. Asymmetrische Kriege von der Antike bis heute, Paderborn 2013, S. 209-214.
[582] Dave Boyer: Bush policies still alive in Obama White House, The Washington Times (24.04.2013), URL:
http://www.washingtontimes.com/news/2013/apr/24/bush-policies-still-alive-in-obama-white-house/?page=all (Stand: 01.04.2015).
[583] Das „*1033 Program*" ermöglicht seit Anfang der 1990er Jahre US-amerikanischen Sicherheitsbehörden, ausgedientes militärisches Material aus Auslandseinsätzen kostenlos zu beziehen.
Vgl. Frank Patalong: Militarisierung der Polizei. Dein Freund und Panzerfahrer, in: Spiegel Online (22.06.2014), URL:
http://www.spiegel.de/panorama/justiz/panzer-fuer-us-polizei-militaer-gibt-material-an-polizisten-a-975855.html (Stand: 01.04.2015).

Die Debatte um die COIN-Doktrin[584], ihre Bewertung[585] und ihre Fortentwicklung[586] ist auch vier Jahre nach dem Abzug der US-Truppen aus dem Irak noch nicht beendet. Konflikte wie jene in Nigeria (Boko Haram), in Mali (AQIM), Syrien/Irak (IS) und nicht zuletzt die Kämpfe in der Ostukraine machen traurigerweise eine wissenschaftliche Auseinandersetzung mit Aufständen und Wegen zu ihrer Bewältigung weiterhin notwendig. Diese Debatte darf jedoch nicht nur in militärischen Kreisen stattfinden. Auch die Zivilgesellschaft muss sich ihr stellen, denn „der Krieg ist eine zu ernste Sache, um ihn den Soldaten allein zu überlassen" (Georges Clemenceau).

---

[584] Vgl. James F. Jeffrey: Why Counterinsurgency Doesn't Work, in: Foreign Affairs 94/2 (2015), S. 178-180; Max Boot: More Small Wars. Counterinsurgency is Here to Stay, in: Foreign Affairs 93/6 (2014), S. 5-14.
[585] Daniel L. Lewis: COIN is a Proven Failure, in: The American Conservative (01.12.2014), URL: http://www.theamericanconservative.com/articles/coin-is-a-proven-failure/ (Stand: 01.04.2015).
[586] Hans-Georg Ehrhart: Aufstandsbekämpfung revisited? Zum Formenwandel der Gewald am Beispiel Mali, in: Sicherheit und Frieden 32/2 (2014), S. 81-86.

Literaturverzeichnis

Ageron, Charles-Robert: Une dimension de la guerre d'Algérie. Les „regroupements" de populations, in: Jean-Charles Jauffret & Maurice Vaisse (Hrsg.), Militaires et guérilla dans la guerre d'Algérie, Paris 2001.

Ait Iflis, Sofiane: Paul Aussaresses, le bourreau, est mort, in: Le Soir d'Algérie (5. Dezember 2013), URL: http://www.courrierinternational.com/article/2013/12/05/paul-aussaresses-le-bourreau-est-mort (Stand: 01.04.2015).

Alexinsky, Grégoire: Genèse de la doctrine soviétique de la Guerre Révolutionnaire, in: RMI N° 303 (März 1959).

Allard, Jacques: Vérités sur l'affaire algérienne, in: RDN (Januar 1958).

The American Presidency Project: Dwight D. Eisenhower. The President's News Conference (7.04.1954), URL: http://www.presidency.ucsb.edu/ws/index.php?pid=10202 (Stand: 01.04.2015).

Anonym, Paris. 18 juillet, in: La Presse N°19 (19.07.1837), URL: http://gallica.bnf.fr/ark:/12148/bpt6k4270922.image (Stand: 01.04.2015).

AP, US Won't Let Men Flee Fallujah (2004), Foxnews.com, URL: http://www.foxnews.com/story/2004/11/13/us-wont-let-men-flee-fallujah/ (Stand: 01.04.2015).

Archives Nationales d'Outre-mer, Bureaux arabes de l'Algérois – Registres (1830/1912). Histoire administrative (19.06.2013), URL: http://anom.archivesnationales.culture.gouv.fr/ark:/61561/wu656f0b (Stand: 01.04.2015).

Armée de Terre, Les Fantômes Furieux de Falloujah. Opération Al-Fajr/Phantom Fury (Juillet-Novembre 2004), Cahier du retex, Paris 2006.

Aron, Raymond: Penser la guerre, Clausewitz. L'âge planétaire Tome 2, Paris 2009

Aron, Robert: Les origines de la guerre d'Algérie, Paris 1962

Assouline, Pierre: Jean Lartéguy, maître à penser de l'armée américaine, in: Le Monde des Livres (04.03.2011).

Aussaresses Paul: Services Spéciaux. Algérie 1955-1957, Paris 2001

Autorenkollektiv: Brockhaus' Konversations-Lexikon, Leipzig Berlin Wien 1894.

Baker, James A. & Hamilton, Lee H. (Hrsg.): The Iraq Study Group Report, Washington 2006

Barbin, Jéronimo & Tettweiler, Falk: Strategiewechsel in Afghanistan? Counterterrorism und Anstöße für eine deutsche Diskussion, Berlin 2012

Barrillon, Raymond: Le traité de C.E.D. porte gravement atteinte à notre souveraineté et à notre indépendance affirme le général de Gaulle, in: Le Monde (09.04.1954), URL: http://www.lemonde.fr/archives/article/1954/04/09/le-traite-de-c-e-d-porte-gravement-atteinte-a-notre-souverainete-et-a-notre-independance-affirme-le-general-de-gaulle_2013533_1819218.html?xtmc=marechal_juin_c_e_d_communaute&xtcr=13 (Stand: 01.04.2015).

BBC News, US troops 'starve Iraqi citizens' (2005), URL: http://news.bbc.co.uk/2/hi/4344136.stm (Stand: 01.04.2015).

Beaufre, André: Die Revolutionierung des Kriegsbildes. Neue Formen der Gewaltanwendung, Stuttgart 1973

Bennoune, Mahfoud: La doctrine contre-révolutionnaire de la France et la paysannerie algérienne. Les camps de regroupement (1954-1962), in: Sud/Nord n° 14 (2001).

Bénot, Yves: La décolonisation de l'Afrique française (1943-1962), in: Marc Ferro (hrsg), Le livre noir du colonialisme. XVIe-XXIe siècle: de l'extermination à la repentance, Paris 2003.

Bensahel, Nora [et al.]: After Saddam. Prewar Planning and the Occupation of Iraq, RAND Corporation, Santa Monica CA 2008.

Bibliographisches Institut GmbH: -ation/-ierung (2013), URL: http://www.duden.de/rechtschreibung/_ation_ierung (Stand: 01.04.2015).

Bickel, Keith B.: Mars Learning. The Marine Corps' Development of Small War Doctrine, 1915-1940, Colorado 2001.

Bois, Jean-Pierre: Bugeaud, Paris 1997.

Bonnet, Georges: Les guerre insurrectionnelles et révolutionnaires, Paris 1958.

Bono, Salvatore: Piraten und Korsaren im Mittelmeer. Seekrieg, Handel und Sklaverei vom 16. bis 19. Jahrhundert, Stuttgart 2009.

Boot, Max: More Small Wars. Counterinsurgency is Here to Stay, in: Foreign Affairs 93/6 (2014).

Bourdet, Claude: Votre Gestapo d'Algérie, in: France-Observateur (13.01.1955).

Boyer, Dave: Bush policies still alive in Obama White House, The Washington Times (24.04.2013), URL: http://www.washingtontimes.com/news/2013/apr/24/bush-policies-still-alive-in-obama-white-house/?page=all (Stand: 01.04.2015).

Branche, Raphaelle: La torture, l'armée et la République, in: Yves Michaud (Hrsg.), La Guerre d'Algérie (1954-1962), Paris 2004.

Brzezinski, Zbigniew: It is Time to Plan for an American Withdrawal from Iraq, in: Financial Times (18.04.2006), URL: http://www.ft.com/cms/s/2/0becaaa4-cf03-11da-925d-0000779e2340.html (Stand: 01.04.2015).

Broadwell, Paula / Loeb, Vernon: All In. The Education of General David Petraeus, London 2012.

Brown University, 'Cost of War' Project. Iraq War: 190.000 lives, $2.2 trillion (2013), Brown University, URL: http://news.brown.edu/pressreleases/2013/03/warcosts (Stand: 01.04.2015).

Buciak, Sebastian K.: Anatomie eines Innovationsprozesses. Die US Army als lernende Organisation im 3. Golfkrieg, in: Thomas Jäger (Hrsg.), Die Welt nach 9/11. Auswirkungen des Terrorismus auf Staatenwelt und Gesellschaft, Wiesbaden 2011.

Bugeaud, Thomas: De l'établissement de légions de colons militaires dans les possessions françaises du nord de l'Afrique, suivi d'un projet d'ordonnance adressé au gouvernement et aux chambres, Paris 1838.

Burton, Brian & Nagl, John: Learning as we go. The US army adapts to counterinsurgency, July 2004 – December 2006, in: Small Wars & Insurgencies 19-3 (2008).

Bush, George W.: Address to the United Nations General Assembly (10. November 2001), in: The White House. President George W. Bush, Selected Speeches of President George W. Bush. 2001-2008, S. 83-85, URL: http://georgewbush-whitehouse.archives.gov/infocus/bushrecord/documents/Selected_Speeches_George_W_Bush.pdf (Stand: 01.04.2015).

Bush, George W.: President Addresses the Nation, in: The White House. President George W. Bush (07.09.03), URL: http://georgewbush-whitehouse.archives.gov/news/releases/2003/09/20030907-1.html (Stand: 01.04.2015).

Bush, George W.: Remarks by the President on Iraq and the War on Terror (2004), URL: http://georgewbush-whitehouse.archives.gov/news/releases/2004/05/20040524-10.html (Stand: 01.04.2015).

Bush, George W.: President Discusses War on Terror and Operation Iraqi Freedom (2006), URL: http://georgewbush-whitehouse.archives.gov/news/releases/2006/03/20060320-7.html (Stand: 01.04.2015).

Bush, George W.: Address to the Nation on the Fifth Anniversary of 9/11 (11. September 2006), in: The White House President George W. Bush (Hrsg.), Selected Speeches of President George W. Bush. 2001-2008, S. 426, URL: http://georgewbush-whitehouse.archives.gov/infocus/bushrecord/documents/Selected_Speeches_George_W_Bush.pdf (Stand: 01.04.2015).

Bush, George W.: Address to the Nation on Iraq (10. Januar 2007), in: The White House. President George W. Bush (Hrsg.), Selected Speeches of President George W. Bush. 2001-2008, S. 447-449, URL: http://georgewbush-whitehouse.archives.gov/infocus/bushrecord/documents/Selected_Speeches_George_W_Bush.pdf (Stand: 01.04.2015).

Cadeau, Ivan (Hrsg.): Les enseignements de la guerre d'Indochine (1945-1954). Rapport du général Ély, tome 1, Paris 2011.

Calliès, Général d'armée: Le problème algérien, in: RMI n°275 (August 1956).

Casey, George W.: Strategic Reflections. Operation Iraqi Freedom July 2004 – February 2007, Washington 2012.

Chaliand, Gerard: Guerilla Strategies. An Historical Anthology from the Long March to Afghanistan, London 1982.

Chassin, Lionel-Max: Du rôle idéologique de l'armée, in: (RMI Oktober 1954), S. 13-19.

Chassin, Lionel-Max: La conquête de la Chine par Mao Tsé Tong, in: RMI (Februar-März 1951).

Chassin, Lionel-Max: La conquête de la Chine par Mao Tsé-Toung (1945-1949), Paris 1952.

Chassin, Lionel-Max: Vers un encerclement de l'Occident, in: RDN (Mai 1956).

Chassin, Lionel-Max: Reflexions stratégiques sur la guerre d'Indochine, in: RDN (Dezember 1956).

Cherrière, Paul: Les début de l'insurrection algérienne. Novembre 1954 à la fin Juin 1955, in: RDN (Dezember 1956).

Chevallier, Jean-Jacques: Histoire des institutions et des régimes politiques de la France de 1789 à nos jours, Paris 1972.

Chiarelli, Peter W. & Michaelis, Patrick R.: Winning the Peace. The Requirement for Full-Spectrum Operations, in: Military Review July-August (2005).

Chicago Tribune: Setting record straight on guerilla war and quagmire (2003), URL: http://articles.chicagotribune.com/2003-07-03/features/0307020345_1_guerrilla-war-human-shields-quagmire (Stand: 01.04.2015).

CIA, National Strategy for Combating Terrorism (Februar 2003), S. 1, URL: https://www.cia.gov/news-information/cia-the-war-on-terrorism/Counter_Terrorism_Strategy.pdf (Stand: 01.04.2015).

Cloud, David & Jaffe, Greg: The Fourth Star. Four Generals and the Epic Struggle for the Future of the United States Army, New York 2009.

Cloud, David S.: Senator Says US Should Rethink Iraq Strategy, in: New York Times (06.10.2006), URL: http://www.nytimes.com/2006/10/06/world/middleeast/06capital.html?_r=0 (Stand: 01.04.2015).

Cômes, Jean-Pierre: Algérie. Souvenirs d'ombre et de lumière, Paris 2012.

Le Cour Grandmaison, Olivier: Coloniser. Exterminter. Sur la guerre et l'État colonial, Paris 2005.

CPA, Coalition Provisional Authority Order Number 1. De-Ba'athification of Iraqi Society (2003), URL: http://www.iraqcoalition.org/regulations/20030516_CPAORD_1_De-Ba_athification_of_Iraqi_Society_.pdf (Stand: 01.04.2015).

CPA, Coalition Provisional Authority Order Number 2. Dissolution of Entities (2003), URL: http://www.iraqcoalition.org/regulations/20030823_CPAORD_2_Dissolution_of_Entities_with_Annex_A.pdf (Stand: 01.04.2015).

Cockburn, Patrick: Toxic legacy of US assault on Fallujah 'worse than Hiroshima' (2010), The Independent, URL: http://www.independent.co.uk/news/world/middle-east/toxic-legacy-of-us-assault-on-fallujah-worse-than-hiroshima-2034065.html (Stand: 01.04.2015).

Cone, Robert W.: The Changing National Training Center, in: Military Review May-June (2006).

Crane, Conrad: United States, in: Thomas Rid / Thomas Keaney (Hrsg.), Understanding Counterinsurgency Warfare. Doctrine, operations, and challenges, London 2010.

van Creveld, Martin [et al.], Air Power and Maneuver Warfare, Alabama 1994.

Debril, Laurence: La bataille d'Alger. Leçon d'histoire, in: L'Express (10.05.2004), URL: http://www.lexpress.fr/actualite/monde/lecon-d-histoire-article-paru-dans-l-express-du-10-05-2004_460660.html (Stand: 01.04.2015).

Deltombe, Thomas, Domergue, Manuel & Tatsitsa, Jacob: Kamerun! Une guerre cachée aux origines de la Francafrique. 1948-1971, Paris 2011.

Deltombe, Thomas [et al.]: La guerre colonial du Camerun a bien eu lieu, in: Le Monde (04.10.2011), URL: http://www.lemonde.fr/idees/article/2011/10/04/la-guerre-coloniale-du-cameroun-a-bien-eu-lieu_1581974_3232.html (Stand: 01.04.2015).

Doumic, Robert: L'armée et la formation de l'opinion publique, in: RMI (Juli 1956).

De Durand, Etienne: Francs-tireurs et Centurions. Les ambiguités de l'héritage contre-insurrectionnel français, Paris 2011, URL: http://www.ifri.org/sites/default/files/atoms/files/fs29dedurand.pdf (Stand: 01.04.2015).

ECCHR: Vorermittlungen des Internationalen Strafgerichtshofs gegen britische Militärs wegen Folter von Gefangenen im Irak (13.05.2014), URL: http://www.ecchr.de/grossbritannien.html (Stand: 01.04.2015).

Ehrhart, Hans-Georg: Aufstandsbekämpfung revisited? Zum Formenwandel der Gewald am Beispiel Mali, in: Sicherheit und Frieden 32/2 (2014).

Encyclopaedia Britannica: Taiping Rebellion (10.01.2014), URL: http://www.britannica.com/EBchecked/topic/580815/Taiping-Rebellion (Stand: 01.04.2015).

Engber, Daniel: What Are Army Field Manuals? How-to guides for interrogation, laser injury prevention, and other useful skills (2005), URL: http://www.slate.com/articles/news_and_politics/explainer/2005/11/what_are_army_field_manuals.html (Stand: 01.04.2015).

Etzersdorfer, Irene: Krieg. Eine Einführung in die Theorien bewaffneter Konflikte, Wien 2007.

Faivre, Maurice: Les combattants musulmans de la guerre d'Algérie. Des soldats sacrifiés, Paris 2000.

Fall, Bernard: Street Without Joy. The French Debacle in Indochina, Mechicsburg 2005.

Fauvet, Jacques: Le maréchal Juin est convoqué par M. Joseph Laniel, in: Le Monde (30.03.1954), URL: http://www.lemonde.fr/archives/article/1954/03/30/le-marechal-juin-est-convoque-par-m-joseph-laniel_2018190_1819218.html?xtmc=marechal_juin_c_e_d_communaute&xtcr=23 (Stand: 01.04.2015).

FBIS: Compilation of Usama bin Ladin Statements 1994-January 2004 (Januar 2004), S. 251, URL: http://fas.org/irp/world/para/ubl-fbis.pdf (Stand: 01.04.2015).

Feichtinger, Moritz: Ein Aspekt revolutionärer Kriegführung. Die französische Umsiedlungspolitik in Algerien 1954-1962, in: Tanja Bührer, Christian Stachelbeck & Dierk Walter (Hrsg.), Imperialkriege von 1500 bis heute, Paderborn 2011.

Ferro, Marc: La conquête de l'Algérie, in: Marc Ferro (Hrsg.), Le livre noir du colonialisme. XVIe-XXIe siècle: de l'extermination à la repentance, Paris 2003.

Ferro, Marc: En Algérie. Du colonialisme à la veille de l'insurrection, in: Marc Ferro (Hrsg.), Le livre noir du colonialisme. XVIe-XXIe siècle: de l'extermination à la repentance, Paris 2003.

Floch, Jacques: Von Algerien nach Algerien, in: Christiane Kohser-Spohn, Frank Renken (Hrsg.), Trauma Algerienkrieg. Zur Geschichte und Aufarbeitung eines tabuisierten Konflikts, Frankfurt am Main 2005.

Frame, Arthur T.: Military Assistance and Advisory Group Vietnam, in: Spencer C. Tucker (Hrsg.), The Encyclopedia of the Vietnam War. A Political, Social, and Military History, H-P, Bd. 2, California 2011.

Lieutenant-colonel Franc: Gallieni à Madagascar et Lyautey au Maroc. Deux oeuvres de pacification complémentaires, Paris 2011.

Francois, Philippe: Waging Counterinsurgency in Algeria, in: Military Review Nr. 5 (Sept.-Okt. 2008).

Frémaux, Jacques: Les SAS (sections administratives spécialisées), in: Guerres mondiales et conflits contemporains n° 208 (2002).

Fukuyama, Francis: The End of History and the Last Man, New York 2002.

Gallieni, Joseph-Simon: Neuf ans à Madagascar, Paris 1908.

Galula, David: Pacification in Algeria. 1956-158, Santa Monica 2006.

Galula, David: Contre-insurrection. Théorie et pratique, Paris 2008.

Ganser, Daniele: NATO-Geheimarmeen in Europa. Inszenierter Terror und verdeckte Kriegsführung, Zürich 2008.

de Gaulle, Charles: Discours de Brazzaville (30. Januar 1944), URL: http://www.charles-de-gaulle.org/pages/l-homme/accueil/discours/pendant-la-guerre-1940-1946/discours-de-brazzaville-30-janvier-1944.php (Stand: 01.04.2015).

de Gaulle, Charles: Discours sur l'autodetermination de l'Algérie (16.09.1959), URL: http://www.charles-de-gaulle.org/pages/l-homme/accueil/discours/le-president-de-la-cinquieme-republique-1958-1969/discours-sur-l-autodetermination-de-l-algerie-16-septembre-1959.php (Stand: 01.04.2015).

George, Alexander L. & Bennett, Andrew: Case Study and Theory Development in the Social Sciences, Cambridge 2005.

Géré, Francois: La guerre psychologique, Paris 1997.

Géré, Francois: Contre-insurrection et action psychologique. Tradition et modernité, in: IFRI. Focus stratégique n° 25, Paris 2010, S. 17, URL: http://www.ifri.org/sites/default/files/atoms/files/fs25gere.pdf (Stand: 01.04.2015).

Gerlach, Christian: Extrem gewalttätige Gesellschaften. Massengewalt im 20. Jahrhundert, München 2011.

Girard, Renaud: McChrystal. Comment nous allons gagner en Afghanistan, in: Le Figaro (29.09.2009), URL: http://www.lefigaro.fr/international/2009/09/29/01003-20090929ARTFIG00017-mcchrystal-comment-nous-allons-gagner-en-afghanistan-.php (Stand: 01.04.2015).

Girard, Renaud: McChrystal, l'anti-Rumsfeld, in: Le Figaro (04.12.2009), URL: http://www.lefigaro.fr/actualites/2009/12/04/01001-20091204ARTFIG00011-mcchrystal-le-lyautey-americain-.php (Stand: 01.04.2015).

Girardet, Raoul: Problèmes idéologiques et moraux, in: Raoul Girardet (Hrsg.), La crise militaire française 1945-1962. Aspects sociologiques et idéologiques, Paris 1964.

Goetz, John [et al.]: Protokolle des Grauens. Britische Soldaten sollen ihre Gefangenen in Irak systematisch gefoltert haben, in: Süddeutsche Zeitung (11./12. Januar 2014)

Gonzalez, Roberto J.: Towards mercenary anthropology? The new US Army counterinsurgency manual FM 3-24 and the military-anthropology complex, in: Anthropology Today Vol. 23, No. 3 (Juni 2007).

Gordts, Eline: Iraq War Anniversary. Birth Defects And Cancer Rates At Devastating High in Basra And Fallujah (2013), Huffington Post, URL: http://www.huffingtonpost.com/2013/03/20/iraq-war-anniversary-birth-defects-cancer_n_2917701.html (Stand: 01.04.2015).

Greiner, Michael: Schleichender Tod (2011), Der Freitag, URL: http://www.freitag.de/autoren/der-freitag/schleichender-tod (Stand: 01.04.2015).

Griffin, Christopher: A Revolution in Colonial Military Affairs. Gallieni, Lyautey, and the „Tâche d'huile" (14.12.2009), URL: bisa.ac.uk/index.php?option=com_bisa&task=download_paper&no_html=1&passed_paper_id=21 (Stand: 01.04.2015).

Hagel, Chuck: Leaving Iraq, Honorably, in: Washington Post (26.11.2006), URL: http://www.washingtonpost.com/wp-dyn/content/article/2006/11/24/AR2006112401104.html (Stand: 01.04.2015).

Harding, Jeremy: Bleibende Schäden. Die Überlebenden von Guantánamo, in: Le Monde diplomatique (2009), Nr. 9062, URL: http://www.monde-diplomatique.de/pm/2009/12/11.mondeText1.artikel,a0045.idx,14 (Stand: 01.04.2015).

Harry S. Truman Library & Museum: Use of the Period after the „S" in Harry S. Truman's Name, URL: https://www.trumanlibrary.org/speriod.htm (Stand: 01.04.2015).

Hautreux, Francois-Xavier: L'usage des harkis et auxiliaires algériens par l'armée française, in: Abderrahmane Bouchène [et al.] (Hrsg.), Histoire de l'Algérie à la période coloniale. 1830-1962, Paris 2012.

Héduy, Philippe: Histoire de l'Indochine. La perle de l'Empire 1624-1954, Paris 1998.

Henninger, Laurent: Les Maréchaux soviétiques parlent, Paris 2013.

Heuser, Beatrice: The Cultural Revolution in Counter-Insurgency, in: Journal of Strategic Studies, Vol. 30, No. 1 (Februar 2007).

Heuser, Beatrice: Clausewitz lesen, München 2010.

Heuser, Beatrice: Rebellen, Partisanen, Guerilleros. Asymmetrische Kriege von der Antike bis heute, Paderborn 2013.

Hippler, Jochen (Hrsg.), Krieg, Repression, Terrorismus. Politische Gewalt und Zivilisation in westlichen und muslimischen Gesellschaften, Stuttgart 2006.

Hobsbawm, Eric: Das Zeitalter der Extreme. Weltgeschichte des 20. Jahrhunderts, München 2009.

Hoffmann, Stanley: Raymond Aron et la théorie des relations internationales, in: Politique étrangère n° 4 (2006).

Hogard, Jacques: Guerre révolutionnaire ou révolution dans l'art de la guerre, in: RDN (Dezember 1956).

Hogard, Jacques: Guerre révolutionnaire et Pacification, in: RMI (Januar 1957).

Hogard, Jacques: L'armée française devant la guerre révolutionnaire, in: RDN (Januar 1957).

Hogard, Jacques: Le soldat dans la guerre révolutionnaire, in: RDN (Februar 1957).

Hogard, Jacques: Tactique et stratégie dans la guerre révolutionnaire, in: RMI (Juni 1958).

Horne, Alistair: A Savage War of Peace. Algeria 1954-1962, New York 2006.

Hosmer, Stephen T.: Sibylle O. Crane, Counterinsurgency. A Symposium, April 16-20, 1962, Santa Monica 1963.

Human Security Report Project, Human Security Report 2012. Sexual Violence, Education, and War: Beyond the Mainstream Narrative, Vancouver 2012.

Isnard, Hildebert: Aux origines du nationalisme algérien, in: Annales. Économies, Sociétés, Civilisations (4ème année, n° 4 1949).

Iraqbodycount.org, Zivile Todesopfer im Irakkrieg bis 2013. Anzahl der dokumentierten zivilen Todesopfer im Irakkrieg von 2003 bis 2013 (2013), URL: http://de.statista.com/statistik/daten/studie/163882/umfrage/dokumentierte-zivile-todesopfer-im-irakkrieg-seit-2003/ (Stand: 01.04.2015).

ISPK, The Development of US Counterinsurgency Doctrine, Kiel 2011.

Jahn, Detlef: Einführung in die vergleichende Politikwissenschaft, Wiesbaden 2006.

Jamail, Dahr: Iraq War Vet: „We Were Told to Just Shoot People, and the Officers Would Take Care of Us" (2010), Truthout, URL: http://www.truth-out.org/archive/item/88912:iraq-war-vet-we-were-told-to-just-shoot-people-and-the-officers-would-take-care-of-us (Stand: 01.04.2015).

Jeffrey, James F.: Why Counterinsurgency Doesn't Work, in: Foreign Affairs 94/2 (2015).

Jehl, Douglas / Shanker, Thom: Al Qaeda Tells Ally in Iraq to Strive for Global Goal, in: The New York Times (7. Oktober 2005), URL: http://www.nytimes.com/2005/10/07/politics/07zarqawi.html (Stand: 01.04.2015).

Jones, David M. & Smith, M. L. R.: Whose Hearts and Whose Minds? The Curious Case of Global Counter-Insurgency, in: Journal of Strategic Studies, Vol. 33, No. 1 (Februar 2010).

Journal officiel de la République française, Loi n° 56-268 (16 mars 1956), URL: http://legifrance.gouv.fr/jopdf/common/jo_pdf.jsp?numJO=0&dateJO=19560317&numTexte=&pageDebut=02591&pageFin= (Stand: 01.04.2015).

Kagan, Frederick W.: Choosing Victory. A Plan for Success in Iraq, 2007.

Kalinov, Cyrille D.: Les Maréchaux soviétiques vous parlent, Paris 1950.

Kaplan, Fred: The Insurgents. David Petraeus and the Plot to Change the American Way of War, New York 2013.

Kaplan, Robert D.: Man Versus Afghanistan, in: The Atlantic (09.03.2010), URL: http://www.theatlantic.com/magazine/archive/2010/04/man-versus-afghanistan/307983/ (Stand: 01.04.2015).

Kessel, Patrick: Guerre d'Algérie. Écrits censurés, saisis, refusés, 1956-1960-1961, Paris 2002.

Kilcullen, Dave: Two Schools of Classical Counterinsurgency (27.01.2007), Small Wars Journal, URL: http://smallwarsjournal.com/blog/two-schools-of-classical-counterinsurgency (Stand: 01.04.2015).

Kilcullen, David: Twenty-Eight Articles. Fundamentals of Company-level Counterinsurgency, in: Military Review (Mai-Juni 2006).

Kindy, Cliff: The One Percenters (2005), URL: http://www.uruknet.info/?p=10461 (Stand: 01.04.2015).

Kuisong, Yang: Mao Zedong and the Indochina Wars, in: Priscilla Roberts (Hrsg.), Behind the Bamboo Curtain. China, Vietnam, and the World beyond Asia, Chicago 2006.

Kümmel, Gerhard: Chamäleon Krieg. Die Diversifizierung des Kriegsbildes und ihre Folgen für die Streitkräfte, in: Gerhard Kümmel / Sabine Collmer (Hrsg.), Asymmetrische Konflikte und Terrorismusbekämpfung. Prototypen zukünftiger Kriege?, Baden-Baden 2003.

Lacheroy, Charles: Avertissement, in: RMI n°281 (Februar-März 1957).

Lacheroy, Charles: De Saint-Cyr à l'Action psychologique. Mémoires d'un siècle, Panazol 2003.

Lacheroy, Charles: Une arme du Viet Minh. Les hiérarchies parallèles (November 1952), in: Anne-Catherine Schmidt-Trimborn (Hrsg.), Charles Lacheroy. Discours et conférences, Metz 2012.

Lacheroy, Charles: La campagne d'Indochine ou une leçon de guerre révolutionnaire (Juli 1954), in: Anne-Catherine Schmidt-Trimborn (Hrsg.), Charles Lacheroy. Discours et conférences, Metz 2012.

Lacheroy, Charles: Scénario type de guerre révolutionnaire (4. Trimester 1955), in: Anne-Catherine Schmidt-Trimborn (Hrsg.), Charles Lacheroy. Discours et conférences, Metz 2012.

Lacheroy, Charles: Guerre révolutionnaire et arme psychologique (2. Juli 1957), in: Anne-Catherine Schmidt-Trimborn, Charles Lacheroy. Discours et conférences, Metz 2012.

Lacoste, Robert: Directive Générale destinée aux Officiers et Sous-Officiers des Armées de Terre, de Mer et de l'Air stationnés en Algérie, in: RMI n° 273 (25.06.1956).

Lartéguy, Jean: Les Centurions, Paris 1960.

Lavrov, Aleksandr: Laurent Henninger (présentation de), Les Maréchaux soviétiques parlent, in: Cahiers du monde russe 53/4 (2012), URL: http://monderusse.revues.org/7874 (Stand: 01.04.2015).

Lawrence, T. E.: Twenty Seven Articles, in: The Arab Bulletin (20. August 1917), URL: http://wwi.lib.byu.edu/index.php/The_27_Articles_of_T.E._Lawrence (Stand: 01.04.2015).

Lenin, Wladimir Iljitsch: Die sozialistische Revolution und das Selbstbestimmungsrecht der Nationen. Thesen (Januar-Februar 1916), URL: https://www.marxists.org/deutsch/archiv/lenin/1916/01/nationen.html (Stand: 01.04.2015).

Lewis, Daniel L.: COIN is a Proven Failure, in: The American Conservative (01.12.2014), URL: http://www.theamericanconservative.com/articles/coin-is-a-proven-failure/ (Stand: 01.04.2015).

Lewis, Martin D.: One Hundred Million Frenchmen. The Assimilation Theory in French Colonial Policy, in: Comparative Studies in Society and History (1962).

Long, Austin: Doctrine of Eternal Recurrence. The US Military and Counterinsurgency Doctrine, 1960-1970 and 2003-2006, RAND Counterinsurgency Study Paper 6 (Occasional Paper), Santa Monica CA 2008.

Lord, Carnes: Proconsuls. Delegated Political-Military Leadership from Rome to America Today, New York 2012.

Luttwak, Edward: Give War a Chance, in: Foreign Affairs (Juli/August 1999).

Mackinlay, John: Chapter 1. Global change and weak states, in: Adelphi Papers 42 (2002).

Mangin, Charles: La Force noire, Paris 1910.

Mansfield, Laura: His Own Words. A Translation of the Writings of Dr. Ayman Al Zawahiri, 2006.

Mansoor, Peter: Army, in: Thomas Rid & Thomas A. Keaney (Hrsg.), Understanding Counterinsurgency. Doctrine, operations, and challenges, London 2010.

Tse-tung, Mao: Theorie des Guerillakrieges. Oder Strategie der Dritten Welt, Hamburg 1966.

Marlowe, Ann: David Galula. His Life and Intellectual Context, 2010.

Marqusee, Mike: A name that lives in infamy, The Guardian (10.11.2005), URL: http://www.guardian.co.uk/world/2005/nov/10/usa.iraq (Stand: 01.04.2015).

Martin, Gilles: War in Algeria. The French Experience, in: Military Review July-August (2005).

Marynower, Claire: Joseph Begarra. Un socialiste oranais dans la guerre d'Algérie, Paris 2008.

Marx, Karl / Engels, Friedrich: Die Klassenkämpfe in Frankreich 1848-1850. Werke Band 7, Berlin/DDR 1960.

Mathias, Grégor: Galula in Algeria. Counterinsurgency Practice versus Theory, Santa Barbara 2011.

McCuen, John J.: The Art of Counter-Revolutionary War. The Strategy of Counterinsurgency, St. Petersburg 2005.

McFate, Montgomery: Anthropology and Counterinsurgency. The Strange Story of their Curious Relationship, in: Military Review March-April (2005).

Metz, Steven: Decisionmaking in Operation Iraqi Freedom. The Strategic Shift of 2007, in: John R. Martin (Hrsg.), Operation Iraqi Freedom Key Decisions, Carlisle 2010, S. 33, URL: http://www.strategicstudiesinstitute.army.mil/pdffiles/pub985.pdf (Stand: 01.04.2015).

MNF-I, MNF-I campaign plan. Operation Iraqi Freedom–Partnership: From Occupation to Constitutional Elections, Baghdad 2004.

Le Monde, La stratégie révolutionnaire du Vietminh I, in: Le Monde (03.08.1954), URL:
http://www.lemonde.fr/archives/article/1954/08/03/la-strategie-revolutionnaire-du-vietminh_2025471_1819218.html?xtmc=strategie&xtcr=4
(Stand: 01.04.2015).

Le Monde, La stratégie révolutionnaire du Vietminh II, in: Le Monde (04.08.1954), URL:
http://www.lemonde.fr/archives/article/1954/08/04/la-strategie-revolutionnaire-du-vietminh_2025568_1819218.html?xtmc=strategie&xtcr=2
(Stand: 01.04.2015).

Le Monde: Une notice officielle fixe les règles de l'action psychologique ‚dans les camps d'hébergement' (23.01.1958), URL:
http://www.lemonde.fr/archives/article/1958/01/23/une-notice-officielle-fixe-les-regles-de-l-action-psychologique-dans-les-camps-d-hebergement_2303382_1819218.html?xtmc=camps&xtcr=4
(Stand: 01.04.2015).

Mongin, Dominique: Aux origines du programme atomique militaire français, in: Matériaux pour l'histoire de notre temps n° 31 (1993).

Mongin, Dominique: Genèse de l'armement nucléaire français, in: Revue historique des armées n°262 (2011).

Monschein, Ylva: Das Terrain als Waffe. Wirkung und Wahrnehmung von Guerillastrategien in der chinesischen Provinz Shandong (1937-1949), in: Asymmetrische Konflikte im Spiegel der Zeit, Berlin 2008.

Montagnon, Pierre: Histoire de l'Algérie. Des origines à nos jours, Paris 2012.

Morgan, Ted: My Battle of Algiers. A Memoire, New York 2005.

Mumford, Andrew / Reis, Bruno C.: The Theory and Practice of Irregular Warfare, in: Andrew Mumford/ Bruno C. Reis (Hrsg.), The Theory and Practice of Irregular Warfare. Warrior-scholarship in counterinsurgency, London, New York 2014.

Münkler, Herfried: Der Wandel des Krieges. Von der Symmetrie zur Asymmetrie, Weilerwist 2014.

Münkler, Herfried: Die neuen Kriege, Hamburg 2002.

Muno, Wolfgang: Fallstudien und die vergleichende Methode, in: Susanne Pickel, Gert Pickel, Hans-Joachim Lauth, Detlef Jahn (Hrsg.), Methoden der vergleichenden Politik- und Sozialwissenschaft. Neue Entwicklungen und Anwendungen, Wiesbaden 2009.

Muracciole, Jean: La conférence de 1944 et la décolonisation, in: Espoir n° 152 (sept 2007).

Musharbash, Yassin: The Future of Terrorism. What al-Qaida Really Wants, in: Spiegel Online (12. August 2005), URL: http://www.spiegel.de/international/the-future-of-terrorism-what-al-qaida-really-wants-a-369448.html (Stand: 01.04.2015).

Nagl, John: Learning to Eat Soup with a Knife. Lessons from Malaya and Vietnam, Chicago 2005.

Naji, Abu Bakr: The Management of Savagery. The Most Critical Stage Through Which the Umma Will Pass (23.05.2006), S. 27, URL: http://azelin.files.wordpress.com/2010/08/abu-bakr-naji-the-management-of-savagery-the-most-critical-stage-through-which-the-umma-will-pass.pdf (Stand: 01.04.2015).

National Archives, United States – Vietnam Relations. 1945-1967, Vietnam and the US. 1940-1950, Band 1, Washington 1971, S. 170. URL: http://media.nara.gov/research/pentagon-papers/Pentagon-Papers-Part-I.pdf (Stand: 01.04.2015).

NATO, AAP-6 (2008). NATO Glossary of Terms and Definitions (English and French) (2008), URL: http://www.fas.org/irp/doddir/other/nato2008.pdf Stand: 01.04.2015).

Navarre, Henri: Agonie de l'Indochine 1953-1954, Paris 1956.

Némo, Jean: La guerre dans le milieu social, in: RDN (Mai 1946).

Némo, Jean: La guerre dans la foule, in: RDN (Juni 1956).

New York Times: 1954. World Report by 1973. In our pages: 100, 75 and 50 years ago, in: The New York Times Archives (02.06.2004), URL: http://www.nytimes.com/2004/06/02/news/02iht-old2_ed3_.html (Stand: 01.04.2015).

Noahmax, Army's Insurgent Manual Author Speaks (2004), Defensetech, URL: http://defensetech.org/2004/11/17/armys-insurgent-manual-author-speaks/ (Stand: 01.04.2015).

NSC, National Strategy for Victory in Iraq, Washington 2005, S. 1, URL: https://www.hsdl.org/?view&did=457955 (Stand: 01.04.2015).

Odom, William E.: Cut and Run? You Bet, in: Foreign Policy, Vol. 54 (Mai/Juni 2006).

Open Society, Globalizing Torture. CIA secret detention and extraordinary rendition, New York 2013, S. 9, URL: http://www.opensocietyfoundations.org/sites/default/files/globalizing-torture-20120205.pdf (Stand: 01.04.2015).

Packer, George: Letter from Iraq. The Lesson of Tal Afar (2006), The New Yorker, URL: http://www.newyorker.com/archive/2006/04/10/060410fa_fact2 (Stand: 01.04.2015).

Paret, Peter: French Revolutionary Warfare from Indochina to Algeria. The Analysis of a Political and Military Doctrine, London 1964.

Patalong, Frank: Militarisierung der Polizei. Dein Freund und Panzerfahrer, in: Spiegel Online (22.06.2014), URL: http://www.spiegel.de/panorama/justiz/panzer-fuer-us-polizei-militaer-gibt-material-an-polizisten-a-975855.html (Stand: 01.04.2015)

Patriquin, Travis: Using Occam's Razor to Connect the Dots. The Ba'ath Party and the Insurgency in Tal Afar, in: Militar Review January-February (2007).

Le Pautremat, Pascal: Le commando Georges. De la contre-guérilla à la tragédie (1959-1962), in: Guerres mondiales et conflits contemporains n° 213 (2004).

Petraeus, David H.: The American military and the lessons of Vietnam. A study of military influence and the use of force in the post-Vietnam era, Princeton 1987.

Petraeus, David H.: Learning Counterinsurgency. Observations from Soldiering in Iraq, in: Military Review Jan-Feb (2006).

Petraeus, David H.: Multi-National Force-Iraq Commander's Counterinsurgency Guidance, in: Military Review September-October (2008).

Petraeus, David H.: The Surge of Ideas. COINdinistas and Change in the U.S. Army in 2006 (6. Mai 2010), URL: http://www.aei.org/article/foreign-and-defense-policy/regional/middle-east-and-north-africa/the-surge-of-ideas/ (Stand: 01.04.2015).

Pellissier, Pierre: La bataille d'Alger, Paris 1995.

Planchais, Jean: La réorganisation du haut commandement faciliterait la refonte de notre dispositif militaire, in: Le Monde (02.03.1956), URL: http://www.lemonde.fr/archives/article/1956/03/02/la-reorganisation-du-haut-commandement-faciliterait-la-refonte-de-notre-dispositif-militaire_2238956_1819218.html?xtmc=andre_zeller&xtcr=8 (Stand: 01.04.2015).

Poirier, Lucien: Un instrument de guerre révolutionnaire. Le FLN, in: RMI N° 289 (Dezember 1957).

Poirier, Lucien: Le chantier stratégique. Entretien avec Gérard Chaliand, Paris 1997.

Polk, William R.: Aufstand. Widerstand gegen Fremdherrschaft: Vom Amerikanischen Unabhängigkeitskrieg bis zum Irak, Bonn 2009.

Porch, Douglas: Counterinsurgency. Exposing the Myths of the New Way of War, Cambridge 2013.

De Pourichkevitch, Commandant: Ingérences soviétiques et stratégie globale, in: RMI N° 309 (Oktober 1959).

Price, David: Pilfered Scholarship Devastates General Petraeus's Counterinsurgency Manual (30. Oktober 2007), URL: http://www.counterpunch.org/2007/10/30/ (Stand: 01.04.2015).

Raday, Sophia: David Petraeus Wants This French Novel Back in Print, in: Slate (27.01.2011), URL: http://www.slate.com/articles/arts/culturebox/2011/01/david_petraeus_wants_this_french_novel_back_in_print.html (Stand: 01.04.2015).

Raffray, Mériadec: Contre-insurrection. La doctrine Hogard, Paris 2013.

Reinhardt, Dieter: Wiederaufbau oder Bürgerkrieg im Irak, in: Christoph Weller, Ulrich Ratsch, Reinhard Mutz, Bruno Schoch & Corinna Hauswedell (Hrsg.), Friedensgutachten 2004, Berlin 2004.

Reisner, Markus: Fallujah. Kampf um eine irakische Stadt (II), in: Truppendienst 298 (2007), URL: http://www.bundesheer.at/truppendienst/ausgaben/artikel.php?id=1371 (Stand: 01.04.2015).

Rice, Condoleezza: Opening Remarks Before the Senate Foreign Relations Committee (2005), URL: http://2001-2009.state.gov/secretary/rm/2005/55303.htm (Stand: 01.04.2015).

Ricks, Thomas E.: US Counterinsurgency Academy Giving Officers a New Mind-Set (2006), Washington Post, URL: http://www.washingtonpost.com/wp-dyn/content/article/2006/02/20/AR2006022001303.html (Stand: 01.04.2015).

Ricks, Thomas E.: Fiasco. The American Military Adventure in Iraq, New York 2006.

Ricks, Thomas E.: The Gamble. General David Petraeus and the American Military Adventure in Iraq, 2006-2008, New York 2009.

Rid, Thomas: Razzia. A Turning Point in Modern Strategy, in: Terrorism and Political Violence n°21 (2009).

Rid, Thomas: The Nineteenth Century Origins of Counterinsurgency Doctrine, in: Journal of Strategic Studies Vol. 33, n° 5 (Oktober 2010).

Robin, Marie-Monique: Escadrons de la mort, l'école française, Paris 2008.

Rocard, Michel: Rapport de Michel Rocard sur les camps de regroupement, in: Pierre Vidal-Naquet (Hrsg.), Les crimes de l'armée française, Paris 1975.

Romo, Maria: Le gouvernement Mendès France et le maintien de l'ordre en Algérie en novembre 1954, in: Jean-Charles Jauffret & Maurice Vaisse (Hrsg.), Militaires et guérilla dans la guerre d'Algérie, Paris 2001.

Royaume de France (Hrsg.), Bulletin des Lois du Royaume de France, IXè série, IIè Partie, Ière Section, Tome Huitième, N° 280 à 311, Paris 1834.

Royaume de France (Hrsg.), Bulletin des Lois du Royaume de France, IXè série, Deuxième Semestre de 1838. Tome Dix-Septième, Paris 1839.

Russel, James A.: Innovation, Tranformation, and War, Stanford 2011.

Salmoni, Barak A.: Advances in Predeployment Culture Training. The US Marine Corps Approach, in: Military Review November-December (2006).

Schmidt-Trimborn, Anne-Catherine (Hrsg.), Charles Lacheroy. Discours et conférences, Metz 2012.

Schubert, Klaus / Klein, Martina: Das Politiklexikon. Begriffe, Fakten, Zusammenhänge, Bonn 2011.

Sepp, Kalev I.: Best Practices in Counterinsurgency, in: Military Review May-June (2005).

Simon, Steven N.: After the Surge. The Case for U.S. Disengagement From Iraq, New York 2007.

Smith, Niel & MacFarland, Sean: Anbar Awakens. The Tipping Point, in: Military Review March-April (2008).

Stern.de, Irak. USA verteidigen Einsatz von Phosphor (2005), URL: http://www.stern.de/politik/ausland/irak-usa-verteidigen-einsatz-von-phosphor-549762.html (Stand: 01.04.2015).

Der Spiegel: Ein abendfüllendes Programm, in: Der Spiegel (6. Februar 1957).

Der Spiegel: Irak. Debakel in Baghdad, in: Der Spiegel 23 (2003).

Der Spiegel, Massu-Interview. Die letzte Kugel, in: Spiegel n° 6 (03.02.1960).

Spiegel Online, Das unterschätzte Chaos. Bush Nachkriegskonzept zerfällt (2003), URL: http://www.spiegel.de/politik/ausland/das-unterschaetzte-chaos-bushs-nachkriegskonzept-zerfaellt-a-249278.html (Stand: 01.04.2015).

Souyris, André: Un procédé efficace de contre guérilla. L'auto-défense des populations, in: RDN (Juni 1956).

Souyris, André: La révolution tunisienne, in: RMI (Februar-März 1957).

Souyris, André: Les conditions de la parade et de la riposte à la guerre révolutionnaire, in: RMI (Februar-März 1957).

Souyris, André: L'action psychologique dans les forces armées, in: RMI (Oktober 1958).

Souyris, André: Réalité et aspect de la guerre psychologique, in: RMI (Februar 1959).

Statista, Anzahl der dokumentierten zivilen Todesopfer im Irakkrieg von 2003 bis 2015, URL: http://de.statista.com/statistik/daten/studie/163882/umfrage/dokumentierte-zivile-todesopfer-im-irakkrieg-seit-2003/ (Stand: 01.04.2015).

Tchakhotine, Serge: Le viol des foules par la propagande politique, Paris 1939.

Tenenbaum, Elie: L'influence française sur la stratégie américaine de contre-insurrection. 1945-1972, Masterarbeit IEP Paris 2010.

Thénault, Sylvie: Histoire de la guerre d'indépendance algérienne, Paris 2012.

Thomas, William I. & Thomas, Dorothy S.: The Child in America. Behavior Problems and Programs, New York 1928.

Thompson, Robert: Defeating Communist Insurgency, St. Petersburg 2005.

Tierney Jr., John J.: Chasing Ghosts. Unconventional Warfare in American History, Washington 2006.

De Tocqueville, Alexis: Premier rapport sur l'Algérie. Extraits du premier rapport des travaux parlementaires de Tocqueville sur l'Algérie en 1847, S. 10, URL: http://classiques.uqac.ca/classiques/De_tocqueville_alexis/de_la_colonie_algerie/rapport_sur_algerie/rapport_sur_algerie.pdf (Stand: 01.04.2015).

Trinquier, Roger: La guerre moderne, Paris 2008.

Ucko, David: Innovation or Inertia. The US Military and the Learning of Counterinsurgency, in: Orbis 52-2 (2008).

Ucko, David: The New Counterinsurgency Era. Transforming the U.S. Military for Modern Wars, Washington 2009.

Université de Perpignan, Sénatus-consulte sur l'état des personnes et la naturalisation en Algérie (14.07.1865), URL: http://mjp.univ-perp.fr/france/sc1865-0714.htm (Stand: 01.04.2015).

US Army, Brave Rifles Reading List for Operation Iraqi Freedom, URL: http://usacac.army.mil/cac2/cgsc/carl/resources/biblio/3acrbook.pdf (Stand: 01.04.2015).

US Army, Brave Rifles Articles Reading List for Operation Iraqi Freedom, URL: http://usacac.army.mil/cac2/cgsc/carl/resources/biblio/3acrart.pdf (Stand: 01.04.2015).

US Army, FM 3-0. Operations, Washington 2001; US Army, FM 3-07 (FM 100-20). Stability Operations and Support Operations, Washington 2003.

US Army, FMI 3-07.22. Counterinsurgency Operations, Washington 2004.

US Army, Military Review. Counterinsurgency Reader, Special Edition (October 2006), Fort Leavenworth 2006, URL: http://www.mccdc.marines.mil/Portals/172/Docs/SWCIWID/COIN/Recent%20US%20ARMY%20Counterinsurgency%20History/Military%20Review%20Magazine%20-%20Counterinsurgency%20Reader%20I%20%28Oct2006%29.pdf (Stand: 01.04.2015).

US Army, Military Review. Counterinsurgency Reader II, Special Edition (August 2008), Fort Leavenworth 2006, URL: http://www.mccdc.marines.mil/Portals/172/Docs/SWCIWID/COIN/Recent%20US%20ARMY%20Counterinsurgency%20History/Military%20Review%20Magazine%20-%20Counterinsurgency%20Reader%20II%20%28Aug2008%29.pdf (Stand: 01.04.2015).

US Army, Tactics in Counterinsurgency. FM 3-24.2, Washington 2009.

US Army / Marine Corps, The U.S. Army/Marine Corps Counterinsurgency Field Manual. US Army Field Manual No. 3-24, Marine Corps Warfighting Publication No. 3-33.5, Chicago 2007.

Valeyre, Bertrand: Winning Hearts and Minds. Historical Origins of the Concept and its Current Implementation in Afghanistan, Paris 2011.

Viansson-Ponté, Pierre: 20 juillet 1954. Comment l'Indochine a signé les accords de paix (20.07.2010), URL : http://www.lexpress.fr/actualite/monde/asie/20-juillet-1954-comment-l-indochine-a-signe-les-accords-de-paix_906751.html (Stand: 01.04.2015).

Vidal-Naquet, Pierre (Hrsg.), Les crimes de l'armée française. Dossier réuni par Pierre Vidal-Naquet, Paris 1975.

Vidal-Naquet, Pierre (Hrsg.), La raison d'état. Textes publiés par le Comité Maurice Audin, Paris 2002.

Villatoux, Marie-Catherine & Villatoux, Paul: La guerre psychologique en Indochine (1945-1955), in: Revue historique des Armées Nr. 213 (1998).

Villatoux, Marie-Catherine & Villatoux, Paul: Les 5e Bureau en Algérie, in: Jean-Charles Jauffret & Maurice Vaisse (Hrsg.), Militaires et guérilla dans la guerre d'Algérie, Paris 2001.

Villatoux, Marie-Catherine & Villatoux, Paul: Aux origines de la guerre révolutionnaire. Le Colonel Lacheroy parle, in: Revue historique des armées n° 268 (2012).

Villatoux, Marie-Catherine: Hogard et Némo. Deux théoriens de la guerre révolutionnaire, in: Revue historique des Armées Nr. 232 (2003).

Villatoux, Marie-Catherine: La défense en surface. Le contrôle territorial dans la pensée stratégique française d'après-guerre (1945-1962), Paris 2009.

Villatoux, Paul: L'institutionnalisation de l'arme psychologique pendant la guerre d'Algérie au miroir de la Guerre froide, in: Guerres mondiales et conflits contemporains n°208 (2002).

Ware, Michael (Regie), The Insurgency. Chapter Two - Zarqawi [film] (2006), PBS-Frontline, URL: http://www.pbs.org/wgbh/pages/frontline/video/flv/generic.html?s=frol02s4b8q78&continuous=1 (Stand: 01.04.2015).

Ware, Michael (Regie), The Insurgency. Chapter four - A Long, Slow Process [film] (2006), PBS-Frontline, URL: http://www.pbs.org/wgbh/pages/frontline/video/flv/generic.html?s=frol02s4b5q78&continuous=1 (Stand: 01.04.2015).

Warner, Volney J. & Willbanks, James H.: Preparing Field Grade Leaders for Today and Tomorrow, in: Military Review January-February (2006).

Walter, Dierk: Imperialkriege. Begriff, Erkenntnisinteresse, Aktualität (Einleitung), in: Tanja Bührer, Christian Stachelbeck & Dierk Walter (Hrsg.), Imperialkriege von 1500 bis heute. Strukturen, Akteure, Lernprozesse, Paderborn 2011.

Weber, Guy: La thèse de Boulganine, in: RDN (April 1956).

The White House: National Security Presidential Directive (2004), URL: http://www.fas.org/irp/offdocs/nspd/nspd051104.pdf (Stand: 01.04.2015).

Wichmann, Peter: Al-Qaida und der globale Djihad. Eine vergleichende Betrachtung des transnationalen Terrorismus, Wiesbaden 2014.

Woodward, Bob: The War Within. A Secret White House History 2006-2008, New York 2008.

World Islamic Front: Jihad Against Jews and Crusaders (23. Februar 1998), URL: http://fas.org/irp/world/para/docs/980223-fatwa.htm (Stand: 01.04.2015).

Wright, Lawrence: The Master Plan. For the New Theorists of Jihad, Al Qaeda is Just the Beginning, in: The New Yorker (11. September 2006).

Ximenes: Essai sur la Guerre révolutionnaire, in: RMI (Februar-März 1957).

Yver, Georges: Méthodes et institutions de colonisation. Les bureaux arabes, in: Annales. Économies, Sociétés, Civilisations n°4 1955.

Al-Zawahiri, Aiman: Letter from al-Zawahiri to al-Zarqawi (11. Oktober 2005), URL: http://fas.org/irp/news/2005/10/letter_in_english.pdf (Stand: 01.04.2015).

Anhang

Fragen	DGR	COIN-Doktrin
Weltanschauung – Zweck der Aufstandsbekämpfung		
Wer ist der Feind?	Der internationale, säkular-ideologische Kommunismus.	Religiös-fundamentalistischer Terrorismus bzw. international operierende islamistische Terrornetzwerke.
Welchen Zweck verfolgt der Gegner?	Revolutionärer Wandel, um die Welt zum Kommunismus zu bekehren.	Revolutionäre Wandel, um die Welt zu beherrschen.
Welche Ziele müssen zur Erreichung dieses Zwecks erfüllt werden?	Durch Stellvertreterkriege die Kolonialstaaten von ihren Kolonien trennen, was zu einer politischen und wirtschaftlichen Schwächung des Westens (Europa und USA) führen wird.	Die USA in lange Kriege verwickeln um anschließend den Westen aus der islamischen Welt zu vertreiben und ein Kalifat zu gründen.
Welche Vorgehensweise wählt der Gegner zur Erreichung seiner Ziele?	Asymmetrisch subversiver Krieg kommunistischer Prägung.	Asymmetrischer Krieg bzw. althergebrachte Methoden des Aufstands und des Terrorismus.
Wieso wählt der Gegner diese Vorgehensweise?	Um unterhalb der Schwelle eines offenen, thermonukleare Krieges zu bleiben.	Um die konventionelle Überlegenheit der USA zu umgehen.

Frage		
Welchen Zweck verfolgen die Aufstandsbekämpfer?	Verteidigung der freien, zivilisierten Welt.	Verteidigung der USA, ihrer Interessen und Alliierten, der zivilisierten Welt.
Idealtypus des Aufstands		
Was ist der verfolgte Zweck des Aufstands?	Sturz der bestehenden Regierung, um Herrschaft der Aufständischen zu installieren.	Sturz der bestehenden Regierung, um Herrschaft der Aufständischen zu installieren.
Welches Hauptziel muss zur Erfüllung dieses Zwecks erreicht werden?	Physische und psychologische Eroberung der Bevölkerung.	Physische und psychologische Eroberung der Bevölkerung.
Welche Rolle kommt der Bevölkerung im Aufstand zu?	Ressource, Schutz, Legitimitätsfaktor.	Ressource, Schutz, Legitimitätsfaktor.
Wie mobilisiert der Gegner die Bevölkerung?	Innere Widersprüche der Gesellschaft, Zwang, Einschüchterung, Indoktrinierung, totale Kontrolle über die parallellaufenden Hierarchien.	Sache, Überzeugung, Zwang, administrative Kontrolle.
Wie sieht der idealtypische Verlauf eines Aufstands aus?	Fünf-Phasen-Plan, basierend auf Maos Theorie des Volkskrieges.	Drei-Phasen-Plans, basierend auf Maos Theorie des Volkskrieges.
Konterrevolutionäre Maßnahmen		
Kann der Aufstand allein durch politische Maßnahmen	Nein, nicht allein durch politische Maßnahmen, sie können bei der Beendigung des Aufstands trotzdem	Nein, nicht allein durch politische Maßnahmen, aber ihnen kommt eine wichtige Rolle

men beendet werden?	nützlich sein.	bei der Beendigung des Aufstands zu.
Welche Rolle kommt der Regierung bei der Aufstandsbekämpfung zu?	Regierung ist ein Hindernis bei der Aufstandsbekämpfung, und höchstens noch bei der Formulierung eines Ideals für die psychologische Kriegführung federführend.	Regierung ist ein wesentlicher Bestandteil bei der Aufstandsbekämpfung.
Kann der Aufstand allein durch militärische Mittel beendet werden?	Nein	Nein
Nimmt das Militär bei der Aufstandsbekämpfung traditionelle oder unkonventionelle Aufgaben wahr?	Unkonventionell (nicht nur militärische, sondern auch wirtschaftliche, soziale, polizeiliche, nachrichtendienstliche und politische Aufgaben)	Unkonventionell (nicht nur militärische, sondern auch wirtschaftliche, soziale, polizeiliche, nachrichtendienstliche und politische Aufgaben)
Ordnet sich das Militär dem Primat der Politik unter?	Nein	Ja
Wem oder was gilt der Hauptfokus der aufstandsbekämpfenden Maßnahmen? Und wieso?	Kontrolle der Bevölkerung	Schutz der Bevölkerung
	Um dem Aufstand seine Ressourcen zu entziehen / um militärisches Personal aufzustocken	Um Zugang zu nachrichtendienstlichen Informationen zu bekommen / zur Identifizierung der Rebellen / um dem Aufstand seine Ressourcen zu entziehen / um militärisches Personal aufzustocken

Wie soll dieses Ziel erreicht werden?	Methode der *Tâche d'huile* / physische Kontrolle der Bevölkerung / psychologische Mobilisierung bzw. Kriegführung	Vorgehen nach *Clear-hold-build* / physische Kontrolle der Bevölkerung / Informationsoperationen
Welche Anpassungen sind für die Durchführung dieser Maßnahmen notwendig?	Anpassung an die asymmetrische Kriegführung / Veränderung der zivil-militärischen Beziehungen / Ermächtigung der unteren Ränge / Neue Militärstrukturen / Politisierung des Militärs.	Anpassung an die asymmetrische Kriegführung / Veränderung der zivil-militärischen Beziehungen / Ermächtigung der unteren Ränge / Kulturelle Intelligenz

Carola Hartmann Miles-Verlag

Politik, Gesellschaft, Militär

Uwe Hartmann, *Innere Führung. Erfolge und Defizite der Führungsphilosophie für die Bundeswehr,* Berlin 2007.

Hans Joachim Reeb, *Sicherheitskultur als kommunikative und pädagogische Herausforderung - Der Umgang in Politik, Medien und Gesellschaft,* Berlin 2011.

Hans-Christian Beck, Christian Singer (Hrsg.), *Entscheiden - Führen - Verantworten. Soldatsein im 21. Jahrhundert,* Berlin 2011.

Eberhard Birk, Winfried Heinemann, Sven Lange (Hrsg.), *Tradition für die Bundeswehr. Neue Aspekte einer alten Debatte,* Berlin 2012.

Angelika Dörfler-Dierken, *Führung in der Bundeswehr,* Berlin 2013.

Cornelia Fedtke, Kai-Uwe Hellmann, Jan Hörmann, *Migration und Militär. Zur Integration deutscher Soldaten mit Migrationshintergrund in der Bundeswehr,* Berlin 2013.

Wolf Graf von Baudissin, *Grundwert Frieden in Politik - Strategie - Führung von Streitkräften,* hrsg. von Claus von Rosen, Berlin 2014.

Wolf Graf von Baudissin, *Der Widerstand. „... um nie wieder in die ausweglose Lage zu geraten ...",* hrsg. von Claus von Rosen, Berlin 2014.

Marcel Bohnert, Lukas J. Reitstetter (Hrsg.), *Armee im Aufbruch. Zur Gedankenwelt junger Offiziere in den Kampftruppen der Bundeswehr,* Berlin 2014.

Phil C. Langer, Gerhard Kümmel (Hrsg.), *„Wir sind Bundeswehr." Wie viel Vielfalt benötigen/vertragen die Streitkräfte?,* Berlin 2015.

Gustav Lünenborg, *Bürger und Soldat. Innere Führung hautnah 1956-1993, 1993-2015,* Berlin 2015.

Einsatzerfahrungen

Kay Kuhlen, *Um des lieben Friedens willen. Als Peacekeeper im Kosovo,* Eschede 2009.

Sascha Brinkmann, Joachim Hoppe (Hrsg.), *Generation Einsatz, Fallschirmjäger berichten ihre Erfahrungen aus Afghanistan,* Berlin 2010.

Artur Schwitalla, *Afghanistan, jetzt weiß ich erst... Gedanken aus meiner Zeit als Kommandeur des Provincial Reconstruction Team FEYZABAD,* Berlin 2010.

Uwe Hartmann, *War without Fighting? The Reintegration of Former Combatants in Afghanistan seen through the Lens of Strategic Thought,* Berlin 2014.

Rainer Buske, *KUNDUZ. Ein Erlebnisbericht über einen militärischen Einsatz der Bundeswehr in AFGHANISTAN im Jahre 2008,* Berlin 2015.

Reihe: Standpunkte und Orientierungen

Daniel Giese, *Militärische Führung im Internetzeitalter - Die Bedeutung von Strategischer Kommunikation und Social Media für Entscheidungsprozesse, Organisationsstrukturen und Führerausbildung in der Bundeswehr,* Berlin 2014.

Dirk Freudenberg, *Auftragstaktik und Innere Führung. Feststellungen und Anmerkungen zur Frage nach Bedeutung und Verhältnis des inneren Gefüges und der Auftragstaktik unter den Bedingungen des Einsatzes der Deutschen Bundeswehr,* Berlin 2014.

Uwe Hartmann (Hrsg.), *Lernen von Afghanistan. Innovative Mittel und Wege für Auslandseinsätze,* Berlin 2015.

Fouzieh Melanie Alamir, *Vernetzte Sicherheit - Quo Vadis?,* Berlin 2015.

Hartwig von Schubert, *Integrative Militärethik. Ethische Urteilsbildung in der militärischen Führung,* Berlin 2015.

www.miles-verlag.jimdo.com